映画はいかにして死ぬか　目次

Comment meurt le Cinéma ?

□カバー図版
表1　『孤独な場所で』（ニコラス・レイ監督）
表4　『ターザンの猛襲』（リチャード・ソープ監督）

□表紙図版
表1　『ヒットラーの狂人』（ダグラス・サーク監督）
表4　『人情紙風船』（山中貞雄監督）

［本文写真協力］公益財団法人川喜多記念映画文化財団

第I講

映画はいかにして死ぬか

ハリウッドの五〇年代

1

できればビデオなど使って具体的な映像をお見せしながら話を進めようと思っていましたが、部屋が大きすぎて人数も多く、あまりビデオも効果的ではないと伺っていましたので、今回は、視覚的＝聴覚的な資料なしでお話しいたします。

で、みなさん方がどの程度映画をご存知なのか、興味を持っておられるのか、そのへんがわかりかねますので、はたしてみなさん方の興味をひくような話ができるかどうか自信はまったくありません。けれども、二〇世紀文化論講座ということでもありますし、映画はまぎれもなく二〇世紀が持った一つの表現媒体であり――こんにち非常にマイナー化しており、産業としてもかなり落ち込んでいるということがありますけれども――二〇世紀を語る場合には、やはり映画は知識以上のものとしてみなさん方に受け止めておいていただかないと困る部分もあると思いますので、そういうお話をいたします。

さて、今日のお話の題は「映画はいかにして死ぬか」ということになります。二〇世紀が持った最大の媒体であると言われた映画は、いま死にかけている、あるいはすでに死んでしまったという視点を仮に設定するとどんなことが言えるか、ということになります。ですから、「映画が死んだ」という事実を論証したいわけではなく、「映画が死ぬ」とは具体的にはどういうことかということを考えてみたいと思います。

で、あらゆるジャンル――文学にしても音楽にしても、絵画にしても写真にしてもそうですけれども、そのジャンルを成立させているところの基本的な数字といったものがあります。映画の場合は、それは四と二十四ということになる。その他いろいろな意義深い数字が出てきはしますが、四と二十四とは決定的なものです。そこで、まずこの四と二十四といったら何を想像されるか。これがないと映画が存在しえないというこの二つの数字を聞いてふと思い当たることはありませんか。むしろ、簡単すぎるかと思いますけれど。どなたか……。

―― コマ数ですか。

そうですね。一秒間に二十四コマというのが――かつて十六コマの時代もありましたが――いまでは映画を成立させる最大の、と言いますか基本的な数字になります。映画は、一秒間に二十四コマのイメージがプロジェクターの前を通過しないとふつうの映像として得られないわけです。これは、たとえばジャン＝リュック・ゴダールなどがよく「映画は一秒間に二十四の真実がある」という比喩を使うときに出てくる問題でもあるわけです。

またロシアの二〇世紀初頭のいわゆるロシア・アヴァンギャルドにつらなったとみなしてかまわないセルゲイ・ユトケヴィッチという監督がいますが――この人はつい先日亡くなりました。一昨日の新聞の下のほうに「ユトケヴィッチ」というのが出ていたのを、ことによってみなさん方も見られたかもしれません。ほとんど見ないのがふつうですけれども、死亡記事のところですね――この人が『二十四分の一の真実』という本を書いています。おそらくゴダールの言葉もそこから採ったんだと思いますけれども、まず一秒間に二十四コマのイメージがないと映画は成立しえない。映画の初期からこんにちに至るまで、映画にかかわっている人たちがたえず気にしていたこの物質的な条件がみたされなければ映画は消滅する。つまり死ぬことになります。

では、四という数字のほうはどうでしょうか。四というのは、やはりそういった映画の物質的な条件を規定するものとして、これまた重要な数ですけれども、この四について何か気づかれる方はいませんか。映画と四、というつながりはどうでしょうか。気づかれなくても、あれこれ想像してみてたぶんこんなことではないかというものはありませんか。

――四角形ということでしょうか。

はぁ、なるほど。フィルム、あるいはスクリーンが持っている四辺形性ということですね。それもありえますね。ただし、これはたとえばビデオの場合にしても幻燈のようなものの場合にしても、同じ四辺形ということになりますね。必ずしも映画だけということにはなりませんが、スクリーンが四辺形であるのは確かに重要な問題の一つですね。

ほかにどうでしょう。

――四次元性の問題、つまり時間が絡むということでは？

はい、だいぶ形而上学的な話になりました。けれども、それも映画の特性ではありますけれども、必ずしもそれがないと映画が崩壊してしまうというものではない。つまり、ビデオだってテレビだって同じことです。もっと単純なことですけれども、どうでしょうか。

――映画における起承転結。

起承転結、なるほど物語の語り方の起承転結、これも四になりますね。いろいろ出てきて大変面白いんですけれども、起承転結は、小説の場合にも漢詩などにもあるかもしれない。必ずしも映画というものにかぎらない。もっともっと物質的なものとして、たとえば先ほどの一秒間に二十四コマというように、何かが四でないとだめだということがあります。こじつけめいたものでも何か考えていただけませんか。

二十四というのはさっき言いましたけれども、一秒間に二十四のコマが動かなければいけないわけですね。今度はそれを動かすための方法というのがあるわけです。その動かすための方法というのは、みなさん方の持っておられるルーズリーフなどのノートにもありますけれども、いわゆるパーフォレーションの枠があるわけです。で、これは一コマに四つの穴があいている。これはかなり重要なことといいますか、特にイラストレーターであるとかデッサンなどやる方は、しばしばこの条件を完全に無視してしまう。つまり、フィルムがこうあったとして、ここに一コマあるとすると、ここの間には絶対に四つしかパーフォレーションの穴はないわけです。こちら側も四つしかない。そしてプロジェクターの中にフィルムを送るマルタクロスという装置があって、これで一秒間に二十四コマのフィルムを回していくわけです。だいたいイラストのほとんどというのは、これが六つあったり七つあったり、ほとんどもう穴があいていればいいという感じになりますけれども、これは映画が十字架状のものでクルクル回して動いていくということで、ごく基本的な数字はやはり二十四とそれからこの四ということになるわけです。

これはぜひ覚えておいてください。非常に恥ずかしいことなんですけれども、たとえば東京にフィルムセンターというこの間火事になったところがありますけれども、そのフィルムセンターのプログラムの表紙にやはりフィルムの絵がついていますが、これが四つではないわけですね。四つだったら、その人は映画を知っているということになります。イラストその他をみなさん方が見られて、穴が四つではない場合は嘘を描いていると思ってください。映画には、何かフィルムに穴があるけれども、その穴そのものをほとんどたんなる視覚的な修辞学としてしか捉えていない。でも、適当な数の穴では、絶対に一秒間に二十四コマは回らないということなわけです。この二つの数字の物質的な条件によって映画は生きているわけですから、その条件を崩せばあっさりと死んでしまいます。この原理そのものがほぼ固定したのはいまからだいたい九十年くらい前ということになります。

そこでもう一つ重要な数字が出てきますが、それは九十五という数字であるわけです。九十五というのは年代になります。一八九五年にはじめて映画は世界で興行として成功を収めたわけです。一八九五年といいますと、あと十年で百周年に当たるわけですから、この九十五という数字は覚えておいていただきたい。映画の考古学といいますか、あるいは映画の前史というものを、それぞれの国がそれぞれの文化に従って競い合っているわけです。アメリカはエジソンを映画の発明者と言い、フランスはリュミエールを映画の発明者と言う。機械的な面を強調するか、観客の前での上映を強調するかによって二つの発明がありうるわけですが、上映という点を重視すると、一八九五年のリュミエール兄弟による上映を映画の誕生ということが言えるでしょう。——オーギュストとルイという二人の兄弟がいて、その人たちは写真家だったのですが、大きな工場など持っていて、暗いところでスクリーンに光源から光を当てて多くの人の前にはじめて興行したというのが、一八九五年。いわゆるグラン・キャフェ——パリのキャプシーヌ街というところにあるキャフェの地下で上映したのが映画の誕生の瞬間ということになっている。それが一二月二八日ですから、十二とか二十八などという数字もまた重要な数字と考えてもいいかもしれませんが、これはあくまでエピソード的な数字にすぎないでしょう。

そうすると、あと十年で映画の誕生の百周年を迎えるわけなので、ほぼ百年続いたものというのは、だいたいどこかでガタがきているわけです。建物にしてもそうですし、それから最近国鉄が赤字で悩んでいてうんぬんということがありますが、鉄道の制度などもだいたい百五十年くらい経っているわけなんで、構造的にたぶん鉄道などもむずかしい時代になってくるだろう。近代的な大学などというものも、だいたい百年から百五十年くらいの歴史を持っていますから、これもまぁガタがきているわけですね。つまり、社会生活の中で大学がいかに機能を果たすべきかということは、いまや世界中の誰にもわからなくなっているわけです。「自分はわかっている」などと言い始める人がいると、非常にキナ臭いことになってくる。大学の教師も学生たちも、それから社会の人たちも「大学はこうあるべきだ」という幻想はあったにしても、現実問題としては大学がどのように機能すべきかなどということはわからない。それと同じように、映画がほぼ誕生から百年経っている。それがどのようなものとして機能しているのか、あるいはまた機能すべきであるか、あるいは機能しなければならないかということは、いまでは誰にもわからなくなっているわけです。

まず構造的に、映画も産業としてはほとんど機能しないわけですね。日本の映画会社をとってみても、産業として映画だけで成立している映画会社などというものは存在しませんし、諸外国をとってみてもそうである。映画が当たるというのは一種の宝くじに当たるような僥倖《ぎょうこう》であって、それ以外に、映画で資本を再生産していけるような場というのは、二〇世紀の文化の中になくなってしまっているわけです。で、この九十五という数字に導かれて、ことによったら映画が死ぬかもしれないという予感のようなものをぼくたちは持たざるをえない。これは、映画が百年を生きてしまったということと関係がある。それからもう一つ、二〇世紀の別の文化的な現象とが深く絡み合った中から出てくる映画のこんにちの姿だということになります。

そこで、さらにいくつかの数字に導かれて、その映画が死ぬということがありうるかどうかについて検証してみたいと思います。

次に挙げる数字はまったく恣意的な数字になります。それは、五十という数字と、七十三という数字――あるいは七十二でもかまいませんが、この二つの数を挙げてみたいと思います。

これは、恣意的な数字であるかのようにみえますが、やがてその一部は、映画史の中に登録されることになるでしょう。

それは、世界文化史のうえでも重大な数字として登録される数字であるわけです。つまり、五十というのは、一九五〇年代の五十ということになります。これは、映画が崩壊の兆しをみせ始めた時代です。では、七十三というのは何か。これまた一九七三年の七十三ということになりますが、崩壊の兆しをみせ始めた映画――つまり、映画の崩壊を当然のこととして受け止めていた人たちの中から、なお、映画を作ろうとする意志を自分に課した人たちが世界の各地に現れてきた時代であります。誰か中心的な人物なりグループなりが積極的に推進したわけではないのに、あたかも打ち合わせでもあったかのように、孤立したかたちではあっても世界の各地に新たな作家たちが出現する。つまり、五〇年代の問題と、一九七三年といういまから十数年前に起った現象とをつけ合わせながら、改めて、映画が死ぬということを考えてみたいというわけです。

そこで、まず五〇年代について考えてみます。五〇年代には、みなさん方のほとんどは、残念ながら、あるいは幸いにしてまだ存在しておられない、存在の兆しさえみせていない時代になるわけで、はるか遠い昔の一時期と思われかねませんが、二〇世紀の文化＝政治のうえできわめて重要な問題を含んでいますので、一緒に考えてみたいと思います。

五〇年代というと、さて、みなさん方はどんなことを想像なさるのでしょうか。まあ、アイビー・ルックというようなものが現れた時代、スニーカーの出現ですとか、いろいろ風俗的な面で面白い時代であります。アメリカ映画でいうと、そうした風俗を代表するイメージとしてはプレスリーがいたり、ジェームズ・ディーンがいたり、中心的な新しいタイプのスターなどが出てきた時代です。

ただし、映画がこうむった深刻な危機は、こうしたスターたちの出現によっても回避しえないものでした。一九五〇年代——そのとき映画を指導していたのは、当然ハリウッド映画であるわけですけれども、この時期、ハリウッドは、ほぼ三つの大きな崩壊の兆しを自分の中に抱え込んでいたことになります。これはきわめて常識的な事実であり、ご承知の方もあろうかと思いますが、まずハリウッドは政治的に深刻な危機にさらされる。四〇年代の終りから五〇年代にかけて、アメリカには「赤狩り」旋風が吹き荒れることになります。赤狩りは必ずしも映画だけを対象にしたものではありませんが、かつて、共産主義に接近したり、その周辺にいたシンパたちを、ハリウッドからあるいはアメリカから追い出そうとする動きであり、これは、一種の魔女狩りと考えていただければいいわけです。一部の弱い人たちを犠牲に供することで冷戦下の国民の結束を図るというもので、マッカーシー上院議員が活躍しました。その非米活動調査委員会で証言することを拒み、亡命したり投獄されたりした大監督たちの不在がアメリカ映画を決定的に弱々しくしてしまったのです。

それから二つめの問題として、テレビの興隆が挙げられる。五〇年代のアメリカには、テレビジョンが完全に根をおろすわけです。そうすると、それまでポップコーンなどをかじりながら映画を見ていた人たちが映画館から去っていってしまうという事態が起ります。それまで、一年間にほぼ五百本ほどの映画を作っていたハリウッドが、一挙に二百本くらいに製作本数をおとしてしまう。当然そこにいくつかの問題が出てくる。まず失業の問題が起きますね。撮影所が縮小され、映画監督が映画を撮れなくなる。また、映画俳優たちも映画に出ることができないというので失業の問題が起ってきます。こうして、食いつめたハリウッドの映画人たちがヨーロッパに流れていくわけですね。イタリアのローマがその中心になりますけれども、いわばヒッピーのはしりみたいなものが五〇年代の後半に起ってきて、ハリウッドの二流の役者たち、一流であると思われていても年をとってきてそのころ出演できなくなった人たちが、ローマでうらぶれた生活をおくる。

それから、三番めの事実として、だいたい三〇年代から五〇年代にかけてハリウッドを支えていた一群の偉大なヨーロッパからの亡命作家たちが、ハリウッドから去るという現象が起ります。これはもう一つの問題につながると言ってもいいかもしれません。つまり、ハリウッドは誰が支えていたかと言えば、もちろんアメリカ映画生粋の人たちもいたわけですが、三〇年代の——つまり両大戦間の、第一次大戦と第二次大戦、その間のヨーロッパの文化的なあるいは政治的な現象を反映して、ヨーロッパからハリウッドへの亡命者が出てくるわけですね。つまり、ヒットラーが政権をとった一九三三年を中心にして、ドイツからあるいはオーストリアから、そしてもう少しあとになりますとドイツのフランスへの侵攻によって、フランスに残っていた作家たちがハリウッドに逃げるという現象が起ってきます。

　そして、その中でハリウッドで完全に腰を落ち着けて仕事をし始めていた偉大なるヨーロッパ系の亡命者たちが、五〇年代くらいになると、そろそろ自分の国に帰ってもいいのではないか、ということで、一人去り二人去り……というかたちでこの不況下のハリウッドから去っていくことになるわけです。

　つまり、ハリウッドは五〇年代をとおして、まず、産業的に大きな犠牲をこうむるわけです。これはテレビの影響ということになります。それから政治的に言って、つまり共産主義に共鳴しているかいないかにかかわらず、共産主義者を友達に持ったということだけでハリウッドから去らなければならなかった一群の人たちがいるということ。つまり、政治と文化がハリウッドにおいてはじめてあからさまに結びついたという事件ですね。そして三番めに、ヨーロッパ系の才能ある人たちが、ある程度の年齢に達し、ハリウッド生活に飽きて、ヨーロッパに帰っていってしまう。ハリウッドの土地はまるで歯が抜けたように、さびれてゆく。いままで盛況であったスタジオが、かつての力を持ちえなくなる。それがこんにちまで続いているわけですね。「ハリウッド映画」という言葉があっても、こんにちのアメリカ映画は、ハリウッドで撮られているとはかぎらない。一方に、ニューヨーク中心の映画作りがあると同時に、また資本的な中心がテキサスに移っているということもあって、ヒューストンやそのまわりでいくつかのかなり重要なアメリカ映画が撮られ始めている。

そこで、こんにちのアメリカ映画の衰退という現象は、ほぼ五〇年代に始まっていたと言うことができる。つまり、ハリウッドは、いまや完全に神話的な名前となり、その内実を持たなくなっていますが、その始まりが五〇年代だということになります。

2

それでは、その五〇年代に具体的にどのようなことが起ったのかということをもう少しみておきたいと思います。

先ほど言ったように、ハリウッドの崩壊というのは大きく言って三つの側面によって観察されるわけです。つまり、赤狩りとテレビの影響による観客数の減退、それから亡命作家たちの再亡命——と言いますか、彼らが改めてアメリカから去っていくという現象がみられるわけです。

あまり映画に詳しくないみなさん方はご存知ないかもしれませんけれども、ハリウッド映画とふつうに言われている映画は、物語の構造からいっても、また産業的な構造からいっても、一つの古典というべき姿を獲得しているわけです。これは三〇年代のはじめに、あるいは二〇年代の終りに映画が音を持ち、そのことによって、いかに物語を経済的に語るかという持続的な反省が行われ、五〇年代のはじめまでのほぼ二十年間に、ジャンルの違いはあってもほぼ一定の形式を獲得する。

いわゆるアメリカ映画と言われているもの、あるいはハリウッド的と言われているものは、その二十年間に集中的に作られたさまざまな作品から、共通の構造として抽出できるわけです。もちろん、それ以前にもハリウッドは存在していたわけですけれども、そのころのハリウッドの映画は音を持っていなかったわけで、フランス映画や、あるいは初期においてはイタリア映画、デンマーク映画などに比べてみても、けっして他を圧倒するほどのものではなかったわけです。もちろん、そうした中にも偉大な名前は何人かいるわけです。たとえばチャップリンであるとかグリフィスなどが出てくるわけですけれども、ちょうど広範囲の観客を動員し、それが一つの夢を売るといったような神話としてのハリウッド映画が形成されるのは、一九二九年の大恐慌とそれに続く不況時代、そして第二次世界大戦にかけての時代と言うことができます。安定した観客動員を期待しうる安定した映画作りから、一つの安定した形式が生まれ落ちたのです。それを古典的なハリウッド映画と呼ぶことにします。

では、その古典的なハリウッド映画を支えていたのは誰であったか。これは、要するに一種のヤクザみたいな——いわば、常識的な社会からはぐれた人たちと言ったらいいかもしれません。つまり、サイレント映画の初期に、あまり正業に就けないような人たちが十七、八歳から映画界に入り、べつだんその気もなかったのに監督になってしまったような人たちが映画を支えていた。ジョン・フォードにせよラオール・ウォルシュにせよアラン・ドワンにせよ、ほとんどまともな教育を受けたことのない人たちと言ってしまってもいいかもしれません。トーキー初期にはブロードウェイから舞台の演出家が呼ばれたり、ヨーロッパから名高い亡命作家が来たりするわけですが、生粋のハリウッド的監督たちは、大学なんか出ていない。ある程度の学歴はあるわけですけれども、ほとんど映画の中で自分自身を鍛えて一家をなしていった人たちです。これは日本でもまったく同じだと考えることができます。日本映画は三〇年代に一つの黄金時代を迎えますけれども、それを支えていた監督たち――溝口健二にしても、小津安二郎にしても、マキノ雅裕にしても、稲垣浩にしても、山中貞雄にしても、みんなごく曖昧に映画に近づき、一種の不良性というか反＝社会性のようなものは持ってはいても学歴なんかありはしない。日本で例外的に大学を出ていた人は牛原虚彦という監督ぐらいでしょう。東大を出て松竹に入ったということが評判になったくらいですから、大方の監督たちの学歴がどんなものであったかはすぐ予想がつくでしょう。

映画はそのような人たちにとっての実践的な教育の場であり、彼らはそこで人生を習い、世間的な知識をつけていった。映画は、いわば巨大な訓育の場みたいなものであったわけです。

ところが第二次世界大戦の直後、ハリウッド映画はかつてない世代の交代を体験する。いわば二十年近く続いたトーキーの第一世代に続いて、ハリウッドにも大学出の新人たちが姿をみせることになるわけです。この世代の交代は、まったく映画以外のところで教養を積んできた人たちが彼らの知的資質を評価され、新たに監督として登用されることで促進されました。教育はなくても、映画はこのように撮るべきであり、物語はこのように語るべきであるということを体質的に学んでしまった人たち――彼らはほぼ一九三〇年以前、つまり無声映画時代に監督になっており、トーキーの波を乗り越えて、ほぼこの二十年間に自分の好きなことをやってきた人たちですが、それに対して、五〇年代になって映画に入っていった新たな世代は、いずれも大学出であるわけです。なかにはジョゼフ・ロージーのように大学院を出たという人たちもいます。

五〇年代に三十歳から四十歳に達した映画好きのアメリカ人というのを想像してみると、その人たちの青春というのはだいたい二〇年代から三〇年代に当たっているわけですね。一方で、失われた世代の影響をもろにこうむり、青年期にヨーロッパ旅行くらいはしているし、映画のみならず、演劇や文学もよく読んでいる。しかも、不況時代――これはアメリカに大変社会主義的な関心の高まった時代ですね。もちろんアメリカ共産党というようなものも非合法的にできた時代であり、三〇年代というのは、まさにアメリカが、特にアメリカの若者たちが諸々の芸術の社会的な意義であるとか、革命的な意義であるとか、また労働者に対する連帯の意義といったものにはじめて目覚めた時代なわけです。

ジョゼフ・ロージー監督（1965年）Ⓐ

そういう意味で、一九五〇年代くらいに映画に入っていった人たちはまずインテリである。アメリカ映画が最初に持った左翼知識人であり、労働者に対する連帯意識だとか、革命に対するひそかな願望であるとか、社会的な不正に激しく憤る姿勢であるとか、そのようなものを、理念的に学生の時代に叩き込まれてしまった人たちであるわけです。その点で、彼らの前の世代とは決定的に違っている。つまり、五〇年代にハリウッドで新人監督としてデビューした人たちの多くは、若いころにヨーロッパに行っている。たんにパリに行くというだけではなくて、ソ連まで行ったりしているわけですね。そのころのソ連というのはほぼ粛清が始まる直前と言ったらいいでしょうか。モスクワが一つの前衛的な文化の中心であって、モスクワに行ってエイゼンシュテインに会うとか、スタニスラフスキーのシステムの芝居を学んでくるというような若いアメリカ人たちが沢山いた時代です。こんにちよりももっとソ連とアメリカの関係は開かれていたと言ってもいいかもしれません。つまり、ソ連に留学するというアメリカ人がまだまだ沢山いた時代の話です。

こうして、ハリウッドが最初にインテリ層を監督として迎えたときにどういうことが起るか。彼らのほとんどが若い時期になんらかのかたちでコミュニスムとの関係を持った人たちです。直接党員にならなくても友達にそのような人が一人や二人はいるだろうし、ロージーやカザンやニコラス・レイのように芝居をしていれば、その中で労働運動とのかかわりを持った人もいるだろう。

赤狩りが起ったのはまさにそうした時代だった。非米活動委員会というものが組織され、反アメリカ的な活動をした人たちを公聴会の中で吊し上げるということが起る。で、そこにいろいろな人びとが呼ばれることになり、「あなたは共産主義者の友達を持っているかいないか」といったような質問に対して正直に答えなければいけない。そこで、友達を裏切ることもできないハリウッドの新人監督たちは、アメリカから亡命せざるをえない。あるいは、アメリカに残ってハリウッドで映画を撮り続けるためには、友達を裏切って「私はこのような共産主義者を知っていた」ということを告白してしまわなければいけないという、非常に悲劇的な事件がこの時期に起るわけです。その最大の犠牲者はジョゼフ・ロージーやエイブラハム・ポロンスキーやジュールス・ダッシンといった人たちでしょう。証言を拒めば投獄される。そこでかつての仲間を裏切り、アメリカに残った人たちもいる。エリア・カザン、エドワード・ドミトリーク、ロバート・ロッセンなどがそれです。いずれも才能豊かな監督たちだった。だから、亡命したにせよ、裏切ったにせよ、このインテリ監督たちは、いまなおいやしがたい傷を負うことになります。

一方、赤狩りには引っかからずにすんだ監督たちが、映画を撮ろうとしても、撮るべき映画がなくなってくる。先ほど言った第二の要因、つまりテレビが観客を奪ってしまったので映画を撮るにはなんらかの妥協をしなければならない。五〇年代にデビューした世代は、受難の世代と呼ぶべきでしょう。デビューしたとたんに、映画を奪われてしまったからです。みなさん方は、どんな五〇年代の映画を知っておられるでしょうか。有名なものとしては『エデンの東』というのがあります。これを撮ったエリア・カザンは「裏切者」の一人であるわけです。つまり、自分がつき合った人びとの名前を全部言ってしまって、かろうじてハリウッドに残ることができた人です。つまり、ハリウッドでの最初の転向をやってみせたのがエリア・カザンという人であり、これは転向者の映画ということになるでしょう。貧しいギリシャ移民の子であるカザンは、亡命する余裕などなく、転向するほかはなかったわけです。どちらかというとアメリカの中でのエリートたちがヨーロッパに亡命することができたのだと言えるかもしれない。逆に、貧しい移民の子が裏切りを働いてアメリカに残らなければいけなかったというところが悲惨と言うほかありません。階級的な限界性と言ったらいいか、事態は亡命者が善、裏切者が悪という簡単な図式には収まりがつかぬ複雑なことなのです。いずれにしても、彼らは政治的な犠牲者であり、そこから、映画の死が始まっているという点は、ここで確認しておかねばなりません。五〇年代の世代がこうむった傷はいやしがたいものだったのです。ハリウッド映画の楽天的な明るさは、このとき崩壊し始めていたのです。

では、五〇年代の周辺でデビューした一群の作家たち、処女作を撮ったとたんに撮る機会を失ったり、仲間を裏切ったりしなければならなかった不幸な世代は、どんな映画を撮っていたのか。この世代に属する才能ある作家としては、先述のジョゼフ・ロージー、カザン、ロッセンなどのほかにオルドリッチ、アンソニー・マンなどがいますが、前の世代に比べて教養もあれば知識もある彼らとしては、さすがにハリウッド的な楽天性を再生産するわけにはいかない。また、完全に新たな作品をプロデューサーに認めさせることもできない。そこで彼らは、いきおい既存のジャンルを利用しながら、そこに社会批判を盛り込むといった戦略をとらざるをえない。人種的偏見を告発する西部劇や犯罪映画、社会的矛盾や頽廃の指摘を含んだスリラー等々、表現はともすればアレゴリックになり、わかる人にはわかるだろうというような、象徴的な意味を配さなければいけない。しかも、反動的ではあるが職業的良心だけは持っていたプロデューサーに認められるには、演出の手腕がずばぬけていなければならない。こうした条件下に、ロージーの『緑色の髪の少年』とかニコラス・レイの『夜の人々』、オルドリッチの『アパッチ』、ポロンスキーの『苦い報酬』、フラーの『拾った女』のような個性あふれる作品が生まれ、アンソニー・マンやジョン・ヒューストンのように比較的デビューが早かった同世代の作家も、『恐怖時代』や『勇者の赤いバッジ』のような作品を作ります。しかし、こうしたアメリカ映画の新しい波は、政治的な理由で長続きしない。外国での撮影中に非米活動委員会に召喚されたロージーは即座に亡命を決意し、死ぬまでハリウッドには戻らなかったのです。

ロージーはその後イギリスやフランスで活躍しますが、一九四九年に『緑色の髪の少年』という大変面白い映画を作りまして、それは戦争の恐怖で髪の毛が緑色になってしまう少年の物語です。そして、この少年が犠牲の山羊のようにみんなから嫌われる。そのあたりは、直接戦争に触れず、不幸な少年ものとして語られています。原爆の恐怖のようなものから、いわば異化作用と言いますか、恐怖の痕跡を肉体的にとどめてしまった人たちがいるということですね。これはハリウッドが、それ以前に持っていた楽天性とはまったく違う、歴史の刻印が比喩的ながらも人物の上に押されている、そのような人物を描いた大変興味深い映画です。ただし、それを親のないかわいそうな少年ものというオブラートにくるんで映画にしている。このロージーなども、若いときには、モスクワ永住を夢みたり労働者に連帯する芝居をやって、コミュニストの友人とも関係があったし、またブレヒトのアメリカ亡命を助けたりしていた人なのです。ロージー自身がアメリカから亡命しなければならなかったとき、誰もそれがハリウッド崩壊の予兆だと思う人はいなかった。亡命したり投獄されたりした連中なしでも充分にやっていけると高を括っていたのです。映画史自身もそのことに無自覚であった。いま、この時代を振り返ってみたとき、そのことの重要さがきわだってみえます。現代アメリカ映画の監督たちが黒澤明を父親視しているのは、アメリカ映画が黒澤明と同世代の優れた作家をことごとく葬り去ってしまったからです。

だが、不幸はそのことにとどまりはしなかった。政治的な不幸に加えて文化的な不幸がこの時代のハリウッドを直撃したのです。すでに申し上げた、テレビによる観客数の激減です。これは、製作本数の低下をともない深刻な失業問題となる。それまでB級映画を撮っていた職人監督は仕事を失い、テレビに逃れるしかない。こうした危機的な状況をなんとか克服しようと、ハリウッドはシネマスコープとかヴィスタヴィジョンとかの大型スクリーンを開発する。そして、超大作を競って撮り始めるのです。画面の大きさや大がかりな装置で人を驚かせ、いったん映画から離れた人たちを映画のほうに呼び戻そうとしたのです。最初のシネマスコープが二〇世紀フォックスの『聖衣』、聖書に題材をとった超大作ですが、その監督に、むしろ小品にきらりとした才能を発揮していたヘンリー・コスターが起用され、これで完全に潰されてしまう。ハリウッドは必ずしも超大作の都であったわけではなく、二流三流の映画でも一週間ごとに次から次へと製作して上映していけば資本の回収と蓄積とが可能だという、ある種のリズムを持って反復される再生産の場であったわけです。五〇年代の超大作ブームはこの構造を完全に崩し、そのリズムを壊してしまう。社運をかけた超大作で勝負をしようという風潮が出てきます。その惨憺《さんたん》たる記念碑が例の『クレオパトラ』です。監督やプロデューサーたちの首までが何度もすげ替えられ、最終的にクレジットされたジョゼフ・L・マンキーウィッツが二度と思い出したくない映画だと呟いたことで有名です。これは、ハリウッドのスタジオ・システムの終りを告げる作品でした。

何故、超大作がハリウッドの息の根を止めることになってしまったか。一つには、人件費が高騰して、ステージに大きなセットなど組めなくなってしまったのです。そこで、アメリカの撮影隊がハリウッドをあとにして、人件費の安い他の国に出かけてゆく。最初にロケ地とされたのはメキシコです。なるほどここでは人手が安く使える。風景が似ているということで、このころずいぶんメキシコ・ロケの西部劇が撮られたものです。ただ一つ、地中海性の気候のハリウッドと違って、天気が変わりやすい。天候が一定しないのです。そのとき、気候の点から今度はスペインが選ばれる。そして、スペインのマドリッドの郊外に、ハリウッドと同じ撮影所が建てられるわけです。このころからハリウッド映画の崩壊は完全なかたちで進んでいきます。サミュエル・ブロンストンという山師的な才能のあるプロデューサーがセット撮影の可能な撮影所を作り上げて、そしてエキストラはスペイン人を使う。イギリスやフランスにも近いから、ヨーロッパの役者を使って国際的なキャストを組むのにも便利だ。風景もハリウッドに似ている。そこでハリウッド映画とは名ばかりのアメリカ映画を撮ればはるかに安上がりだろう。それが、だいたい五〇年代の終りから六〇年代のはじめにかけてのことになります。はじめてハリウッドに登場したインテリの監督たちは、こうしてヨーロッパで撮られる超大作を撮るのに動員されることになります。

そこで撮影された有名なものとして、ニコラス・レイの『北京の55日』という映画があります。舞台は中国の北京であるわけですけれども、この北京のセットがどこに建てられたかというと、マドリッドの郊外だ。そこにアメリカから、チャールトン・ヘストンやエヴァ・ガードナーといった俳優たちがやってくる。日本からは伊丹十三が、イギリスからはデヴィット・ニーヴンがということで、いわゆる国際的な超大作になるわけですが、監督はアメリカ人、俳優はほとんどがアメリカ人、そしてイギリス人やアメリカ人の役者が中国人の役まで演じ、北京という神話的な都市をヨーロッパの砂漠地帯の真ん中に出現させて、そこでアメリカの映画と称して超大作を撮っていくということになります。

そんなことをすれば、まず監督――監督というのは肉体的な作業ですから、ハリウッドにいて、そしてちょっとロケに行って、また帰ってきてハリウッドで撮影するというような構図は完全に崩れてしまうわけですね。撮影が終っても監督は家に帰るわけにもいかない。何をするかというと、これは酒を飲むしかないということになるわけですね。そして、この『北京の55日』という映画を撮ったニコラス・レイという監督ですけれども、彼はこの映画の撮影中にすでにアル中に近い病身となる。映画を自分一人の手で完成することはできず、何人かの活劇専門の人たちに戦争シーンを任せて自分は半身不随のアメリカ大使の役を演じて――車椅子に乗って出てくる人ですけれども――、いかにもアメリカ映画の最後を告げるシニックな一景を作品にまぎれこませている。ニコラス・レイは、以後アメリカ映画から遠ざかり、公式的にはその後一本の映画しか撮ることができず、あとはアメリカに帰ってニューヨーク大学の映画科などで教え、そして癌で死ぬという不幸な運命をたどった人です。スペインの地で『キング・オブ・キングス』と『北京の55日』の二つの超大作を撮ったことが決定的だったのでしょう。

それからもう一人、彼とほぼ同世代のアンソニー・マンという監督がいます。アメリカ映画にはマンという名前を持った監督が三人――デルマート・マンとダニエル・マンという人がいて、その中で一番秀れた監督がこのアンソニーですから、ぜひみなさん方も覚えておいてください――、このアンソニー・マンも、ニコラス・レイと同じように、五〇年代を通じて非常に有望視されていた作家ですけれども、やはりハリウッドに残るわけにはいかなくて、先ほどのサミュエル・ブロンストンという製作者に頼まれて、スペインで二本の超大作を撮る。いま思うと、題名がいかにも象徴的なのですけれども、一九六三年に『ローマ帝国の滅亡』という映画を撮らされる。これも、アメリカ、イギリス、フランス、イタリアなどさまざまな国の俳優を使った超大作でローマを舞台にすると同時にアルプスを越えていくローマ軍の進攻を語っていますから、山の中の撮影が困難をきわめるわけです。そして、『ローマ帝国の滅亡』を撮っているときに心臓病にかかり、非常に優れた監督でありながらも、その後二本しか映画を撮ることができず、やはりハリウッドには帰ることなく、一九六七年に最後の映画『殺しのダンディー』という題で上映された悲しい映画の撮影中にポックリ心臓病で死んでしまうということになるわけです。

『遠い国』撮影時のアンソニー・マン

アンソニー・マンは、戦後の若い世代の中では、叙事詩的な感覚を持った貴重な人材でしたが、その彼がハリウッドという帝国の滅亡を身をもって生きてしまったのはなんとも皮肉なことです。五〇年代の世代は時代の波をかぶり、その不運をあからさまにこうむってしまった。

彼らの中では比較的強靭であったはずのロバート・オルドリッチまでが結局は早死にしてしまい、この世代の監督はもうほとんど残っていない。そして、こうした作家たちの不運な死は、いくぶんか映画の死を先取りしているのです。彼らの繊細な神経は自分たちのまわりから映画が奪われてゆくのを見て、そこに一つの死を察知せずにはいられなかったのでしょう。つまり五〇年代の優れた監督たちというのは、自身が築いたわけではないアメリカ映画の崩壊を身をもって生きた不幸な人たちだということになります。彼らの中の最良の部分がアル中になり、癌になり、それからまた心臓病になり……というかたちで死んでゆく。これほど大きな犠牲を払いながら、映画はその崩壊をおしとどめることはできなかったのです。

3

さて、このようにしてハリウッドは、五〇年代に才能ある監督たちをほとんど殺してしまった。もちろん細ぼそとハリウッドは続いていったわけですけれども、製作本数はずっと低下の一途をたどっている。そして二流であったはずの人たちが、何人か平気な顔をして一流になっていったというのが、それ以後のアメリカ映画の歴史であるわけです。

では、その影響がどこに出てきたか。これは、いまかなりの部分にあからさまに感じとることができる。そのとき忘れてならないのは、崩壊したのがハリウッドのいわゆるスタジオ・システムであるということです。スタジオ・システムとは、それぞれの製作会社が、専属の役者、専属の監督、専属の技師たちを使って、その会社独特のカラーを持った映画を毎週毎週作っていくといった一種の流れ作業のようなものです。その会社のスタジオ・システムの伝統が壊れてしまうと、まず会社のカラーというものが失われていきます。日本でも、こんにち、かろうじて会社のカラーを持っているのはほぼにっかつだけということになるでしょうか。新東宝も持っているかもしれません。けれども、いま、松竹映画といってもそれを東映の上映館にかけてもさして驚く人はいないでしょう。いまから二十年ほど前だと東映映画を松竹の上映館にかけると、とても変な感じがしたものです。やや松竹のカラーを残しているのは、あの「寅さん」シリーズぐらいだということになるでしょう。あれをにっかつ映画と二本立てにすると非常に奇妙な感じになる。そこにはわずかながら会社のカラーというものが残っているわけですね。ただし、それ以外には日本でもほとんど会社のカラーはなくなってしまいました。ハリウッドで五〇年代の終りに起ったことが、日本では七〇年代のはじめに起ったのです。

アメリカにも、パラマウントという都会的な軽快さ、それから二〇世紀フォックスというと地方的な泥くささといったようなもの、ワーナー・ブラザースといえば暗い活劇性=悲劇性といった感じが作家の才能や資質を超えてあったわけなんですけれども、これが、いまではほとんど消えていってしまいました。しかも、たんに会社のカラーが消えたということだけではなく、それぞれの会社が持っていた技術者たち——キャメラマンとか作曲家とか照明技師とか——が与えられた仕事に対して持っていた職業意識の連帯も消えていってしまうわけですね。つまり、彼らの技術的な高度の水準が無言のうちにハリウッドを支えており、それが作品の出来不出来とは違った質の高さを保証していたのです。たとえば、よし、今日は雨を降らせるぞといった場合に、どのように雨を降らせるか、もちろん雨を降らせるというのは映画においてはかなり大変なことであって、雨の日に雨のシーンを撮っても雨粒は見えないわけです。雨を雨らしく撮るためには、雨の向こう側から照明を当てて雨粒を黒く浮き上がらせるというような手順が必要なわけです。こうした雨の撮り方一つをとってみても、それぞれの会社が雨の撮り方の秘法を持っているわけです。かつて、ドイツの製作会社ウーファの雨とフランス映画の雨とはまったく違うものだった。日本では特機部というのがあって、「雨を降らせるぞ」と言うと特機部の人たちが駆けつけて監督の意図をくんで、その作品にふさわしい雨を降らせる。そこに、それぞれのスタジオの伝統があったわけですが、そうしたものもすっかり崩れてしまった。雪にしてもそうですね。「雪を降らすぞぉ」と言って、雪の降っているところにロケーションに行っても、雪が雪のように見えるわけではない。白い雪を白く撮っても映画においては雪とはならない。今村昌平の『楢山節考』の冒頭、ヘリコプター撮影の雪の風景が写し出されますが、これがフィルムのせいでしょうか、妙に青みがかってとても雪に見えない。黒白時代でも黄色に塗ったり、ピンク色に塗ったりした壁が画面では白い壁に見えるということがあったわけです。つまり、白だとハレーションが大きくなりすぎるというようないろいろな理由があるわけです。そういったそれぞれのスタジオにあった伝統も徐々に壊れていって、気象学的な変化——雨を降らすとか雪を降らすとかいったことが、いまのアメリカ映画ではほとんど撮れなくなってしまった。空だって、まともに撮れなくなっている。ドイツ人のヴィム・ヴェンダースが撮った『パリ、テキサス』の空が久方ぶりに空であったのは偶然ではないでしょう。

最近のアメリカ映画には、そういった惨憺たる例がいろいろなところに出てくるので、本当にアメリカ映画は死んでしまったなぁという気がいたします。たとえば『グレムリン』という映画がありますね。ジョー・ダンテの作品です。これをご覧になった方はかなりおられるでしょうが、この『グレムリン』という映画は、話の始まりがクリスマスであるわけです。で、その時期だから雪が降っていたり雪が積っていたりして当然であるわけですけれども、この映画の監督であるジョー・ダンテという人——これはもちろんスピルバーグが製作しているわけですけれども——は、怪物どもの特撮はできても、雪の撮り方がわからないわけです。小さな町の中に舞台を設定して、その町の大通りとか、いたるところに雪が積っているわけですけれども、それをカンカン照りの太陽のもとで撮る。だから、なにか出来損ないのデコレーション・ケーキに白いものを吹きつけた粉のようなものが道にあるだけで、ああ、雪のつもりなんだなと察しがついても、とても雪に見える光線ではない。また、夕暮の庭に降り積った雪も青く濁っていて見るにたえない。日本でもあんなひどい雪は降らせないだろうというほどのひどさに驚いてしまいました。それから、たとえば『コットンクラブ』という映画がありますね。これもご覧になってらっしゃるでしょうけれども、『コットンクラブ』の最後には粉雪が舞っているわけです。コッポラのほうがジョー・ダンテよりは、より少なく馬鹿ですから、なんと言いますか、最後の別れの場面で雪くらい降らせたらいいだろうというところまでは考えつくわけですけれども、これまた雪が見えないわけです。濃い色の洋服や帽子にまといつくところでかろうじて雪が見えるだけで、風景の中の雪はとんでしまって見えない。背景にも粉雪が散っているという、それだけのことがコッポラにしても撮れなくなっている。雪というのは、映画では叙情的な道具立てであって、舞台装置を異化する効果を持っているものですけれども、撮影が無神経なんでとてもそんな効果はあがっていない。日本映画にも優れた雪の場面はたくさんあるわけで、世界映画史の最もみごとな雪として記憶されるべきものさえあります。山中貞雄という若くして死んだ天才がいるわけですが、彼が『河内山宗俊』という映画の中で映画史上、最も美しい雪を降らせています。若き日の原節子が出ておりまして、出来損ないの弟の犠牲になって自分から身売りを決意するという、まさに降るべき瞬間、不意に表通りに雪が舞うのです。そのときの粉雪の舞い落ちる速度、そしてその光景の中に人物をどのように配するか、そのショットを何秒ぐらい持続させるか、等々、一九三〇年から五〇年代までの古典的な映画では、スタッフの全員が心得ていた。――どうせ、天井から裏方さんたちが小さい紙きれを撒いているだけなんですけれども、降るべきときに、それにふさわしい降り方で降ればそれが雪に見えるし、雪の持っている叙情、あるいは雪の持っている風景を異化する力が有無を言わせないかたちで画面にみなぎるのです。コッポラにはまったくそれができなくなっているわけですね。タルコフスキーの『ノスタルジア』の最後の雪と比べてみてください。

アメリカ映画はながらく世界一のキャメラマンを生産し続けてきました。アメリカ映画が持っていたキャメラマンの生産性がいま非常に低下している。『ノスタルジア』の素晴しい雪がイタリアで作られたものであることは、きわめて象徴的だと言えましょう。アメリカ映画が最近ちょっと意欲的な映画を撮ろうとすると、必ずヨーロッパからキャメラマンを呼ぶことになるのも、そうしたこととと無関係ではないでしょう。ジュゼッペ・ロトゥンノとかヴィットリオ・ストラーロといったイタリア系のキャメラマンが七〇年代のアメリカ映画の最良の部分を支えていたことは誰もが知っています。ついこの間テレビで放映していましたが『クレイマー、クレイマー』という映画がありますね。ロバート・ベントンという監督が撮った、たいした映画ではありません。せいぜいアカデミー賞をもらう程度の映画ですが、この『クレイマー、クレイマー』もフランス系のキャメラマンが撮ったわけですね。いかにもアメリカ映画的な主題を撮るこの監督が、たぶんアメリカのキャメラマンを使ったのではこの主題は生きないだろうなぁということで、もともとはスペイン人で、その後キューバを経由してイタリアからフランスで撮影監督になったネストール・アルメンドロスという、トリュフォーの映画をずっと撮っていたキャメラマンを使っています。テレンス・マリックの『天国の日々』なども撮った非常に優れた人ですけれども、かつて、キャメラマンの輸出国だったアメリカが、いまや、外国から人を呼ばなければいけないということになっている点に、ハリウッドの崩壊の跡が刻み込まれているのです。ヨーロッパから技術を借りないと、アメリカの一流監督たちは自分の作りたい画面が作れなくなっているということですね。これまた最近、このロバート・ベントンの次の話題作と言いますか――その間に何本か撮って、面白いものもつまらないものもありますけれども――、『プレイス・イン・ザ・ハート』という映画が公開されました。あまり当たらなかったので、みなさん方は見ておられないと思いますけれども、ここでもロバート・ベントンはフランスからネストール・アルメンドロスを呼び寄せている。で、それはいわゆる中西部ものなのですが、どうして合衆国の三〇年代の農民の話を撮るのに、ヨーロッパ人が招かれねばならないのか。ついでに言うと、『プレイス・イン・ザ・ハート』という映画はたいした作品ではありませんが、それでも面白いところがあるので、見ていただきたいと思います。作品の持つ雰囲気としては、先ほど挙げたスタジオのスタイルとしては、二〇世紀フォックスものの雰囲気をどこかにとどめている。二〇世紀フォックス・スタイルのアメリカの田舎というものが撮られるわけですね。そして、それを撮っているのがトリュフォーやエリック・ロメールのキャメラマンだというところに、ハリウッドの崩壊ぶりと言いますか、まともな映画が撮れなくなってしまっているアメリカ映画の悲惨な現状がはっきり表れているわけです。

もちろん、現代のアメリカ映画にも優れたキャメラマンはいます。ゴードン・ウィリスとかラズロ・コヴァックスとかいった人たちが六〇年代、七〇年代のアメリカ映画を支え、一定の刻印を与えたことは間違いありません。しかし、それはスタジオに蓄積されて無形の力となるというより、どうも個人的な力量といった感じが強い。その点でもハリウッドを支えたスタジオ・システムとは無縁のものなのです。

4

さて、これまで、政治的、文化的な圧力によって崩壊し始めたハリウッドというものを跡づけてきたわけですが、こんにちのアメリカの映画人たちがその五〇年代という時代を充分に咀嚼《そしゃく》しているとはどうも思えない。赤狩りの時代への風俗的な興味や政治的な分析は盛んになっているのですが、そのとき、文化としての映画が何を失い、その喪失がいままでどのような深刻な傷となって残されているかに充分意識的ではないのです。つまり、映画史がいかなる犠牲を誰に強いたがゆえに、いま自分たちがいるのかという自覚が希薄だと思うのです。冒頭で七十三という数字を挙げておきましたが、それが問題になるのはこの点をめぐってです。七十三は、五十の名誉回復のための数字なのです。

互いに深く連帯し合っていたわけではないのですが、ちょうど一九七三年ごろを中心として、ヨーロッパの各地に、一群の新たな作家たちが登場してくる。ビクトル・エリセが『ミツバチのささやき』を撮ったのが七三年なので、その年を象徴的に捉え、彼らをとりあえず「七三年の世代」と呼ぶことにします。西ドイツのヴィム・ヴェンダース、スイスのダニエル・シュミットなどがそれに当たりますが、テオ・アンゲロプロスもその一員だし、アメリカではクリント・イーストウッドがそれに当たる。もちろんヴェンダースはそれ以前から仕事をしていたわけですが、一九七二年、七三年に世界的な注目を集めることになります。それはちょうど、ヌーヴェル・ヴァーグが一段落したあとで、見る側の映画的感性にも大きな変化が起った時期になります。

ヴェンダースの最新作は、昨年のカンヌ映画祭で大賞をもらった『パリ、テキサス』、――東京国際映画祭で上映されて、たぶん一番人気を呼ぶ映画だと思います――『パリ、テキサス』といっても、実は「パリス・テキサス」であって、テキサス州にパリという町があるわけですね。この人は六〇年代の終りから映画を撮り始めていましたが、一九七二年、七三年にかけてはじめて本格的な映画を発表する。『都会のアリス』という映画で、日本で何度か上映されています。ヴェンダースには、「アメリカ人はアメリカ映画をあまり知らない」という意識がある。これはまぁ本当であるわけです。その点で彼はフランスの「カイエ・デュ・シネマ」系の伝統に立っています。日本人もあまり日本映画のことを知りませんけれども、アメリカ人は自分たちの国の映画に対しては驚くほど無知であり、鈍感さをきめこんでいるわけです。それに対して「アメリカ映画を救うのはおれだ！」という意識で、ヴェンダースは、先ほど言ったニコラス・レイという作家を、いくらなんでもアメリカ映画は彼に対して非道を働き、それを償っていないではないか、アメリカ映画がそういうことであれば私はこの人を俳優として使うということで、自分の映画の中にニコラス・レイを俳優として使うことになるわけです。それが一九七五年くらいに撮られた『アメリカの友人』という映画ですね。題名自体がすでに象徴的だと思いますけれども、これはパトリシア・ハイスミスを原作に持つ一種の心理的なギャング映画ですけれども、そこにすでに病に冒されていたニコラス・レイという人を重要な役で起用するということになるわけです。

『アメリカの友人』（ヴィム・ヴェンダース監督）

つまり、一人のドイツ人が五〇年代のアメリカ映画の崩壊を一人で背負って立とうとするようなことになるわけです。そして、彼はその後、このニコラス・レイの死ぬ直前にレイの家に行って、その死に先立つ何か月かをフィクションのような記録映画として撮ってしまいます。これは『ニックス・ムーヴィー／水上の稲妻』といって、非常に感動的な、と言いますか、そこまでやってはいけないという慎みのぎりぎりのところまで入り込んで撮った映画ですけれども。朝、アパートメントの中で、ニコラス・レイが肺癌に冒されていますからゴホンゴホンと咳をしながら起き上がる場面から始まって、彼の最晩年の一年間ほどを撮った、ちょっと見るにたえない——ぼくなどのような五〇年代映画を好んでいる人間にとっては、またニコラス・レイを好きな人間にとっては、その最後の瞬間をこのように撮られるというのは、きびしい姿勢で受け止めなければならない重たい事件であるわけですけれども、それをやっている。つまり、一人のドイツ人が、ニコラス・レイのこうむった五〇年代の悲劇を救うということになってくるわけです。

で、これに似たことはいたるところで出てくることですね。それより以前にこういう、アメリカがアメリカ映画自身に対して持っている鈍感さをどのように処理したらいいかと考えるのはだいたいヨーロッパ人であって、有名な、ぼくも翻訳に絡んでいる『ヒッチコック／トリュフォー』（邦訳『映画術』、晶文社刊）という本がありますね。あれはアメリカ人がいかにヒッチコックを重要視していないかということに腹を立てて、アメリカ人に向かって「あなた方のヒッチコックはこれほど偉い人なんですよ」ということを教育的に悟らせようとする、ほとんど自己犠牲の書物であるわけです。それは成功したと言ってもいいかもしれませんけれども、むしろなかば失敗してもいるわけで、ごくつまらないヒッチコックの後継者ばかり出てきてしまったというふうに考えなければいけないのかもしれませんけれども、まぁ、トリュフォー＝ヒッチコックに似たものとして、今度はヴェンダース＝レイというカップルが出来上がってくるわけです。

それから、これまたちょうど一九七二年に処女作を発表したダニエル・シュミットという人がいますね。この間『ラ・パロマ』が上映されたり、その前に『ヘカテ』が上映されていますが、これはけっして大監督というわけではありません。むしろ映画史の中の珍品といった感じの人で、よくぞそこまでやってくれましたという奇妙なことを平気でやってのける人であるわけです。彼の『ヘカテ』などという映画は、まさに五〇年代のアメリカ映画、五〇年代まで持っていたアメリカ映画のよさを、――当時のハリウッドではスタジオの中のセットで撮っていたものを現実の光景の中で撮ってしまうという、非常に奇妙なことをした人です。このダニエル・シュミットは、ちょうどヴェンダース＝ニコラス・レイというカップルが出来るのと同じように、シュミット＝ダグラス・サークというカップルを作っています。このダグラス・サークは、国籍はドイツですけれどもデンマーク出身の五〇年代にハリウッドで活躍した亡命者の一人です。五〇年代の終りにヨーロッパに帰ってしまったので、出身からしても世代からいっても五〇年代作家というよりむしろ亡命者ですけれども、彼は、先ほど挙げたハリウッド崩壊の三つめの条件を体現することになります。五〇年代は、アメリカ映画を支えた優れた亡命監督たちが次次にヨーロッパに去っていった時代でもあったのです。この時期にはサークをはじめ、フリッツ・ラング、ロバート・シオドマーク、ウィリアム・ディターレ等々、一人また一人とハリウッドから姿を消してゆく。しかも彼らがアメリカ映画に何を与えたのかを、アメリカの誰一人として自覚することがなかった。かつて映画史には、これほど多くの貴重な人材が一挙にある国を去るということはなかったのです。ナチス時代のドイツですらこんな大きな空白を体験しはしなかった。しかもその事実に、いまだ映画史が自覚的でないところに、映画の死の予感を感じとらずにはいられないのです。

その予感に最も敏感だったのが「七三年の世代」の作家たちです。たとえば、ダグラス・サークからこうむった恩恵をアメリカ人が完全に忘れてしまっている。それならサークの偉大さを伝えるのはスイス人であるおれしかいない、というわけで、スイス人のダニエル・シュミットは、いまスイスに隠棲しているダグラス・サークのもとへ日参し、テレビ番組でサークのドキュメンタリーを撮ったり、彼の映画の再上映を組織したりしながら、いまは目が見えなくなってしまっている八十五歳の巨匠の晩年の心の支えとなっています。彼は五〇年代アメリカ映画に対する感謝の気持を、ダグラス・サークをとおして語っているということになります。つまり、やはりこれもアメリカ人に任してはおけないということになるわけですね。

この五月の終りから六月にかけて東京国際映画祭というのがありますけれども、国際映画祭とは名ばかりの、つまり国内問題を解決するための映画祭であって、かなりひどい作品の選択が行われています。なかには面白いものがありますからぜひ見ていただきたいと思いますけれども、総体としては映画史的な無知と、映画の現在に対する鈍感さが感じられる。つまり、何故東京で映画祭が行われるか、行われるとしたらば、これはやはりアジアの映画祭として、世界にアジアの新しい作家を売り出すというようなことは当然の義務でありながら、それをまったく怠り、いろいろなところから、たとえばフランスの映画祭をそっくりそのままもらってきてしまうという非常に怠慢をしていることと同時に、映画史的な展望というものがまったくありませんから、「日本映画の昨日・今日」などというひどい特集の中に、アッと思うような映画がたくさんあってですね、大丈夫かなぁと思ってしまう感じがします。

ところが、香港映画祭——こちらはさすがに歴史も長く、本格的に映画が好きな人たちがやっている由緒正しい映画祭であって、今年はまさに五〇年代を代表するニコラス・レイとダグラス・サークを特集している。香港映画祭のプログラムを見て、やられたっという感じがしたと同時に、香港に行きたいという思いにかられて、いてもたってもいられなくなりました。しかしそのころぼくは大学の入学試験か何かやっていて、とても香港に行けなかったわけですけれども、まさにいまの世界の映画的な現状にぴったりの、五〇年代こそいまわれわれが真剣に検討しなければならず、しかも、五〇年代にはまだ生まれていなかった人たちに五〇年代の意義を伝えなければいけないという映画史的な展望がはっきりそこに出ている。で、それを香港映画祭がやるのにどうして東京映画祭はできないのかなぁと、非常に残念な気持がいたします。

それと同時に、香港映画祭はアジアにおける試みですから、日本映画の優れた作家をやはり特集しています。先ほど挙げた山中貞雄特集というのを今年はやっているわけです。山中貞雄は日本映画が持ちえた最も偉大な作家の一人ですから名前を知らなかったらひそかに恥じていただいて、何か事典のようなものを引いていかに偉大であったかということを——どうせ半分は嘘ですが——確かめていただきたい。現実には、東京映画祭のころ、東京映画祭とはまったく無関係のアテネ・フランセ文化センターというところが、いくらなんでもあのプログラミングはひどいから、東京映画祭にあてて、山中貞雄映画祭をやろうというふうに計画中だと聞いています。まったくこれはプライベートな試みだということになりますけれども、そのさいにでも見ておいていただきたいと思いますが、二十九歳で死んでしまった、日本映画が持ちえた唯一の夭逝した天才ということですね。二十九歳で死んじゃってすでに二十何本の映画を残している。仮にみなさん方がこれから撮り始めたとして何本の映画を残せるか、というふうに考えてみると覚束ないと思いますけれども、やはり三〇年代の日本映画というのは充実していて二十九歳で死んじゃってもですね、世界映画史に残るような環境が維持されていたということです。それは、そこでの映画がまぎれもなく生きていたということにほかなりません。

七三年の世代の人たちは、恥と失意の世代であるわけですね。彼らは五〇年代のハリウッドの崩壊を見ながら、映画の死を予感している。しかも、フランスのヌーヴェル・ヴァーグのようには倒すべき強力な敵がもういないわけです。にもかかわらず、いまごろ映画を撮り始めようとする自分とは何か、映画の死をほとんど目撃してしまった者に、どうして映画とつき合っていくことができるか、そうした不幸な意識の自覚があるがゆえに、彼らは実に繊細にあるいは戦略豊かに、そしてまた真剣に映画を語っている人たちだということになります。撮影所に大がかりなセットを組むことなどはじめから考えられないのですから、――ヌーヴェル・ヴァーグのトリュフォーやゴダールは、いずれよい条件で自分も撮ってやろうという気持があったのですが――、映画の未来に彼らはまったく楽天的にはなれない。たとえばビクトル・エリセという人ですね。あの『ミツバチのささやき』を撮ったビクトル・エリセという人は、七三年にこの処女作を撮ったわけです。それから十数年、ほとんど映画を撮らず、また第二作を数年前に『エル・スール』という、とんでもない傑作というわけではありませんが、非常に高度な達成を示した映画を撮っている人です。

彼はスペイン人ですけれども、まさに、先ほど言ったようにハリウッドのスペインへの民族大移動が起った五〇年代の終りから六〇年代のはじめに、彼は学生だった。そしてアル中で半身不随になってしまったニコラス・レイが、サミュエル・ブロンストンのスタジオでいかに絶望的に映画を撮っていたかというのを、身をもって見てしまっている。彼もニコラス・レイにつながる人であって、どうしてあんなに偉大であり、それから繊細であり、それからまた感受性も豊かであったニコラス・レイが、このスペインの土地で映画を撮っているとあんなにひどくなってしまわなければいけないのかということを、自分自身の問題として彼は考え、そしてそのような人たちに対してオマージュを捧げる意味で、彼は必ずしもハリウッド映画そのものというわけではありませんけれども、五〇年代までに築き上げられたハリウッド的な諸々の映画的な技法を——ハリウッドではもう撮れなくなってしまった方法を駆使して、『ミツバチのささやき』という非常に優れた映画を撮ったわけです。こんにち撮られているアメリカ映画よりもはるかにハリウッド的であり、映画の構成一つをとっても、気候そのものをどのようにつかまえるか、地平線をどのあたりに位置させるか、というようなこと、映画の基本的な問題を自分が見た、あるいは自分に対して養分を送り届けてくれたハリウッド映画に対して、自分が何を負っておりいかなる感謝の念を表現すべきかの自覚がはっきり出ている優れて倫理的な映画であります。

5

そういうことで、五十と七十三という、この二つの数字の関係は、同時にきわめて倫理的なものです。倫理的という言葉はもちろん、いささかも道徳性を意味しはしない。その死があまりに明らかであるがゆえに、その遺骸を手厚く葬ることそのものが自分の姿勢を支えるといった映画作りを倫理的と言ったまでです。間近に迫った映画の死を声高に触れて回ったりはせず、その事実を見つめながら、しかも、いっときの興奮で現実を忘却するのではなく、死を抱え込んだ映画の現在を誠実に生きること。誰もがゴダールではない以上、これが現代の映画作家の最低限の慎みでしょう。

　もちろん映画は、今後二十年でも三十年でも、ことによると半世紀以上も撮られ続けられるには違いない。無自覚な楽天性はそう簡単には死にはしない。だが、現実には映画以前に映画館そのものが死にかけている。明るすぎるとか、スクリーン・サイズが合わないとかいった理由から一篇のフィルムを満足な条件で見ることはきわめてむずかしい。現像所の作業も杜撰《ずさん》きわまりないものになっている。こうした不吉な前兆は、いま考えてみると、いずれもが一九五〇年代から始まっていたものなのです。世界各地でいま作られている映画が、黙っていても映画館のスクリーンにかかるという保証はどこにもない。ビクトル・エリセは、いまポルトガルとスペインでニコラス・レイ特集の上映運動を組織していますが、それは観客の側がもはや映画会社を信用できなくなっていることを意味します。見る側が上映にタッチしないかぎり、見ることがむずかしくなっているのです。事実、いまでは見たい映画をビデオで孤独に見る時代になり、映画館の価値は暴落しています。でも、映画館の暗闇と大きなスクリーンがなくなってしまえば、映画は消滅するほかはない。ビクトル・エリセの二つの作品にともに映画館が出てくるのは、引用趣味といった知的な問題ではなく、まさに映画館こそが映画生成の現場でありながら、その機能が失われていくことに、エリセがいてもたってもいられないからなのです。映画は日々、信じがたいほど多くのものを失いつつあるのであり、そのことに無自覚な作家は倫理性を欠いているというべきでしょう。

一九七一年に処女作『恐怖のメロディ』を撮ったクリント・イーストウッドは、この世代に属するアメリカの作家では最も倫理的な作家でしょう。もちろん、彼の倫理性にはアメリカ独特の叙情味が濃厚に漂っていますが、少なくとも彼はウッディ・アレンのように映画に対して楽天的ではない。そのころは二流の役者として体験したハリウッドの五〇年代に対して、彼は懐古趣味以上のこだわりを持っている。いまは崩壊したハリウッド映画がどんなものから出来ていたか、それをたえず意識しながら映画を撮っています。たとえば、イーストウッドの『センチメンタル・アドベンチャー』みたいな映画を見ていると、現在のアメリカ映画が何を失ったかがはっきりわかります。

実際、最近のアメリカ映画からはいくつかのものが消えてしまいました。先ほど言いましたけれども、たとえば、雨が消えた、雪が消えたという悲しい現象があるわけですけれども、いま一つ、老人も消えてしまったわけです。最近のアメリカ映画には老人が重要な役割を果たしている映画がほとんど思い出せない。かつてのハリウッド映画には経験によって難局を乗り切る術は心得ているけど肉体的な力を欠いているので、若者と協力して事態を好転させる老人という役が必ずあったし、それにふさわしい役者も存在していた。『ロッキー』とか『ベスト・キッド』のコーチ役にきわめて図式的にそれが残ってはいるのですが、この老人がきわめて稀になってしまった。点景として、年とった男女が描かれることさえ少ないのです。「インディ・ジョーンズ」のシリーズや『コットンクラブ』が単調に見えるのはいい老人役が存在しないからです。『ワンス・アポン・ア・タイム・イン・アメリカ』の最大の弱点もそこにあります。そして、彼らは、それが決定的な欠落だとさえ意識しえなくなっている。ところがイーストウッドだけは、そのことに気がついているのです。彼が、ハンク・ウォーデンとかジョン・マッキンタイアを使ったりしているのはそのためです。いま、ハリウッドで老人が描けるのはイーストウッドしかいない。そして、ほんの小さな役で彼がハンク・ウォーデンを使っていることで『ハメット』のヴェンダースと連帯することになる。フォードやホークスなきあと、ハンク・ウォーデンを使ったのが、一人のドイツ人とイタリア西部劇で世界的なスターになった俳優だけだったという点が、なんとも感動的なのです。ヴェンダースの『アメリカの友人』のニコラス・レイの役、『ことの次第』のサミュエル・フラーの役、これはいずれもこうした老人のイメージにつらなるものだったのです。

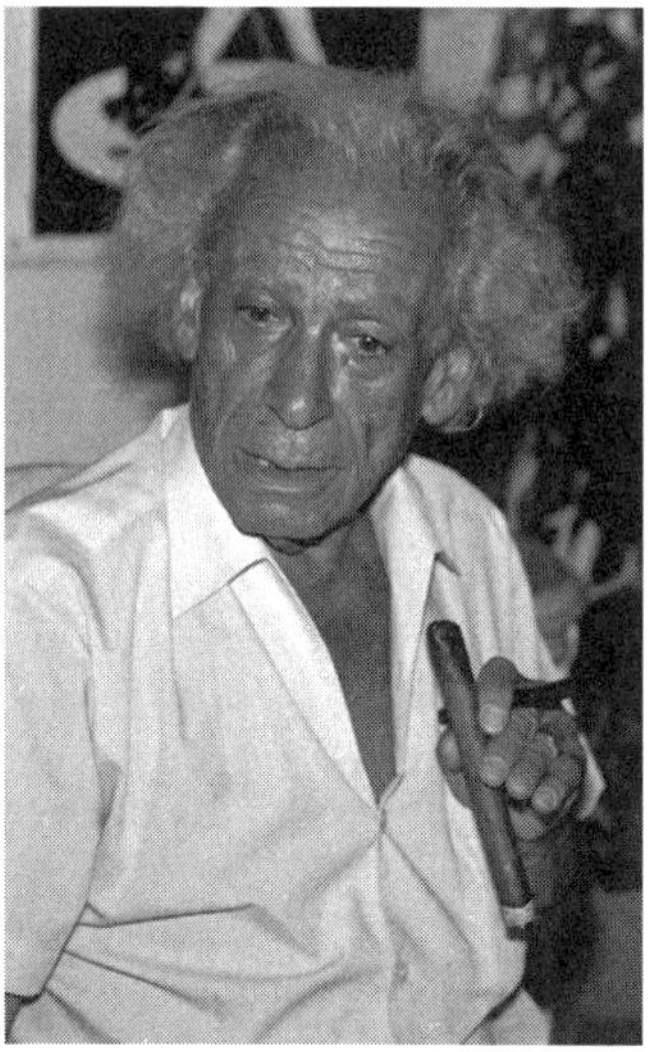
サミュエル・フラー監督（1987年）Ⓑ

イーストウッドの処女作『恐怖のメロディ』以来、一貫して彼を作家として支持し続けていたのは日本だけです。去年になってフランスがはじめて彼を認めました。有名な映画雑誌「カイエ・デュ・シネマ」が、われわれより十五年遅れてはじめてクリント・イーストウッド特集を組み、今年は、その新作が日本より先にカンヌで上映されます。こっちが孤独に言っていてもだめなことが「カイエ・

デュ・シネマ」のような大雑誌に載ると早速クリント・イーストウッドが大作家になってしまうという、実に残念なことが起ってしまう。発見したのはこっちだし、昔から本気で見ていたんだと言いたいのに、そうした場がほとんど日本にもありませんし、日本のジャーナリズムが世界映画史にインパクトを与えるということもほとんどないので、あまりシャクにさわりましたから、この秋からついに映画雑誌を作ることにし、*そこで先ほど挙げた五十と七十三という問題をもう一度論じるつもりです。みなさん方も第一号だけでいいですから、ぜひ買ってくださって、世界映画史に対する日本からのインパクトというものを、この映画の雑誌によって作り上げたいと思っています。

ぼく自身も、残念ながらこれは世代的な限界ですけれども、五〇年代に壊れ始めたアメリカ映画をそれ以前からずっと見て育ってしまっており、それ以後のひどいアメリカ映画もやはり「ひどい、ひどい」と言いながらも見続けている者でもあるわけです。そのひどさの根拠は、やはり、失われたものにしかるべき供養をしていないということですね。それは、アメリカ映画が五〇年代に崩れたならば、それに対する供養を誰も本気でしないでいることからくる弱点です。そこで、いわば映画供養の雑誌のようなものがこれから出来上がりますので、そういう辛気くさいことはみなさん方はいやでしょうけれども一冊めだけはどうしてもご協力いただきたいという強い気持はあります。これが、映画によって養われ、映画によってある種の感性を身につけた、われわれの世代の映画に対する供養の一つのようなものと思って、この映画雑誌——これから売れるはずのないものを作るという暴挙に出ているわけなので、その暴挙においてこのような人たちと連帯を組みますが、この連中にはいずれも何か書いてもらうつもりでいますので、そこらへんもみなさん方の関心になんとか触れていければいいなぁというふうに思います。

「映画はいかにして死ぬか」という題でお話ししてきましたが、だからといって、ぼくは「映画が死んだ」というふうには言いません。また、よき美しき映画への追憶にひたるつもりもありません。ただし、映画の死の予感は、いたるところにあるわけですね。そのことに無自覚なまま映画とかかわりを持つことだけはしまいと思っています。映画はけっして永遠のものではなく、きわめて歴史的な体験なのだと意識することなく映画を論じることは、抽象的な言説しか生み出さないでしょう。

『悲しみは空の彼方に』(ダグラス・サーク監督)

昨年の夏、ダグラス・サーク監督にダニエル・シュミットが会わせてくれました。「きみがダグラス・サークが好きならば、日本からあなたを好きな人が来たと言えば非常に喜んでくれる」ということで、スイスのルガノという高級避暑地に奥さんと一緒に住んでいて、ほとんど目が見えなくなっているダグラス・サークのもとにダニエル・シュミットが連れていってくれました。ぼくは、最近の若い人は別として、ハリウッドを本当に支えた大監督とはそんなに何度も会ったことがある世代ではないわけですけれども、彼が夏なのにつめたいアパートの中に一人で座っていて、こちらが汗を拭きながら入っていくと、背中に大きな毛布のようなものをかけ、まったく見えない目でこちらを見て「あ、いらっしゃいましたね。東京から来てくれたとは嬉しい」と言って、迎えてくれました。しかし、近づいていって手を握ったときの彼の手の氷のようなつめたさから、まさに映画は死につつあると実感しました。あの『悲しみは空の彼方に』の巨匠が、こんなにつめたくなってしまって、目も見えなくなり、それでもまだ生きていてくれる。そのような感謝の気持でぼくは彼の手を握りしめたわけですけれども、それはまったく感傷的な振舞にすぎないでしょう。死にかけてはいながらも、なおかつ映画はいたるところで新たな可能性を拓こうとしている。不可能性と境を接し合った可能性として映画の現在を生き合っていくつもりのぼくは、これからも映画供養を続けてやっていくつもりです。みなさん方も間接的にどうかお力になっていただきたい。そうすれば、ぼく自身のためではなく、映画のために嬉しいという気持がしております。

＊　「リュミエール」（筑摩書房刊）、一九八五年九月創刊。

Ⓐ
"Modesty Blaise" film van Amerikaan Joseph Losey. Filmopnamen te Amsterdam. Regisseur Joseph Losey / by Nijs, Jac. de / Anefo - [1] Dutch National Archives, The Hague, Fotocollectie Algemeen Nederlands Persbureau (ANEFO), 1945-1989, Nummer toegang 2.24.01.03 Bestanddeelnummer 917-9568/source:https://upload.wikimedia.org/wikipedia/commons/a/ac/Joseph_Losey_1965.jpg (CC BY-SA 3.0 nl)

Ⓑ
Sujet:De Samuel Fuller 1987 zu Deauville / Source:Eege Foto vum Roland Godefroy *Lizenz:{{Bild-GFDL}}/ source:https://upload.wikimedia.org/wikipedia/commons/2/25/Samuel_Fuller--1987-w.jpg (CC-BY-SA-3.0-migrated)

第Ⅱ講

異邦人の饗宴

横断的映画史の試み

1

「フランス文化における外国人たち」というごくおおまかな、散文的といえばまことに散文的な、魅力がないといえばいかにも魅力を欠いた題名のお話をさせていただくわけでございますが、その題名自体が、すでにいくつかの問題を提起しているようにも思われます。まず最初に講演者それ自身の精神の散文的な単調さと申しましょうか感性の鈍感さと申しましょうか、そんなものが、この魅力を欠いた題によって予告されているのではないかと危惧されます。心の内でひそかに選んでおきましたのは、たとえばガーシュインの「巴里のアメリカ人」といった、簡潔でありながらも多くの連想へと人を誘う題でありました。ところが実際にお話ししてみたいのは、国籍を異にした数人の外国人ですので、そう簡単にことは運びません。そのうちの三人がアレクサンドルという洗礼名を共有しておりますので「パリのアレクサンドル」としてもよいわけですが、これでは大王なのかロシア皇帝であるのか、何のことやらよくわからない。そのうえ、この三人のアレクサンドルはその誰一人として『ロベール小辞典』のⅡ《ドウ》つまり固有名詞篇には出ておりません。ある一時期、フランス文化に大きく貢献しながら、いまではまったく無名の人間ということになっている。ですから「パリにおける三人のアレクサンドル」といった題を提供したのではおそらく聴衆の方もまったく来てくださらない。私にはいささか倒錯的なところがありますから、どなたもおいでにならない虚ろな空間に向かって独り孤独に言葉をたちまぎらせてゆくことにも、それなりの冒険的な魅力を感じないわけではありませんが、しかし、すぐさま防禦装置が働いて、それほどの倒錯性には徹しきれずにいる凡庸な人間ですので、まあ適当に来てくださればいいというところに落ち着き、ごく適当な題を選んでしまったということになっております。お話のほうも適当なことになるのではないかと思いますので、どうかご容赦願いたいと思います。

アレクサンドルを離れて「フランス文化における外国人たち」と申しますと、これにはいくつかの水準でいろいろなことが言える。みなさん方もご承知と思いますが、フランス文化というのは、けっしてフランス人だけによって作られたものではありません。その中に幾人かの無名あるいは有名の外国人たちが混じっております。また、外国人としてパリに来ながら、フランス文化に貢献することによってフランス人になってしまった人たちも沢山おります。したがって何をもって外国人と呼ぶかは問題でございますが、ここでは、とりあえずフランスに生まれたのではない外国系の人たち、つまりなんらかのかたちで故国を離れざるをえなかった人びとという定義を下しておきたいと思います。

いずれにしても、フランスのあの六角形の領土を数えきれないほどの外国人たちがさまざまな方向へ横切っていったということは、フランス文化を理解するうえではぜひとも知っておかねばならないわけですし、そもそも、一つの国の文化現象を捉える場合に、その文化的な伝統が純粋な一民族によって培われるものではないということは、ごく当然のことです。一九世紀以来、とりわけ二〇世紀に入ってから、絵画、音楽、文学、それにシャンソンだの漫画だのといった民衆芸能の分野で、日本人をも含めた外国人が、フランス文化をどれほど活気づけていたかは、改めて申すまでもありますまい。これは国際都市としてのパリの当然の姿であります。

ただし「フランス文化における外国人たち」という題で、もっと別のことも考えられるわけです。

たとえばポンピドゥー・センターというのがございます。ボーブール地区に出現した、非常に奇怪なと言いますか感動的と申しますか、さまざまな形容が可能であるところの建物がパリにありまして、で、いまや名所になったその建物で文化的な事業がいろいろ行われている。こんにち、それが可能となった前提として、当然、あの建物が建てられていなければいけないわけですけれども、その設計者たちは一人のイタリア人であり、それから一人のイギリス人であるわけです。また、具体的に誰が労働者として建設に従事して建てかといえば、私が想像するまでもなく、おそらく八十パーセント近くが外国人の移民労働者であるわけです。建築学的にいっても労働力からいっても、そこに加担しているのは外国人たちである。これまたいまでは一つの名所になりましたが、モンパルナスに非常に高い塔が出来まして、その塔がほとんど完成したころぼくはフランスにおりましたが、ついにこの高層ビルがその最も高い位置まで達したということを示すヘリコプターで撮った写真が新聞に出ておりました。で、「見よ、わがフランスの建築技術の勝利！」といったキャプションがついておりましたけれども、見ると屋上で手を振っている労働者たちのほとんどがフランス人ではないわけです。容貌からして北アフリカ、あるいはトルコ系の移民労働者であるということが、すぐわかる。こうした外国人労働者の問題という視点からフランスの文化を語ることも可能であるわけですが、ここで扱ってみたい三人のアレクサンドルはいずれも一九二〇年、三〇年代に活躍した人たちなので、もっとのんびりした時代の話になります。

もっともアレクサンドルとフランス語読みにいたしましたが、実は二人のアレクサンドルはハンガリー出身であり、あとの一人はロシア人であります。したがってこの読み方が正しいかどうかは疑問なのですが、とりあえずそう発音しておくことにいたします。

ところで、その三人のアレクサンドルがどのようにフランス文化に貢献したかをお話しする前に、フランス人と外国系の人間とが、映画という領域で、ある時期非常に快い協力関係を生きていたという具体的な一例として、①~⑩までのスライド（写真図版）を見ていただきたいと思います。いまお話しした三人のアレクサンドルとほぼ同じ世代で、一九〇〇年ごろ生まれている一人の外国人がフランスで活躍し始めた三〇年代の仕事を中心にしたスライドですが、その活躍の範囲がしだいにパリを越えて、アメリカまで拡がっていくさまがご理解いただけると思います。お見受けしたところ、ここにおいでの方の中には非常に若い方々もいらっしゃいますけれども、その方々にとってはあるいはまったく親しみのない古い映画などが出てくるかもしれません。ただし日本というのは、ある意味でフランス文化が非常に好きな国でありまして、とりわけＮＨＫという奇妙な組織があり、そこでフランス映画が放映される場合、何故か一九三〇年代の映画ばかりになってしまう。何故か。たぶん、あまり趣味のよくない人が背後についてるからだと思いますけども、その悪しき習慣がこのさい、私のお話の手助けになってくれると思います。つまり、ルネ・クレールとか、ジャック・フェデールとか、いわゆる戦前のフランス映画の第一次黄金時代を代表する作品がいくつか含まれておりますが、話はその点に終始するわけではありませんので、どうかご安心ください。

いま数枚の映画の場面を見ていただきましたけれども、最初はどうやらフランスらしい雰囲気が感じられますが、やがて舞台はヨーロッパを離れ、大西洋を横断しアメリカに到着し、それもなにか東部からいよいよ西部まで行きついてしまったという感じになっております。そこで、これらの写真の共通点はなんであるかというところから、このお話をしたいと思います。さて、それがなんであるかおわかりの方はいらっしゃいますでしょうか。おわかりの方がおられながら、しかしそれをあえて口にするのははしたないと思って黙っている方がおられるかもしれませんが、こんどは図々しく一つ一つ説明していきたいと思います。

まず最初に、いまの十枚の写真の共通点。それは、それぞれがフランス映画であり、イギリス映画であり、あるいはまたアメリカ映画でもあるわけですが、そのすべての作品を撮ったキャメラマンが全部同じ人間だということです。キャメラマンというのは、映画においては最も重要な役割を果たす一人なのですが、まあ誰が撮ろうと映画は映画なのだし、作品の価値は監督で決まるというような雰囲気が漂っておりまして、これは致し方ないことであります。しかし、よく見ていきますと、そこに実に面白い一人のキャメラマンの生態というものが出てくるのです。では、いま一度、一枚ずつお目にかけます。

①、これは一九三三年に撮られたジャック・フェデールという監督のいわばフランスにおける出世作品と申しましょうか、しばらくの間アメリカに行っていたフェデールがヨーロッパに戻って、その名前が世界的に有名になり、日本でも『外人部隊』のジャック・フェデールというふうにして言われた、その帰国第一作になります。すでに無声時代からたくさん映画は撮っておりますけれども、フェデールはこの『外人部隊』で一流監督の仲間入りをしました。ここから……かなり雑駁に作ってしまったスライドなので、よく見えませんが、暖炉を前にした一組の男女の顔や、腕に当たる光と影との関係がごく自然にしかも微妙な陰影を作り出し、当時のフランスのいわゆる詩的レアリ

①『外人部隊』

②『女だけの都』

スムというふうに申しますけれども、そうした雰囲気描写の代表的な作品の、しかも代表的な場面です。なにか過去のありげな女が手紙を捨てる。そのうしろにこれまた何かを悔いているような男がいる。女はフランソワーズ・ロゼー、男はピエール・リシャール・ウィルム。登場人物も変わりません。フランソワーズ・ロゼーは監督ジャック・フェデールの奥さんでもあった大女優です。

②は、『女だけの都』という、やはりジャック・フェデールの映画ですが、先ほどの『外人部隊』についてちょっと申し上げますと、なんか借金でパリを逃げ出さざるをえない男が外人部隊に入る。で、その駐屯地にある宿のおかみがフランソワーズ・ロゼーで、そしてマリー・ベルという当時まだ若かった女優が、一人二役でその男に絡んでまいります。男は、逃れた先でパリの女に似た女とめぐり合うが、声だけは違うというところが、いかにもトーキー初期らしい。ところで、キャメラマンをはじめとして、『外人部隊』を技術的に支えた人たちがほとんどフランス人でない。主役のピエール・リシャール・ウィルムはベルギー系だし、このスライドには出てまいりませんが、現在も活躍中の舞台俳優サッシャ・ピトエフのおやじのピトエフも出演しており、これはロシア系ですが、監督のフェデール

も脚本のシャルル・スパークもベルギー系であります。しかも、問題のキャメラマンがイギリス系アメリカ人のハリー・ストラドリングという、大変な名手であります。冒頭、男がスカーフをなびかせながら、無蓋のスポーツ・カーを夜中に疾走させる有名なシーンがありますが、これなど、当時のフランス人にはとても撮れそうもない場面です。また装置を作ったのが、ラザール・メールスンという亡命ロシア人であり、これは大変重要な人物ですが、その話はのちにいたします。また、当然のことながら音楽がついておりますが、その作曲をしたのがやはり有名なハンス・アイスラーという当時パリに亡命してきていたユダヤ系のドイツ人です。ハンス・アイスラーは、ブレヒトなどに音楽をつけていた人ですし、さらにその後アラン・レネの『夜と霧』であるとか、あるいはさまざまな左翼知識人的な映画作家たちの作品に音楽をつけていた。東ドイツの国歌は彼の作曲になるもので、シェーンベルクの直系の弟子になる人です。そうしてみると、われわれの感覚に直接訴えてくる部分、つまり音響と映像という映画で最も重要な側面をはじめとして、脚本も装置も、全部外国人によって作り上げられていることになる。しかも監督がハリウッド帰りのベルギー人となると、フランス的な要素というものはいったいどこにあるのか。別に、だからといってこれが反フランス的な作品だというわけではありませんが、日本での封切り当時、いかにもフランス的な作品として評価されたこの映画は、当時パリにいた外国人たちの協力による、ほとんど国際的な作品だと言えるわけです。

『女だけの都』もジャック・フェデールの傑作と言われているものでありますが、この衣装、装置からおわかりのように舞台そのものがスペイン統治下のフランドルでありまして、いくぶんかフランス的ではない。ただしフランス映画として鑑賞され、多くの人たちの興味を惹きつけました。これなど、NHKで放映された機会に、はじめて見たり、何十年ぶりに見直された方が多いと思います。これもやはり撮影がハリー・ストラドリングという先ほど申しましたイギリス系の非常に優れたキャメラマンであるわけです。このキャメラマンはその後イギリスに移りまして、やがて戦争中にアメリカに渡るわけですが、ハリウッドでもみごとな撮影を示したのに次のものがあります。

③、これは『断崖』というヒッチコックが一九四一年に撮った映画であります。この影の写し方などフランス時代のストラドリングにいくらか似ております。アメリカ映画ですが、ハリウッドに作られたロンドンのセットを舞台にしておりますので、ヨーロッパ的な雰囲気が出ているわけですが、あの『外人部隊』を撮り、『女だけの都』を撮ってフランス映画の名を世界に高からしめた名手ハリー・ストラドリングがキャメラを担当しています。ここをちょっとご覧いただくと、有名な……といっても、一般にはちっとも有名じゃありませんが、ミルクのコップがありまして、で何か下心ありげな男が――ケイリー・グラントが演じておりますけれども――それを盆にのせて階段を昇ってくる。ヒッチコックにおける階段は、それだけで一つのサスペンス的な

③『断崖』

⑤『欲望という名の電車』

④『断崖』

要素であって、きまって何か起こるわけですね。と、白いミルクがある、毒入りミルクに違いなかろうというふうにみんなが考えるわけです。ところがこの場合に、ここに視線を集中させるためにハリー・ストラドリングがどういう細工をしたかというと、このミルクが不気味なまでに白く見えないと、何かを持ってはいるけれどもただ人が上がってくるというイメージだけが強調されてしまうので、このコップの中に豆電球を入れてしまったわけです。豆電球が入ってボーッとここが白く見えるというのがミソですが、そこらへんは残念ながらこの写真ではよく見えません。動いてるとそういう感じがするわけです。

④はいまの続きになります。ここにあるのが問題のミルクであって、ジョーン・フォンテインの、あ、夫は私を殺そうとしてるんじゃないかという思いつめた眼であり、それを見ています。実はこれにはなんにも入ってない。夫も殺人鬼ではないわけですけれども、ミルクのところに人びとの視線を集中させることによって、ある種の疑念が、たんに彼女の胸の中だけでなくてわれわれにも伝わってくる。

⑤は何かというと、中央に立っているのがヴィヴィアン・リー、

⑦『大砂塵』

⑥『大砂塵』

男がマーロン・ブランドで、このときには、ハリー・ストラドリングは、もう完全にアメリカの第一級の撮影監督になってしまった。一九五一年の『欲望という名の電車』というエリア・カザンの作品で、原作がテネシー・ウィリアムズの戯曲。主役の女は一応フランス系の女性ということになっているわけですが、三〇年代にジャック・フェデールのみごとな眼となってフランス映画をもり立てたハリー・ストラドリングという人は、五〇年代には、ついにハリウッド映画の最も優れたキャメラマンになってしまった。すでにパリは遠くなっております。

⑥は実はカラー映画でありますが、おそらくハリー・ストラドリングの最大の傑作と思われている『大砂塵』というニコラス・レイの映画です。ここにおりますのがジョーン・クロフォードで、これがこの映画の主役。これは女性が主役の西部劇で、しかも女性のために男が何人も何人も死んでいく。しかも最後に女性同士がお互いの嫉妬心からピストルを撃ち合って決闘をするという、なんかいま考えただけでもゾクゾクするような倒錯的な作品です。ここに横たわっているのは、誰でしょう。現在、何人かの兄弟の役者の父親である、あの『駅馬車』のジョン・キャラダインであります。

⑦も同じ『大砂塵』です。左側の手前がワード・ボンド、中央のギターを抱えているのがスターリング・ヘイドン。ジョーン・クロフォードが小柄でありながらもあの眉毛の濃さによって西部の女王となり、小さな街のバーを取り仕切っていて、一種の階級的な西部劇であった。ペギー・リーが歌った、有名な主題歌がありました。「ジョニー・ギター」というヴィクター・ヤングの曲で、歌ってもいいわけですが、まあ遠慮しておきます。

　これはトゥルー・カラーによる色彩映画、ハリー・ストラドリングのはじめてのカラー作品ではありませんけれども、日本に入った最も優れた色彩映画の一つだと思います。トゥルー・カラーというのは、いかにも人工的な色なのですが、真っ赤な口紅をつけたクロフォードが、白いドレス姿で馬に乗り、首に綱を巻かれていまにも首を吊されそうになる夜景など、みごとなものでした。その後、彼は色彩ミュージカルの名手として珍重されることになります。

⑧『パジャマ・ゲーム』

　⑧はスタンリー・ドーネン監督の傑作ミュージカルの一つだと思います。が、このときの振付けをしているのが、ボブ・フォッシーで、『キャバレー』とか『オール・ザット・ジャズ』といった愚にもつかない知識人ふうのミュージカルを撮った監督になる人です。

　⑨は、やはりハリー・ストラドリングがキャメラを担当したジョゼフ・L・マンキーウィッツの『野郎どもと女たち』。先ほどの『パジャマ・ゲーム』はパジャマ工場の男女の工員たちが待遇改善のス

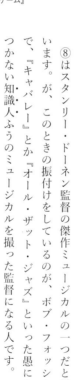

⑨『野郎どもと女たち』

⑩『マイ・フェア・レディ』

トライキをするというミュージカルですが、こちらは町の与太者のマーロン・ブランドと救世軍の、女大尉かなんか、そんな立場にある信心深い女性のジーン・シモンズとが恋をしてお互いに踊り出すという、これまた非常に皮肉な映画です。普段はあまり踊らないイギリス人のジーン・シモンズのような人がいきなり踊り出すというところで、これまた倒錯的な気分をそそったミュージカルの一つです。このころになるとハリー・ストラドリングがジャック・フェデールの撮影監督であったという記憶がほとんど消えてしまって、アメリカの超モダーンな音楽映画の大撮影監督というふうに思われてしまった。

⑩はジョージ・キューカー監督の『マイ・フェア・レディ』です。もちろんアメリカ映画ですが、ご承知のようにピグマリオンの話をもとにしたミュージカルでイギリスを舞台にしております。女優はオードリー・ヘップバーン、この映画でハリー・ストラドリングは、ついにと申しますか、アカデミー撮影監督賞を受賞する。これが一九六三年の映画ですから、一九三三年中に撮られた『外人部隊』から三十年の間に、フランスを去り、大西洋を越えて、ついにハリウッドの大撮影監督になってしまい、パリで、彼がラザール・メー

ルスンやハンス・アイスラーと協力して映画を作っていたことなど、誰も覚えてはいない。だが、このミュージカルを得意とするキャメラマンが、フランス映画の黄金時代を支えるパリの外国人であったというところに映画というジャンルの面白さがひそんでいるのです。いかにもフランス的な画面の撮り手といかにもアメリカ的な画面の撮り手とが、三〇年代のパリでデビューした外国人だという点、文化における外国人の役割の重要さがあるわけです。さて、話はいよいよ本題のアレクサンドルに移ります。ハリー・ストラドリングの場合はもともとアメリカ人で、パリを通過してハリウッドへ行ってしまった人のわけです。ところがパリに完全に腰を落ち着けてフランス映画に貢献した一人の外国人がおります。アレクサンドル・トローネという人です。

2

アレクサンドル・トローネは撮影監督ではなく、美術監督であります。美術監督とは、一本の映画のさまざまな審美的な配慮を、装置として、あるいはときには衣装を担当することによって示す人であるわけですけれども、アレクサンドル・トローネは、これまたハンガリー系の外国人でありながら、つまりフランスに生まれたわけでもなければフランス人を両親としているわけでもないのに、最もフランス的な映画というものに加担してるわけです。あるいは日本人であるわれわれが、映画を見ながら、いかにもフランス的な雰囲気がある、あれこそパリだと思ってしまったもののほとんどは、すべてアレクサンドル・トローネがスタジオに捏造《ねつぞう》した贋のパリであったということであります。何故ハンガリー人のアレクサンドルがこれほどフランス的な装置を作りえたのかということはのちにお話しいたしますが、まずこのアレクサンドル・トローネが美術を担当したいくつかの映画を見ていただきます。このアレクサンドル・トローネはいまだにパリの六区に住んでおりまして、八十歳近い年齢にもかかわらず、ひょっこり東京に姿を見せたりして人を驚かせる才能に恵まれています。

このアレクサンドル・トローネが最初に仕事をいたしましたのがマルセル・カルネという監督。これにはジャック・プレヴェールという詩人が多くの脚本を提供しました。彼は、そのカルネ＝プレヴェール作品になくてはならぬ装置家になるわけです。先ほども申しましたように、このハンガリー系のアレクサンドルはスタジオの中に完全にパリを作ってしまうということに関して大変な才能を持っていました。最近の映画ではスタジオの中にパリを作ってしまうというような馬鹿馬鹿しいことをする人は、まずお金がかかるし、ほとんどないわけですね。最近のフランス映画でスタジオの中にパリを作ってしまった唯一の映画はフランソワ・トリュフォーの『アメリカの夜』で、これはまったく例外的なことで、ほとんどの映画でパリを撮るにはパリの中でロケーションするのが当り前になっておりますけれども、そうした伝統というのはヌーヴェル・ヴァーグ以来この二十年ぐらいなものであって、一九三〇年代のほとんどのフランス映画は、スタジオの中に贋のパリを作って、それをいかにもパリらしく見せるということが一つの重要なポイントだったわけです。そこで美術監督が貴重な存在となる。

それでは、そのアレクサンドル・トローネの、装置家としての仕事ぶりを見ていただきたいと思

⑪『北ホテル』

⑫『北ホテル』

います。

⑪は、七月一四日の革命記念日のダンスの光景が見えますが、ルネ・クレールの『巴里祭』ではなくて、『北ホテル』というマルセル・カルネの初期の傑作の一つであります。こんなものはどこかパリの街角を選んで撮ればいいわけですが、これ実はスタジオのオープン・セットであるわけです。で、美術監督のトローネは運河を作って水を流し、陸橋までつけてしまう。現実の北ホテルはサン・マルタン運河のそばにありますが、そこの風景よりもいっそう起伏に富んだ装置を作り、本物よりもパリ的な家並が出現しています。何故これほど執拗にオープン・セットを作ったか、なぜ作らなければいけないか。それは三〇年代フランス映画の特徴の一つとしてこれまでにやったことのない移動キャメラで人を驚かすということがありました。これは非常に重要なことだった。したがってこの装置の上で縦横無尽にキャメラが動く。そんなことはとても白昼のパリでは撮れない。クレーンに乗ったキャメラが縦横無尽に動くためには、やはり人工的に作らないといけないということがありました。ですから、美術監督は、演出設計と撮影の技術とをたえず頭に入れておかねばならず、ただ、美しい装置を作っているだけでは役に立たな

⑬『霧の波止場』

⑭『霧の波止場』

い。言ってみれば、ある時代の映画的ディスクールの真の担い手となるわけです。

⑫もやはり『北ホテル』の一部ですが、今度は室内——ホテルの内部で、ここにおりますのがルイ・ジューヴェという大根役者です。舞台はともかく、映画では本当に下手糞で滑稽なほど大袈裟なところでかえって名優と思われてしまったわけです。ここに低い天井が見える。それから奥に屋根裏の天井が斜めに見えていますが、そこへの照明の当たり方にご注意ください。ふつう映画では、スタジオの室内セットでは上から照明が当たっておりますから、天井をフレームに入れないのですが、アレクサンドル・トローネは、天井まで全部、装置で作ってしまったきわめて冒険的な人です。

⑬もやはりアレクサンドル・トローネが作った装置ですが、たぶん宣伝用に撮った写真じゃないかと思います。けれども、ここにも工夫がいろいろされております。『霧の波止場』という、やはりマルセル・カルネのきわめてフランス的と思われていた雰囲気映画で、脱走兵がいて、また可憐な少女がいて——ジャン・ギャバンとミシェル・モルガンですね——。その悲恋の物語ということになるわけですが、窓枠をご覧くだされば、ちゃんと女の顔が画面に入るよう

に、向かって右側だけは一枚ガラスになっている。注意しなければ見落としてしまいがちなところですが、ここにもキャメラとの協同作業がみられます。

⑭は『霧の波止場』のラスト近くになりますけれども、三〇年代のある港町の、まだまだそのころは存在していた市電の線路が見えております。これもロケーションではなくて、線路から石畳の石まで全部敷いてしまう。ロケではこれだけの照明はなかなかできないのです。こうした一連の作品は、その雰囲気豊かな画調から、詩的レアリスムと呼ばれていました。

⑮、これはやはりマルセル・カルネがプレヴェールの脚本で撮った『悪魔が夜来る』という、ドイツ占領下のヴィシー政権時代の映画です。この衣装から装置まで全部アレクサンドル・トローネが作ったものであるわけですけれども、彼はユダヤ系であったために、フランスでは仕事ができなくなってしまう。しかし、多くの映画人がアメリカに逃れていったにもかかわらず、彼はフランスに残って南フランスの山の中に隠れ、その隠れ家でこの装置を設計するわけです。そこに映画監督カルネが訪ねていって打ち合わせをする。そしてその設計図をもとにこの装置を作るわけですが、ただし現場にも人がいないといけないというので、いま一人の装置家を頼んだ。それがジョルジュ・ワケヴィッチという、演劇畑の装置家です。ワケヴィッチという名前から想像されるように、これもロシア系の人です。したがって、これはトローネとワケヴィッチとの合作ということになっておりますが、アレクサンドル・トローネの一つの特徴は衣装も装置もごく簡素であって、こんなところにこうフリルみたいなものをつけたりすることは嫌いな人であるわけです。これはだいたい一五世紀の南フランスの話ですけども、ワケヴィッチという人は、なにか寂しいというので、演劇系の

⑮『悪魔が来る』

⑯『悪魔が来る』

人ですから、いろんなものをゴテゴテつけてしまって、よく言えばバロック的な——必ずしもトローネのものとは言いかねるところがある。次にご覧いただくものはトローネのアイディアが見えております。

⑯は冒頭部分で二人の吟遊詩人がお城の中に入っていくところです。このお城というのがまことに簡単で、白っぽい直線的な感じがしております。つい派手に飾りつけたくなるようなところをシンプルな線で統一しておりますが、もう一つトローネの特徴として、白さの強調ということがあります。これは二〇年代から三〇年代にかけての映画の歴史の中で非常に大きな位置を占めていたドイツ表現派の映画、黒さと影を強調する映画への反抗であると彼自身も言っております。それはあとで触れるつもりの、トローネの師に当たるラザール・メールスン以来の伝統であります。

あるときアメリカからMGMの美術監督たちがトローネたちを訪ねて、いろいろ技術的な討論を重ねたことがありましたが、そこでも白が問題になった。それ以後、あのMGMのトレードマークのウォーと鳴くライオンが白くなったという笑い話があるくらいです。

⑰は、つい最近リヴァイヴァルされました『天井桟敷の人々』。

⑰『天井桟敷の人々』

⑱『天井桟敷の人々』

やはりマルセル・カルネが占領下に作った映画。この石畳のあたりは、さきほど見ましたいくつかの映画によく似ているという感じがします。ガストン・モドという役者が乞食で、かたわらのジャン＝ルイ・バローはついに映画が何であるかを理解しえなかった愚かな大根役者の一人です。それに比べて、美術監督のトローネがハンガリー人でありながらなんとみごとにフランスの一九世紀前半の時代風俗を理解しえたかという点で記念すべき作品だと言えます。

⑱は、こちらは名優といってもルイ・サルーがアルレッティの楽屋に訪れる『天井桟敷の人々』の一場面。いわゆるルイ＝フィリップの七月王政下を舞台にしておりますが、正統的な演劇ジャンルとは異なる民衆芸能が流行した時代で——アルレッティも、もとはといえば、ただ水の中に漬かってお風呂に入ってるってなことでお金を取るだけの、とても女優ともいえないような女だったわけです。そうしたこの時代特有の芝居小屋の風俗を再現してみせたのが、フランス人ではなかったということ、結局ハンガリー人であるところのトローネが、衣装も装置もすべてデザインした。

ただし、先ほども申しましたとおり占領下の作品でありますから、これまたトローネが自分で出ていって指揮するわけにはいかないので、レオン・バルザックという、やはり舞台出身の装置家にスタジオで実際に作らせた。このレオン・バルザックも——小説家のバルザックとはまったく関係のない、綴りも違いますが——やはりこれもロシア人です。したがってロシア人と、それからハンガリー人、その協力によって七月王政下のパリという最もフランス的な衣装が出来、それからまた装置が出来ている。いったいフランス人は何をやっていたかという感じがしてくるわけです。

⑲『天井桟敷の人々』

⑲『天井桟敷の人々』のオープン・セットでありますが、これは先ほどお見せしたパリの北ホテルと非常に似ている。ただし、この『天井桟敷の人々』は、ドイツ占領下に作られた映画——すなわち、これはパリで撮られたものではなく、南仏のニースの撮影所で撮られた。したがって、トローネにとって最大の問題は、ニースというパリに比べてはるかに光量の豊かな土地に、いかにして一九世紀の七月王政下のパリを再現するか、という光学的な問題になってくるわけです。そこらへんもやはりハンガリー人、アレクサンドル・トローネの腕の見せどころということになってまいります。でトローネが身を隠していた山の上から指揮したのは、街を四分の三逆光にせよということだった。画面でも家のこっち側は影になっておりますね。太陽はここらへんにあるわけです。しかし、完全に逆光にしてしまってもいけませんので、キャメラの位置をいくぶんかずらすわけです。

このニースの撮影所というのが、これまたフランス人の作ったものでありません。アメリカ人、と言うよりイギリス人と言ったほうがいいかもしれませんが、ダブリン生まれのアイルランド系の映画作家で、レックス・イングラムという人がおります。有名なものとしては『黙示録の四騎士』というのを一九二一年に撮っております。これはハリウッドで撮った映画ですけれども、名高いルドルフ・ヴァレンチノが出ているもので、当時は非常に有名な監督としていろいろな映画を撮っております。それがだんだん落ちぶれてまいりましてヨーロッパに戻り、ハリウッドに近い気候を持ち、しかも文明からさほど遠くないところはどこかということでいろいろ探し、地中海性の天候でたえず光が照っており、そして気候もよろしいというのはニースしかないということがわかり、そこに撮影所を作る。ここでもフランス人は何をやっていたかということになるわけです。したがって、そこでハリウッド映画と同じような画面を撮るためのものだったニースのスタジオで一九世紀のパリを撮るということ、これは至難のわざになってくる。

余談になりますが、ニースの撮影所でパリを撮ったフランソワ・トリュフォーの『アメリカの夜』という映画があります。『アメリカの夜』というのは、撮影所そのものを題材にした映画であって、これにはスタジオを作らねばいけない。そしてそれをニースで撮る。なぜニースで撮るかというと、「アメリカの夜」というのは、もちろんご承知の方もいるかもしれませんが、映画用語であって、アメリカの夜のことではないわけです。空は晴れていても、絞りとフィルターの関係で、真っ昼間に夜を撮ってしまうという手法のことを「アメリカの夜」とフランス語で言うわけです。英語では言いません。したがって真っ昼間に夜が撮れるようなフランスの唯一の撮影所は、ニースのレックス・イングラムの作った撮影所だけなので、いつもパリで撮っているトリュフォーが『アメリカの夜』という題名の映画を撮るために、「アメリカの夜」を撮るのに最もふさわしい晴れたニースの撮影所に行ったということがあるわけです。なおレックス・イングラムは、ヒッチコックという本名を持った不思議な人です。

⑳は、オーソン・ウェルズの『オセロ』という映画です。ここにいるのがオセロで、顔はちょっとわかりにくいのですが、ここにいるのがシュザンヌ・クルーチエという女優で、こちらが当時その夫であったオーソン・ウェルズです。オーソン・ウェルズの『オセロ』は一九五一年にイタリアおよびモロッコで撮られますが、このころになるとアレクサンドル・トローネはすでに国際的な美術監督となっております。一九五一年というと、ご承知のようにアメリカから、赤狩りといった政治的な理由で、ヨーロッパに沢山のハリウッドの才能ある監督たちが逃げてまいります。そして、トローネはそうした監督たちの作品を撮り始めることになるわけです。トローネはいまだにパリに住んでおりますが、ハリウッドの監督たちに最も信頼のおける装置家になったわけです。これはかなりロケーションの多い作品でしたが、簡素な直線と白さという特徴がみごとに出ております。その傾向はハリウッドの超大作に招かれてからも変わりません。

⑳『オセロ』

㉑は、ハワード・ホークスの傑作『ピラミッド』。シネマスコープ、イーストマンカラーの歴史劇で左がジャック・ホーキンス、右がデューイ・マーチン。ハリウッドの豪華超大作ながら、構図が先

ほどお目にかけた『北ホテル』の室内シーンにはっとするほど似ております（*⑫参照）。『ピラミッド』というのは文字どおりのピラミッドの映画でありまして、美術監督はピラミッドを作ればいいわけですけれども、外側は実写でいいわけですから、ピラミッドがいかにして閉ざされたかという内部の構造を詳細に示さなければならない。したがって『ピラミッド』は、その題名が示しているように、空間的な拡がりを持った映画ではなくて、いわば閉ざされた場所の映画であるわけです。これはウィリアム・フォークナーが脚本を書いておりますけれども、彼は古代エジプト人がどんな会話をしたか、おれにはどうしてもわからないと言って途中で降りてしまった。正しいやり方だと思いますが、ただしフォークナーは最後まで撮影につき合ってて、いかにしてこのピラミッドを閉ざしてしまうかということに関して、このアレクサンドル・トローネと相談いたします。トローネは、エジプト学者の知識をかりて、砂をさらさらと滑らせ、それに促されて大きな直方体の岩がいくつも滑り落ち、結局中にいた人が閉じこめられてしまうという密閉のドラマを美術的に創造いたします。トローネが、それまでに持っていた装置家としてのさまざまな知識と技術とを動員しながら撮った非常に感動的な……。とにかくスルスルと砂とともにあの四角い岩が滑り始めるあたりの快感は、ちょっと、これまた倒錯的になりますけれども、思い出しただけでも、背筋になんかゾクゾクしたものが走るという感じのトローネの傑作の一つになります。

㉑『ピラミッド』

㉒『ピラミッド』

㉓『アパートの鍵貸します』

㉒も『ピラミッド』ですが、古代エジプトを舞台にしたカラー超大作にしては衣装も装置も非常に簡素であります。こんな場面をセシル・B・デミルあたりが撮りますと、まわりの壁に、妙な動物の模様が描かれてしまうのですが、直線性というトローネの美意識がみごとに生かされています。たぶんパピルスで編んだスダレのようなものが背後に見えますが、この簡素さ。こんなことをできるアメリカ人はいないわけで、美術監督にここまで徹底した仕事をさせたホークスも偉いと思います。

㉓はビリー・ワイルダー監督の『アパートの鍵貸します』。これは自分のアパートの鍵を上司に貸し、自分の好きな女性との逢引きに利用させて出世しようとする、哀しい哀しい物語で、トローネがハリウッドに招かれた初期の作品です。ジャック・レモンが演じておりますが、ここでも注意していただきたいのは、これもやはり全部天井を作ってしまっているということ。これが彼の主義ですね。高い天井を全部作ってしまう。広い天井を仰角ぎみに撮っております

㉔『あなただけ今晩は』

㉕『ピラミッド』（ホークス、ハーラン、トローネ）

が、これによってアメリカのオフィスの大きさというものを出しているわけです。ハンガリーに生まれて、フランスの三〇年代の美術的なさまざまな試みをした人が典型的なアメリカのオフィスまでも作ってしまう。ピラミッドはともかくとして、ついに太平洋を渡ってアメリカまで行ってしまう。ジャック・レモンは、昇進して机の位置が変わるので喜んで笑っているわけです。

㉔は『あなただけ今晩は』という、やはりビリー・ワイルダーの映画で、これもハリウッドで作られたパリです。パリの曖昧宿のシーンで、フランスで大当たりした芝居をアメリカで映画化したものです。こうなると、もうトローネ以外に頼れる人はおりません。いかにもパリのうらぶれた安宿の雰囲気というようなものが出ているわけです。

㉕これは、先ほどお話しした『ピラミッド』撮影中のスナップで、左がハワード・ホークスという大監督です。中央がラッセル・ハーランというハワード・ホークスとよく一緒に仕事をした撮影監督、右端がアレクサンドル・トローネ、非常に小柄な人でつい先日ひょっこり東京にまいりました。そのときインタヴューしたものを「イメージフォーラム」という雑誌に発表しておりますので詳しくはそ

れをご覧ください。*
㉖が、トローネ氏の近影です。八十歳になりながらもいまだに現役で仕事をしている。いくらかハンガリー訛りが残っていますが、完璧なフランス語を話します。

㉖アレクサンドル・トローネ

3

このアレクサンドル・トローネという人は、一九二〇年代の終りにパリにやって来ました。それは、たとえばアメリカからロスト・ジェネレーションの連中が来ている。またドイツから、あるいは中欧、東欧から、ロシアからたくさんの外国人が来る——いわゆるモンパルナスの全盛期ということになりますけれども、トローネ自身も実は画家であって、もともと映画の装置家であったわけではありません。画家として、苦学しながら、パリの郊外に暮し、あるとき撮影所に遊びにいって、そこで美術助手に使われる。そのときの美術監督に非常にかわいがられて、結局彼は美術監督として一生を送ることになってしまった。自分にはその意志がなかったのに、たまたまスタジオに遊びにいって、ちょっとやってみないかと言われ、それがうまくいってしまったというのは、やはり象徴的だと思います。自分は是が非でも映画の美術監督になるんだぞというような人は、そのころ世界にほとんどいないわけですね。そもそも美術監督とは何かというようなことが確立していたわけで

㉗『巴里祭』

㉘『巴里祭』

はありません。みんながそれぞれのやり方で、かなりいい加減にやってるうちにそれが一つの伝統になってしまった、ということなのです。

それではどんなときに彼は撮影所に行ったのかというと、時代は一九三一年まで遡りますが、これもまた非常にフランス的と思われるある映画の撮影現場だったわけです。そこで彼は、一人の素晴しい師にめぐり合うことになります。

㉗は、ルネ・クレールの『巴里祭』という映画です。この『巴里祭』という映画の監督、つまりルネ・クレールが撮っていた最初のトーキー作品『巴里の屋根の下』を撮っていた撮影所に彼は行ったわけです。この『巴里祭』というのも、ちょっと次を見ていただきますと――

㉘はいまの場面の背景をスタジオに作るための下絵です。

これもまたスタジオに周到に作られた装置であって、本物のパリとはまったく関係ないわけですが、これを作った装置家がラザール・メールスンという本格的な装置家です。もはやすでに装置家としての技術を持っていたロシア人で、革命後フランスに逃れてきた職業的な舞台装置家、あるいは映画の美術監督ということになりますが、トローネは、その人に付いて、美術助手として映画界にデビューする。このラザール・メールスンというロシア人は、トローネの師であるばかりでなく、フランス映画の美術の伝統を一人で作り上げてしまった重要な人物です。いかにもフランスらしいパリの下町の雰囲気なんて昔の人は言ってましたけども、雰囲気もへったくれもない。全部が全部嘘でたらめをでっちあげた装置なのです。しかも誰が捏造したかというと、一人の亡命ロシア人だったわけです。

㉙の左側は、メールスンの手になる下絵であり、右側が出来上がった装置です。これも『巴里祭』ですが、アレクサンドル・トローネが師のラザール・メールスンの精神にいかに忠実であったかは、『北ホテル』のオープン・セットを思い出していただければ明らかでしょう。これまた移動撮影の必要から、そしてまた特殊な位置にカメラを置く関係から、いかにもパリにありそうな光景を撮影所で作ってしまった。ラザール・メールスンもそのころはまだフランス語がうまくなかったのか、下絵を見ると、ロシア語でしょうか、妙な単語の綴りが読みとれます。

㉙『巴里祭』

㉚はちょっと写真が悪いのですが、やはりラザール・メールスンの傑作である『巴里の屋根の下』の装置です。屋根の上まで全部見せてしまって、キャメラが上から全景を俯瞰して、クレーン移動でどんどんどんどん地面に近づいていくと、ここに「巴里の屋根の下」を歌っている若いアルベール・プレジャンがいる。この冒頭の大移動のために、これだけのセットを全部作ってしまった。

㉛『自由を我等に』

㉚『巴里の屋根の下』

㉛は『自由を我等に』というルネ・クレールの映画ですけれども、装置家はやはりラザール・メールスン。ここにはちょっと違った局面が出ております。パリの雰囲気ではなくいくぶんか構成主義的な画面。もともとラザール・メールスンという人は、かなり前衛的なところのある人で、無声時代にモンドリアンを思わせるような感じの装置をいくつか作っておりますが、こんなところにそれが生きております。

ご承知のように『自由を我等に』はチャップリンを刺激して『モダン・タイムス』を撮らせる契機になったというか、チャップリンがこれを模倣したというか、彼もやはりこれと同じような装置を作っております、監獄の中ですね。

㉜が先ほどちょっとお目にかけた『女だけの都』のラザール・メールスンのセットです。これもやはり細かい細部をとってしまうと彼が作ったパリの街とおんなじです。これはフランドルの建物のスタイルが出ておりますけれども、ほぼこの場合にコンセプションは同じものですね。背の高い建物をたて、遠くに塔などがフッと見えるというところなど、弟子のトローネの『天井桟敷の人々』のオープン・セットに生かされるものです。

㉜『女だけの都』

ラザール・メールスンはまた、フェデールの『ミモザ館』という映画の装置も手掛けております。

4

ご覧いただきましたように、いかにもパリらしい、あるいはいかにもフランスらしい雰囲気というのは、まずロシア人ラザール・メールスンによって映画に持ち込まれ、ハンガリー人アレクサンドル・トローネによって受け継がれたものです。では、いわゆるフランス的な香り高い雰囲気などと言われたものがどうして外国人の装置家によって設計されてしまったのか。これにはいくつかの理由があります。その一つを考えようとするとき、いま一人のアレクサンドルが登場してまいります。これはアレクサンドル・カメンカという人です。このアレクサンドル・カメンカは帝政ロシアの大銀行家の子供であって、やはりロシア革命によってパリに逃げてきたわけですが、これはお金を沢山持っている。そして、それ以前のフランス映画にはゴーモンであるとかパテであるとかいろいろ古くからの出発はあったわけですが、このオデッサに生まれたカメンカは、パリにやってくる以前にすでにロシアでも映画会社の製作の仕事をしていた。そこでその財力にものをいわせ多くの亡命ロシア人を集めて、パリに一つの映画会社を作ってしまう。それが有名なステュディオ・アルバトロスという会社であるわけです。

このステュディオ・アルバトロスというのが一九二〇年代のフランス映画の優れた人材を発掘し、彼らにいくつかの作品を撮らせた。いわば最も新しい映画会社であったわけです。伝統的な映画作りをしていたフランス人たちは、新しい人材をみつけることがなかったのです。そこで、一人の亡命ロシア人が、無声映画時代にルネ・クレールであるとかジャック・フェデールであるとか、マルセル・レルビエであるとか、それからまた、これはフランス人じゃありませんけれど、ジャン・エプスタンというような人たちを登用するわけです。そして彼について多くのロシア系の映画作家たちがフランスに逃れてまいります。有名な俳優のイヴァン・モジューヒンであるとか、あるいはトゥールヤンスキーというような監督なんかもまいりますが、そこには明らかに財政的な一つの裏づけがあって、彼らがパリに腰を落ち着けることができた。一つの伝統の中に何か新しい血が入ってくる、あるいは異質な要素が入ってくるというときに、外国的な、つまりいままでの伝統の中でものを考えていたかぎりは出てこないような、一つの新しい創造的な試みというものが生まれてくるわけで、そこらへんのところはいろいろ理論的に究明できることなのかもしれません。中心に対する周縁の叛乱であるとか、いろいろな今日的な命題で考えられないわけではありません。いずれにせよ、こうした二〇年代の創造的な混乱期に外国人たちによって発掘されたフランス人たちが、三〇年代の優れたフランスの作家たちになっていったということになるわけです。それを発掘したのが、二人めのパリのアレクサンドルであるカメンカです。

ところが三人めのアレクサンドルがいるわけです。三人めのアレクサンドルは、これはアレクサンドル・コルダ。アレキサンダーと言ったほうがいいかもしれません。彼はイギリスに帰化して、最後にはサーという称号までもらってしまったのですが、やっぱりハンガリー系のユダヤ人です。このアレキサンダー・コルダという人も国際的に活躍しまして、先ほどのロシア人のアレクサンドル・カメンカがフランスでアルバトロスという会社を作ったように、ハンガリーから一家を連れて移住して、イギリスにロンドン・フィルムという映画会社を作ってしまう。で彼自身も映画監督としてハンガリーや、ドイツ、オーストリア、イギリス、フランス、ハリウッドでも何本か撮っております。そのように監督としての資質にも恵まれていたわけですが、これまた非常に大金持で、奥さんを映画に出させ、そして自分が製作者になって弟に監督させて、その弟に監督させた映画の美術監督をもう一人の弟にさせるという、一家総がかりでイギリスを征服してしまった三人めの、コルダさんというアレキサンダーがいるわけです。

このアレキサンダー・コルダという人は日本でもいくぶんか知られていないわけでもありませんが、これまた『ロベール小辞典』を見ましたらまったく出ておりませんでした。まず監督として非常に有名なのは戦前日本に入ってきたレンブラントの映画ですね。チャールズ・ロートン主演の『描かれた人生』というのがありました。そのような、非常に有名な人間の個人的な挿話を大作にしてしまう。ヘンリー八世の私生活であるとか、ドン・ファンの私生活であるとか、いろんな人の私生活を暴く。ネルソン提督の私生活を描いた『美女ありき』という、これはローレンス・オリヴィエとヴィヴィアン・リーという当時の人気あるコンビを使って撮った映画もありますが、ほかの人にも出資して、先ほど挙げたフランス映画の三〇年代を代表するルネ・クレールであるとか、ジュリアン・デュヴィヴィエであるとかフェデールであるとか、アメリカからルビッチを呼んでくるとか、ロンドン・フィルムを中心にして製作者として活動し始め、フランスとイギリスという文化的にはほとんど交流のない大陸と島国との間に、一つの文化的なかけ橋を作る人として、非常に重要な役割を果たしました。のちにこれはフランコ・ロンドン・フィルムという会社にも変わっていきます。したがってフランス系の出資もあるし、またイギリス系の出資もあるということで、おそらく、さまざまな文化的活動の中で、フランスとイギリスとが一つの文化的な方向を共有しながら仕事をしたという、非常に稀な例をかたちづくるわけです。三〇年代という時代は、ハンガリー出身のアレキサンダー・コルダによって、つまりドーバー海峡を隔てた二つの国の間のある種の文化的な接触が可能になった。これはイギリス人だけに任せておいてもできないし、フランス人だけに任せておいてもできない。いわば二つの世界を自由に往き来するような、そんな役割を一人の外国人がやってしまったわけです。こういう存在をトリックスターと言うんだと、ある書物に書いてあったと記憶しておりますが、そうした理解でよいものかどうか、こんど山口昌男氏に伺っておきます。だがそれにしても、マルセル・パニョルという南仏の風物を描く代表的なフランス作家作品を、世界で最初に映画化したのが、ハンガリー生まれで、のちにサーの称号まで授かったアレクサンドルだったとは、いかにも不思議な気がします。

この三人のアレクサンドルは、いずれもパリに暮し、あるいはその生涯の一部をパリで過ごし、それぞれに自分の役割に従った文化的な活動をしていったわけですけれども、いままでにお話ししてきた彼らに特徴的であるのは、いずれもスタジオに大きな装置を作って、その中でキャメラが自由に動き回れるような映画の伝統につらなっているという点です。この伝統というのはある時期壊れます。これはフランスの文化のうえでいきますと、だいたいドゴール将軍が大統領になったころ、壊れるわけです。べつにドゴールが壊したわけではないですけれども、ドゴールの登場とともにフランス映画は、ヌーヴェル・ヴァーグの作家を中心としてこのようなスタジオでの大きなセットを組み、その中で周到に撮影するという方法ができなくなります。できなくなるというよりも、スタジオで大きなセットを組まなくても映画ができると確信して、街頭で映画を撮り始めたわけです。ゴダールにしてもトリュフォーにしてもこれはパリの街中にそのままキャメラを持ち出して、そして現実の生なましい光景をそのまま生きたものにして撮る。したがってラザール・メールスンとアレクサンドル・トローネによって培われたフランス映画の伝統というものとはまったく違う、いわば裸のパリというものがこのころからフランス映画の中に出てまいります。あまり本当らしくないパリというのが、不思議なことに、本物のパリを撮り始めたころから出てくる。これは映画の矛盾と言ったらいいかもしれません。

5

では、このパリらしくないパリ、つまり裸のパリをそのまま撮ってしまったヌーヴェル・ヴァーグの作家たちは、スタジオに大きな階段を作ったり、運河を掘ったり、あるいは橋を架けたり、電車も通らないのに線路を敷いてしまったりするという、あのラザール・メールスンからアレクサンドル・トローネへと流れ込んでいく伝統というものを踏まえず、むしろそれに反抗した人たちであるわけですが、彼らによってフランス人ははじめて映画を自分たちのものにしたと言えるでしょうか。

ところが実は一方でラザール・メールスンが、あるいはその弟子であるところのアレクサンドル・トローネがスタジオに大きなセットを建てて、その中で実に魅力的な雰囲気豊かなパリを作っていたとき、ほとんどそれと同じ時期に、フランスにはパリをそのままパリとして撮った一群の映画作家たちがいて、それが当時のフランスではあまり珍重されなかったという事情があるわけです。本当らしくなかったわけですね。

ジャン・ヴィゴという――これはアナーキストの子供ですが――作家がいまして、その人が一九三〇年の前半に撮った、たとえば『新学期・操行ゼロ』とか、あるいは『アタラント号』というような映画の中に、そうした飾り気のない裸のパリが出てまいります。ところが不思議なことにと申しますか、この裸のパリを撮ることのできる撮影監督というのがフランスにはいなかった。したがって、これまた一人の亡命ロシア人がその裸のパリを撮るしかなかったわけです。映画には、一方に裸のものをそのまま撮る、つまりロケーションということがあり、いま一方には、あらゆるものを人工的に作り上げて、その中で思いのままに仕事をするという、この二つの伝統があるわけですけれども、パリに関するかぎり、その両方の伝統が外国人によって作られてしまった、という非常に奇妙な現象があります。

そこで最後に、一九三〇年当時に、パリをパリとして撮っていながら、その画面の生なましさがようやく評価され始めた監督として先ほどの話のジャン・ヴィゴがおりますけれども、そのジャン・ヴ

㉞『アタラント号』

㉝『新学期・操行ゼロ』

ィゴの眼となって裸のパリを撮った一人のロシア人の撮影監督が、その後パリからどのようにして世界の各地へと放浪の旅を続けていったかという点を、ごく簡単にスライドでお目にかけたいと思います。

㉝は『新学期・操行ゼロ』というジャン・ヴィゴの有名な映画の一場面です。これはパリの、新学期で学校に行く小学生くらいの子供たちが先生たちに反抗して、まさに操行ゼロの活動をするという映画で、卒業式に来ていた町のお偉いさんたちを、子供たちがやっつけちゃう話。

㉞、これは『アタラント号』というジャン・ヴィゴが次に撮った映画です。これは、パリのセーヌ河の上をいろいろものを運搬して歩く船の上の出来事で、ここにはいかなる装置もありません。ただ船の上に一人の男がいて、これがジャン・ダステといういまだに活躍してるフランスの役者ですけども、フランソワ・トリュフォーがジャン・ダステが好きでよく使っておりますが、これはもうまん丸く太ったおじいちゃんになっております。

㉟はやはり『アタラント号』に出ているもう一人の役者、いわば飾り気のないパリを扱った作家たちのスターと言ってもいいかもしれ

㉟『アタラント号』

㊱『新学期・操行ゼロ』

ません、ミシェル・シモンがいるわけです。ここにもアレクサンドル・トローネの装置の、あの微妙な照明は認められません。その代わりに、一人の存在の生なましい表情だけが迫ってきます。

㊱は、やはり『新学期・操行ゼロ』の中で有名な場面です。学生たちが中学の寄宿舎の共同寝室で、先生のすきを見て、みんなが羽枕をボンボン投げ上げて、その羽枕の羽が少しずつ落ちてくるところをスローモーションで捉えたという、スローモーションとしては画期的な使い方になっております。

ところが、こうした一連の画面を撮りましたキャメラマンがボリス・カウフマンという亡命ロシア人であるわけです。みなさんご承知かと思いますが、ボリス・カウフマンは革命によってフランスに逃げてくるわけですが、ボリス・カウフマンには二人の兄弟がいまして、ミハイル・カウフマンというのが、そのすぐ上の兄です。一番上の兄がジガ・ヴェルトフという人で異母兄弟になっておりますけれども、そのジガ・ヴェルトフ、ミハイル・カウフマン、ボリス・カウフマンという三人の映画作家たちの運命をみてみると、なんとも興味深いことには、上の二人は革命ロシアに残って、革命に奉仕するいわば前衛的なニュース映画のようなものを撮りまくるわけです。非常に有名なものとしては、『カメラを持った男』という映画がありますけれども、これは一種のニュース映画、しかもそれは事実をそのまま写すというのではない。画面構成その他を考えて作った、いわば革命的なディスクールといったようなものをいかにして映画化しうるかという、非常に野心的な前衛的な試みみたいなものです。ところが三人めの弟はフランスに亡命して、先ほどの、いかにもフランス的だという装置の映画ではなく、パリをそのまま撮ることによって、あまりの生なましさゆえに、パリのようには見えないという映画を撮った人であるわけです。ボリス・カウフマンが今度は第二次世界大戦中にカナダにまいりまして、いくつかのドキュメンタリーを撮り、そしてアメリカに行って、その間、彼の消息はまったくわからなかったわけですが、これが一九五〇年のエリア・カザンの『波止場』という映画で、いきなりハリウッド映画にその名前が飛び出してまいります。しかも『アタラント号』で扱ったように――『アタラント号』というのは船の映画ですが――この『波止場』という映画にも題名そのものが示しているように、いわば波止場の港湾労働者たちの話ですね――、したがって水がやはりここにも出ているわけです。

㊲はマーロン・ブランドですが、このアメリカ映画に亡命ロシア人のボリス・カウフマンのキャメラがいきなりフッと出てくるわけです。三〇年代の冒頭に裸のパリを撮った人が、五〇年代にはいきなり裸のアメリカを撮る、といった方向に進んでしまうわけです。

㊳もやはりボリス・カウフマンが撮った非常に優れた画面の一つです。映画は優れておりませんが、ボリス・カウフマンの写真が非常に優れていた。『ベビイドール』というエリア・カザンの映画ですが、手前がイーライ・ウォラック、首筋に接吻しているのがカール・マルデン、女がキャロ

㊲『波止場』

㊳『ベビイドール』

ル・ベイカーですね。この、南部のなんか頽廃した雰囲気みたいなものが、廊下に吊された裸電球みたいなもので実にみごとに表現されており、それまでのハリウッド映画ではみられないような雰囲気が出ていました。

㊴はボリス・カウフマンがハリウッドだけではなくて、さらにニューヨーク派の人たちと結びついて撮ったシドニー・ルメットの『十二人の怒れる男』という映画であります。窓ぎわで振り向いているのがヘンリー・フォンダですね。テレビドラマの映画化ということで、映画そのものはまったくつまらない映画ですけれども、その人物配置や、人間の表情を撮ることによって、その表情そのものをいわば内面の悩みとかいった心理的な比喩として表現するのではなくて、ナマに出してしまう。人間の心そのものがじかに顔になってしまうというような、人びとの顔を非常に生なましく撮ったわけですが、結局この亡命ロシア人はその後六〇年代までハリウッド映画で活躍し、そしてつい数年前に死ぬことになります。

このハリウッド映画で活躍したボリス・カウフマンも、パリを通過してロシアから流れてきた移民であるわけですね。で、パリ時代に優れた業績をのこし、そしてアメリカでも撮影監督として高く評

㊴『十二人の怒れる男』

㊵『十二人の怒れる男』

価され、パリにいる友人たちとフランス語で会話を交しながら、アメリカで死んだ。しかもその二人の兄弟たちというのがロシアの前衛的なプロパガンダ映画の支え手であった。つまりハリウッド映画を支えたのがボリス・カウフマン。それからその二人の兄弟であるところのミハイル・カウフマンとジガ・ヴェルトフ、この二人はロシア映画を支えた。つまりアメリカ映画とソ連映画とは三人のロシア人兄弟が支えていたということになります。この事実は、政治的にも文化的にも非常に興味深い現象だと思います。少なくとも映画においては、アメリカもソ連も、濃い血縁関係で結ばれているのです。そしてその血の流れが、ある時期にパリとも接して、フランス映画の一つの伝統としての裸のパリを撮るという映画作りの方法を先駆的に作り上げたということも、やはり非常に面白いことだと思います。

で、最後に『十二人の怒れる男』のラストの、感動的というほどではありませんが、みごとな夜景を見ていただきたいと思います。

㊵のどういうところを見ていただきたいか、何に感動していただきたいかというと、ちょうど雨が降りやんだところで、町じゅうが水を打たれたように光っているところです。階段を降りてゆくのが

ヘンリー・フォンダです。彼はいま一人の少年の命を救い、ほかの十一人の陪審員たちをなんとか説得して、一仕事終えた。そしてそこから出ていくと、いきなり、十二人だけの室内劇だったものが、エンドという言葉が出るその瞬間に通りいっぱいに水が打たれたような光景に変わっている。これは一種の作りものであるわけですけども、黒白映画ではいかにして夜を出すかということに関して、夜というのは黒白で撮る場合には、どこかに光を置き、そしてあと水を打ち、水を打つそこにさまざまな光の反映が出てくるということによってしか示さないわけですね。それがはたしてロシア的な感性なのか、あるいはパリ時代に身につけた映画的感性なのか、ハリウッド的伝統であるのかはもはや問いません。それは、映画そのものの光沢であります。それを、一人のロシア生まれの、パリで育った、アメリカ映画の撮影監督になっているボリス・カウフマンがフッと示すところで、今日のお話を終りにさせていただきたいと思います。ここには、もはや「フランス文化」も「外国人」も消滅しており、ただ、映画ばかりが輝いております。その輝きの中であの三人のアレクサンドルの国籍を問うことは、もはや無意味になっているのです。

＊　「月刊イメージフォーラム」第十五号、一九八二年一月号（ダゲレオ出版）。

本章の図版は旧版より転載。

第Ⅲ講

放浪の音楽家

映画的健忘症を克服する

1

若い方々を前にして映画についてお話しするのはまったく厄介なことです。まず、みなさん方がどのくらい映画に関心を持っておられるかわからない。また、多少の興味をお持ちでも、とりわけ日本という国は映画に関するまともな文献も何もないし、資料も少ない。いきおい外国の文献に当たらないと日本の映画の歴史もわからないという時代になってきている。またパリやニューヨークみたいに、いつでも、あらゆる時代の映画が見られるわけでもない。となると、お話しする基盤そのものがきわめてあやふやだ。みなさん方がまったく知らない映画のことを話しても仕方がない。しかし、ある程度はそうならざるをえないのです。もっとも若い方々が映画的な知識に欠けているということを少し歳をとった連中が怒ってみても始まらない。非常に状況が悪いわけです。たとえばまともな監督事典や作品辞典といったようなものも日本には一冊もない。しかも、しかじかの作品を見ておられますかと聞いてみても、なかなかそれが見られるような状態になっていない。だから映画の話をするのはなんとも消耗なわけです。

そこで、今日はちょっと視点を変えて、音楽の話から入ってみたいと思います。比較的新しいある一つの映画の中の音響を聞いていただいて、そこから一つの映画史を追ってみたいのです。まず、このメロディーを聞いて何を思い出すか、みなさん方に伺ってみたいと思います。いわゆる連想ゲームの方式で、この響きから思い出すことをなんでもいいからスッと書いてみてください。

（メンデルスゾーン作曲の「結婚行進曲」が数フレーズ流れる）

ということなんですが、たとえばあなたはどんなことを想像されましたか。

――結婚式のこと。

はい、結婚式。あなたはどうですか。

――やっぱり、映画で結婚式のシーンを。

何か具体的に思い出せますか。

――外国の女優さんが踊っているというか……。

お隣はいかがですか。

――えー結婚式ぐらいしか……。

……思い出しませんか。お隣はどうですか。

――結婚式を……。

何かこの音楽が響いた映画を思い出しませんか。

――それは思い出せませんが、ワーグナーを使った『地獄の黙示録』に似てるなと思ったんですけど。

はあ、なるほど。うしろの方はどうですか。

――はい、結婚式の場面を。

何か具体的な映画が思い浮かびませんか。

――それは思い浮かびません。

どなたか、これはつい最近やったものですから、あれを見たとおっしゃる方いらっしゃいませんか。

――『蒲田行進曲』。

はあ、ほかにないでしょうか。

――『サマー・ナイト』。

そう、『サマー・ナイト』に出てきますね、クレジット・タイトルの部分に。ウッディ・アレンの『サマー・ナイト』をご覧になった方はいらっしゃいませんか。いらっしゃらない。これは非常にやばいわけですね。では『蒲田行進曲』のほうは？　これもあまり見ておられない。

たとえば『サマー・ナイト』であれば、かなり新しいものであるから、見ておられるんじゃないかと思ってこれからかけてみたんですが、ほぼ全滅という感じで……さて、どう話を進めたらいいか困ってしまいますけれども……。

『サマー・ナイト』、誰のどういう映画かはご存知ですね。ウッディ・アレンという、ぼくに言わせればたんなる馬鹿ですけれども、それが世界じゅうにかなり受けまして、図にのって作った映画がこの「ミッドサマー・ナイト・セックス・コメディー」という原題の映画ですね。それが『サマー・ナイト』という題で、いま日本で公開されているわけです。そのタイトルの部分にこれが響きわたるわけです。

これが響きわたる。そこでたとえば映画がいくぶんか好きな人は、この映画につられていろいろな自分の中の記憶とか、それから映画に関する知識というものが甦《よみがえ》ってくるということになるわけです。その甦り方において、ウッディ・アレンが非常に反動的である、とぼくはこの曲を聞きながら、また『サマー・ナイト』という映画を見ながら憤りまして、ますます馬鹿だという結論に達したことをこれからお話ししようとするわけです。

で、「結婚行進曲」。で、メンデルスゾーン、ということになるわけです。そこからたとえば映画を考えていく場合に、どんな方向にぼくたちの感性とか記憶が働いていくかということを、まず最初にいくつかおさえておいてみたいと思います。メンデルスゾーンというところから、たとえば音楽の好きな人はメンデルスゾーンの音楽をいろいろ思い出される方がいるかもしれません。それから、「真夏の夜の夢」ですから、シェイクスピアという符合に想像が働いていく人がいるかもしれません。それからさっき言ったように、映画の中でこういう音が響きわたるということで、一つの映画的な記憶がどこかにかたちづくられていくということもあると思うんです。ここでお話ししたいのは、むしろその映画としての、たとえばこんな音が響いた映画がほかにあったのか、というようなことです。あったからお話ししているんだし、それがまた映画史的に非常に重要であるからお話しししているわけですけれども。そちらの方向にいきたいと思うわけです。

たとえば一番最初の問題、これを聞いて誰かの結婚式に出て、あの音を聞いた。あるいはなんとなく映画の結婚式の場面ではこれが出てくるであろう、などいろいろ想像できるわけです。

三番めとして映画におけるシェイクスピアというようなことを考えてみると、また映画における一つの論文の題にもなろうというふうにも考えられる。これは誰にでもできることであるわけです。映画史の中で映画がシェイクスピアに何を負っているかということは簡単に言えることで、実際にこれを見たり、あるいはそれについて文献を調べればそれで事は足りるというわけです。ですから、これはふつうやらないわけですが、イギリスにやってしまった馬鹿がいるわけですね。律気にも、シェイクスピアは誰によって、何年、どのようなものが映画化されたかというのを書いて、なるほど、誰もやっていないことをやれば非常に得なわけで、かなりの歳のかなり真面目な大学の先生が『シェイクスピアと映画』を書いた。ロジャー・マンベルという人ですが、白水社から訳が出ています。読むには及ばないほどつまらない本ですが、一応そういったものが存在しているということだけ付け加えておきます。

したがって、映画とシェイクスピアという話はあまり刺激的な話にはならないわけです。何年、何月、たとえば何という監督がシェイクスピアを撮ったと。これにはもちろん黒澤明なんかも出てきます。昨日黒澤明がついにこのリア王の映画(『乱』)を今度はフランス資本で撮ることを発表いたしました。これまたシェイクスピアと映画という本に彼が一つ章を書き加えさせることになったわけですけれども、それもあまり刺激的な映画にはなるまいということがだいたい想像できますが、しかしあの歳の人が一本映画を撮るということは……。だいたいぼくは、若い人の中にも好きで好きでどうしていいかわからないくらい好きな人がいますけれども、原理としてはあまり好きでないわけです。これは嫌いとか好きだとかいうことではなくて、七十歳を越えた映画人を見ると何かなんとはなしに目頭が熱くなってくるというところがありまして、黒澤明でも、あの人が撮らないで鬱屈しているとなんとなく身につまされて、なんとか映画でも撮らせてやりたいなどと思い、ちょっと画策してみたり、その画策も失敗に終ってしまったのですが——、ついに仏資本ということになってしまいました。

ところで、もちろんウッディ・アレンという人もそれなりに知識とか、教養といったものを沢山持っているわけで、やはり、映画の一つの伝統の中で自分のこの『サマー・ナイト』という映画を作っていこうという、そういうことをわきまえている程度には聡明であるわけです。これは相対的な聡明さというもので、こういうものがいくつ集まっても刺激的にはならないわけですが、相対的にはたとえば『蒲田行進曲』なんかよりは頭がよく出来ているわけです。小説家として『蒲田行進曲』のつかこうへいさんなんかよりはいくぶんか気が利いているという点もあるわけです。実際にこの映画を撮るにあたって、彼は自分の中での映画的な記憶をいろいろ探りながら撮っていったわけです。その場合にどこに突き当たるか、というと、これはどうでしょう。ウッディ・アレンの最近のものをずっと見てると、だいたいどんな人のどんな映画を自分なりにもう一度咀嚼《そしゃく》したいと思っていると言えるでしょうか。

ウッディ・アレンの映画をいままで見たことのある方はどのくらいいらっしゃいますか。どんなものを見ましたか

―― この前テレビで見た『アニー・ホール』。

『アニー・ホール』を見ておられる。いままではだいたいニューヨーク在住の、いくぶんか精神分析にかかりつつ、自分の精神的な均衡をたえず乱すまいとして、乱すまいとする努力そのものがことごとく乱すことになってしまうという知識人ふうの笑いになるわけですけれど、もう一方で、すでに存在している映画をたえず引用しながら、あるいはある作家に対するオマージュとして作品を撮っているというところもあります。そこで、ウッディ・アレンの最近の映画というと、何が背景にあるかということが見えてくるでしょうか。

そう、これはイングマール・ベルイマンであるわけですね。ベルイマンのいわゆる室内劇、それから現代人の心の病といったもの。そこから救いの問題であるとか、あるいは絶望の問題なんかを描き出すというので、このウッディ・アレンは、『インテリア』など、特に最近の作品はイングマール・ベルイマン的な世界を背景に、あるいはそれを引用しつつ撮っているわけです。事実、この『サマー・ナイト』という映画もイングマール・ベルイマンが五〇年代の中ごろに撮った『夏の夜は三たび微笑む』という映画を下敷きにしている。そしてそれを二〇世紀初頭のアメリカの東海岸のほうの知識人のカリカチュアにするために使っている。その『夏の夜は三たび微笑む』という映画をほとんどそのままアダプテーションしたと言ったほうがいいかもしれません。

『野いちご』撮影時のイングマール・ベルイマン（左）とヴィクトル・シェストレム（右）

したがって『サマー・ナイト』は一方でシェイクスピアにつながり、それからまた映画の中ではイングマール・ベルイマンにつながっているということになります。ベルイマンの映画の中では『夏の夜は三たび微笑む』というのは、どちらかというと喜劇であるわけです。セックス・コメディーと言ってもいいかと思います。ベルイマンが舞台にしているいわゆる北欧の田園地帯というのは、夏になると白夜ということで、ほとんど夜にならない。夜にならないときに、大人たちがそれぞれ男と女が数人ずつ集ったら何をするか。すぐそのまま寝てしまうことができないので、いくつかの長い長い前戯が始まるわけです。その前戯がいろんなかたちで変奏されていく。というところにいくつかのおかしい部分が出てくるというコメディーです。

そのようなイングマール・ベルイマンは、まぁいまではブランド商品みたいになってしまっていて、ベルイマンを見に行くといいますと、一時は題材が下品だということで『不良少女モニカ』とか、あんなの見てはいけませんという時代があったわけですが、いまはたとえば十六歳の少女が「ベルイマン見に行きたいんですが、お母さんいいでしょうか」と言うと、「ああ朝日新聞に書いてあったからいいよ」というようなかたちでこれはブランド商品になってしまった。つい最近もやはり詩の雑誌ですけど、イングマール・ベルイマンの特集というのを先月号ですか先々月号ですか、やっていました。これは詩の雑誌で何をやったらいいだろうか、映画というのは特集を組むとふつうの月よりも売れるらしい。ではブランド商品としてベルイマンをやろうということになるわけです。そしてブランド商品であることのつまらなさを露呈するような特集が出てくるということになる。

そのへんのところで、『サマー・ナイト』を作ったウッディ・アレンという人も結局このまま映画を撮っていくと、一種のブランド商品的な映画になって、刺激性というものがだんだんなくなっていくだろうということが目に見えているわけです。数年前から予想できたわけですが、ますますその傾向を強めていく。何故そうなってしまったかということをこれからお話ししたい。

まず、先ほども言いましたように、この映画はさほどつまらない映画ではありません。そのへんにおりてきましたらぜひ見ていただきたいと思いますが、タイトル・バックが真っ黒で――もちろん色彩映画ですけど、そこに白い文字で監督や俳優などの名前が次々に浮き上がってくる。そしてその背後に、真っ黒い画面を背景としていまのメンデルスゾーンの「真夏の夜の夢」の中の、あの「結婚行進曲」が響いてくる。こういう始まり方を持っているわけです。

ところが、そこからベルイマンのほうにずーっと行ってしまうのではなくて、仮にそのようなブランド商品を避けようとし、しかも映画の真の伝統のほうに行こうとすると、もっともっと別の道があったはずです。というのは、いろんな映画がありますが、最初にメンデルスゾーンの「結婚行進曲」が響いたのはいつか、ということですね。もちろんサイレント時代には映画は音を持っていませんからトーキーになってからでしょう。では、トーキーに入ってからいつごろ響いたのか、どの国で響いたのか。もちろん、アメリカで響きわたったわけですね。

それ以前にもシェイクスピアは何度か映画化されていますけど、『真夏の夜の夢』が最初に作られたのが一九三五年、アメリカはハリウッドのワーナーブラザースという映画会社でです。そこではじめてメンデルスゾーンというあの作曲家の音楽が、いわゆるアメリカの一般大衆の耳に響きわたって、ちょっといい音楽じゃん、というような感じでみんなが聴き惚れた。そのこと自体は一つの映画史的事実ですからたいしたことではないわけですが、一九三五年に、しかもどうしてアメリカ人が「真夏の夜の夢」という、これまでハリウッドの会社がまず作ることのないような題材を取り上げて、誰にそれを作らせたか、というようなことが次に問題になってくる。

そうすると「真夏の夜の夢」ですから、みなさん方どうでしょう、どこの国の人間が作ったというふうに思われますか。まずアメリカ人がそのまま作ったと考えられますね。ただし、アメリカ人というのはいろんな人種から成っていますから、それ自体が問題になりますが、どういう国の人たちが中心になって、一九三五年に――これはアメリカの映画音楽史のうえで非常に重要な年であるわけですけど――メンデルスゾーンの全曲が響きわたるような映画が出来たか。まずそれはどこの国の連中が中心になって作ったと想像できるか。これは当たっても当たらなくてもいいけれど、ちょっと考えてみてください。映画史的な知識というかたちではなくて、ある種の勘みたいなもので出てくるわけですが、どこの国の人が中心になっていたかと想像されますか。これから映画という枠組みを取ってしまい、メンデルスゾーンの音楽が響き、実際に芝居として「真夏の夜の夢」をそのまま映画化したものである、――そういうふうに考えていけばイギリス人と考えるのがふつうであるわけですね。ところが、イギリス人というのがハリウッド映画で活躍し始めるのはもっとあとでのことになります。イギリス映画というのはイギリスなりに一つの伝統を持っていたわけで、そう簡単にハリウッドに行くはずないわけですね。イギリス人が実際にハリウッドに行くのは四〇年代に入ってから、一九三九年の終りくらいからです。イギリスで素晴しい作家がいれば、ハリウッドに呼ばれる。つまりトーキーになってから十年経ちましたから、トーキー映画というものを誰が最もみごとに作るかということが世界的に認められてきたわけなんです。したがって、イギリスにすごい奴がいるよ、ハリウッドに呼ぼう、ということになる。イギリスからハリウッドに行った人の中で最も有名なのが、四〇年代のはじめに行ったヒッチコックということになります。しかし、イギリスの場合にはそのような大作家が呼ばれるということはあっても、みんなでハリウッドに行ってしまうという、あまり大きな必然性は持っていないわけです。そうすると、一九三五年というとどんな国が想像できるか。これは世界史の問題にもなってくるわけですけど、どうでしょう。

――ドイツ。

そう、ドイツ人ですね。ドイツと想像される理由はなんですか。

――ナチスの……。

そうですね。ナチスに追われて……。一九三三年、ヒットラー政権の樹立ということがありますから、ナチスに追われたドイツ人たちが、あるいはドイツで活躍していた東ヨーロッパ系の作家たちが、だいたいパリの方向にみんなが亡命し始めて、ロンドンを通過したり、あるいはパリからじかにハリウッドに行くというかたちで、ドイツ、オーストリア、そして東欧圏を中心とした映画作家たちが大量にハリウッドに流れ込むという時代があるわけです。当然いまおっしゃられたように、一九三五年の『真夏の夜の夢』という映画は、ドイツ人を中心に作り上げられたということなんです。

ドイツ人だとどんな人が作りそうか。あるいはどんな人がハリウッドに流れていったか。まずこの『真夏の夜の夢』と離れて、ドイツからハリウッドに追われていった作家たちというのをみなさん方は知っておられるでしょうか。どんな人がいるでしょうか。

――エドガー・G・ウルマー。

はい、ウルマーという人がいますね。これは一番最初に出る名前とは思いませんでしたけれど、かなり凄い人が出てきました。それからどうでしょう。

――カール・フロイント。

はい、フロイント。このキャメラマンは、もっと前からハリウッドに行ってるわけですが、それからどうでしょう。まあ知っておられる方は馬鹿馬鹿しくて、小さな声でラングというふうに呟いていらっしゃいますが、フリッツ・ラングがいるわけですね。もっと挙げてもいいと思うわけですが、そのくらいにしておきましょう。

ドイツからどんな人が行ったか。これはハリウッド映画の歴史というだけでなく、二〇世紀世界文化史の問題として、芸術の問題として、いまさまざまな分野でその亡命の意義が問い直されています。それをドイツ映画の歴史としてみていくと、彼らは一九三〇年くらいにドイツから消えていってしまいましたから、ドイツ映画の中にはその歴史は残らないわけです。それからハリウッド映画の歴史をみていくと、なんか外国から沢山人がゾロゾロやって来るというんで、それ以前の彼らが何をやっていたかということは、今度はハリウッド映画の歴史からは消えていってしまう。このように一国の歴史をみていった場合には、どこかでどちらかが消えていってしまうわけです。したがって、ヒッチコックもイギリス時代のヒッチコックというのがありますし、フリッツ・ラングにもドイツ時代のフリッツラング、ハリウッド時代のフリッツ・ラングがあって、どっちかが何かの理由でどちらかよりも優れているというふうに、人びとは考えがちなわけです。

だいたいアメリカへ行くとみんな堕落したと思われがちで、事実、堕落した人も何人かいるわけですし、またその堕落も必然的であったような文化的な状況もあったわけですけど、何かハリウッドに身を落ち着けてしまうと、世界の文化史からフイに消えてしまうような、そんな雰囲気がいまだに残っています。そこでハリウッドに行った人たちがけっして堕落したわけでもなく、それなりのさまざまな活躍をしていたんだ、ということをお話しするために「結婚行進曲」が出てきたわけです。

2

実は、ここで二つの非常にこれまた世界文化史のうえで重要な名前がそこで結び合わされることになります。一つはマックス・ラインハルトといい、これは知らない方がいらしたらぜひ覚えておいていただきたいと思います。これは二〇世紀前半のドイツ演劇の刷新者であるわけです。それからもう一人、これはいろんな読み方があって一定していませんが、ぼくたちがその人の映画を見ていたころはウィリアム・ディターレというふうに呼んでいました。ディータリというふうに言ったりする場合がありますが、もともとはドイツ人ですから、ウィリアムではなくてウィルヘルムということになります。それがアメリカに行ってウィリアムという名前に変えた。この二人が「真夏の夜の夢」をハリウッドで映画化することになります。製作会社は先ほど言いましたが、ワーナーブラザースというところです。ワーナーブラザースには当時あまり大スターがいなかったわけです。したがって、なんとかして一つ大きなことをやろうと思っていたジャック・ワーナーという——これはワーナー三兄弟の三番めの男になりますけども、それがよしシェイクスピアか、うちは活劇ばかりやっているけどたまにはシェイクスピアもいいではないか、というふうに考えたわけです。そのように考える前提になったのがマックス・ラインハルトの亡命であったわけです。

マックス・ラインハルトは亡命して一九三四年にこのカリフォルニア、西海岸にやって来ます。そして、その西海岸を中心にして——彼は二〇年代を中心にしていわゆるドイツ劇場というのをドイツで組織していたわけですけれど、そこで何度も上演した「真夏の夜の夢」をハリウッドの近くのハリウッド・ボウルという、よく演奏会などが行われる二万五千人くらい入る大きな野外劇場があるわけですけど、そこで上演する。これが大当たりをとるわけです。そのときにいろいろな役者なんかが発見されるというようなこともあるわけですけども、そこで彼の演出というものがかなり評価されるということになります。

そこでもう一人の人間、ウィリアム・ディターレという人。この人は昔、一〇年代にマックス・ラインハルトと仕事をしたことがある役者出身の映画監督であるわけです。彼は演劇のほうにも進みましたけれども、ドイツ時代にまず一九一八年のベルリンの革命に参加するような非常な熱血漢で、そしてまた当時の左翼思想なんかにもかぶれていて、第一次世界大戦後に社会的な不安がドイツに増してきたころドイツ映画に一種のポルノ映画——いまではポルノというと定義そのものが曖昧ですけれども——かなりセックスを強調したような映画が沢山作られます。つまり一方でセックス映画のように作られていながらも、よく読んでみると社会に対する反抗が非常に強く出ている、といったようなものを彼は沢山作り始めるわけです。まぁ左翼と言ってよいと思います。

そのころ彼は、ヴィスコンティが一九七三年に映画化した「ルードヴィッヒ」を最初に映画化したりしています。ルードヴィッヒを映画化するというのも妙ですけど、ルードヴィッヒの出てくる映画を作って、その中でルードヴィッヒが男色であったというような点を非常に強調し、男色などという題材が映画に登場したことのない時期ですから、さまざまな土地でスキャンダルを起した。したがってヴィスコンティのあの映画はそのへんからずっと続いている一つの流れの上に出てきた映画だと言えますが、そういったドイツでの左翼的な作家が、何故アメリカに行ったか。もちろん亡命ということがあるわけですが、ウィリアム・ディターレという人は非常に山っ気が多い人で、自分で劇団を作ってすぐ破産してしまったり、映画会社を作ってもすぐ破産してしまったというので、日の当たる場所を歩いたかと思うと、すぐさま非常に暗いところに行く。というので、これはハリウッドに出稼ぎに行ったんです。

三〇年代のハリウッドの面白い特徴として、まずいわゆるトーキーが完全なかたちで確立する以前はそれぞれの国に配給する映画をハリウッドでそれぞれの国の言葉で同時に撮ってしまうという、いわばドイツ語版、フランス語版といったようなそれぞれの国の版を撮ってしまうという試みが行われる。いまですとスーパーを入れたり、アテレコをして何々国語版というのが出来ますが、そういうのができない時代だったわけで、まずスーパーなど誰も考えていない。そこで、ハリウッドで優れた映画が出来ると、だいたいドイツ語ができるような役者を集めてきてドイツ人の監督がそれと同じような映画を十日くらいで作ってしまう。とても儲かったということです。

何人かの優れた監督たちがドイツ語版、フランス語版を作るために三〇年代のはじめにハリウッドに行って、ウィリアム・ディターレという人はそれまでに映画監督の経験がありますから、十日で撮るのなんぞは朝飯前であって、ホイホイ撮ってかなり有名になってきたわけです。

昔マックス・ラインハルトのところで彼は芝居をやっていまして、ダントンの役をやってみたり、ブルータスの役をやってみたり、まぁ、体格もよく、かなりの美丈夫であるわけです。そこでワーナーの社長のジャック・ワーナーのところに行って、彼がたきつけるわけですね。これこそ絶好のチャンスであると。マックス・ラインハルト先生がドイツからお見えになった。沢山お金をかけてもシェイクスピアである以上必ず儲かるし、それからどうせあれは、たとえばロバの人形みたいなものを首の上に掛ければいいから、たいして美男が出てこなくてもいいというようなことを並べて説得し、結局一九三四年の終りからこの映画が撮られ始めるわけです。これが当時として考えられないくらいの予算で、というのはその予算で当時のハリウッド映画が四本撮れるほどの予算で作ってしまった。

それにはマックス・ラインハルトの芝居の演出をまず使い、それからもう一つディターレ自身がドイツからすでにしっかりした技術として持ってきた映画技法を使って映画としても面白く撮る。「真夏の夜の夢」というのはみなさん方もご承知だと思いますけども、一種の妖精劇ですから、妖精たちを百何人と使うわけです。少女を沢山集めて、ニジンスキーという有名な舞踏家がいますけれど、その人の妹がやはりハリウッドに流れてきていて、その妹がバレエの振付けをする。それからマックス・レイという非常に有名な舞台衣装家がいます。これは無声映画時代からいたデンマーク出身の舞台美術家であり衣装家であるわけですけど、その人が百何人の妖精たち――若い美女を沢山使ったわけですけど――その肉体が透けるような透けないような、ある角度をとって見ると全部体が透けて見えるけれども、かといって全部いつも見えてしまうのではないという、何か照明によって肉体の線が見えたり見えなかったりするという特殊な布を作りまして、それで百何人の妖精たちを覆う。考えてみれば実に出鱈目なやり方で、そんなに沢山の妖精を見せる。見せると今度は、妖精がただ立っているだけでなくみんなぐうぐう寝てしまう映画ですから、みんな横になるとその足が見えたり見えなかったりするというかたちで、エロというほどではありませんけど、そういった目的も明らかに持っていた映画が出来上がる。

有名なパックというのがいます、小さな妖精ですね。それを子役のミッキー・ルーニーという人がやっていたり、それからボトムという主役になりますけど、これをのちのギャング役者のジェームズ・キャグニーという人がやっている。ピストルでも握ってソフト帽を被っていればいいような人がボトムになる。映画をずっと見続けていた人には、これは正気の沙汰とは思えない映画作りである。それを堂々とやってしまうわけです。そこらへんはウィリアム・ディターレという人の映画的な戦略といいますか、彼自身は左翼ですから、そして、いかに資本家を騙すかというのが亡命左翼の一つの大きな目標となっているから――騙すことに大いに成功したわけです。

そのときに先ほど言ったこの映画のテーマ・ミュージックのようなものとして「結婚行進曲」が響いてくるわけです。したがって、最初にハリウッド映画に「結婚行進曲」、メンデルスゾーンが響いてきた、そういったものの記憶をいくぶんか持っていればウッディ・アレンもそう簡単に『夏の夜は三たび微笑む』のベルイマンのほうに行ってしまわないで、ハリウッドの歴史というのはほぼそれによって出来上がったというふうに考えていいような、その記念すべき映画にオマージュを捧げることもできたわけです。

一九三五年にそれが作られて以後十年間のウィリアム・ディターレという監督は、大いに重宝されます。そしてワーナーブラザースという会社は一方で活劇——ギャング映画を作り、一方で伝記ものというのを作っていたわけです。伝記ものというのはゾラの生涯（『ゾラの生涯』）であるとか、科学者エーリッヒ博士（『偉人エーリッヒ博士』）であるとか、ロイター通信を作った男の話（『ロイター特派員』）であるとか、そのような伝記ものの伝統を持っていたわけです。そこでウィリアム・ディターレという監督は伝記ものが非常にうまいという名声をとって、『ゾラの生涯』といったものを一九三七年に作るわけです。それを作るというのも、亡命左翼の戦略であるわけです。ゾラというのはご承知のようにドレフュス事件にさいしてユダヤ人ドレフュスを擁護する。したがって一九三七年にゾラの生涯を撮る、しかもそのクライマックスというのはゾラが特別弁護人として参加したドレフュス裁判を中心に据えていますので、一方ではゾラなんてことを知らないアメリカの観客たちも、何か正義のために戦っている人の伝記映画だということで、これが結構受けるわけです。そこらへんで、アメリカの正義感と亡命左翼の戦略とが、ほぼ十年くらい調和しえた時代というのが出現するわけです。したがって、彼はそのような形で、たとえばスペイン戦争が起っているころですから、スペイン戦争を舞台にした活劇を撮る（『封鎖線《ブロケード》』）。それを活劇として売るわけですけれども、内容を見てみるといわゆるスペインの共和派の蜂起、そしてその末路を扱った、たんなる活劇でないことがわかってくる。自分が本当に撮りたいことと、ハリウッ

『ゾラの生涯』（ウィリアム・ディターレ監督）

ド映画の観客たちとの間の欲望の誤差みたいなものをうまく操作しながら、次々にそのような映画を作っていったわけです。

ここまでくれば大丈夫というわけで、彼は一九三七年に一人の偉大な人の伝記映画をソ連と合作で作ろうとするわけです。その偉大な人物というのは、ほかならぬカール・マルクスであるわけです。マルクスの伝記というのを最初に映画にしようと思ったのが、ハリウッド映画だというのも大変奇妙なことだと思いますけど、これもなんとかうまくいくんじゃないかということで、ディターレはソ連に行ってソ連のある会社と合作の契約をしてモスクワから帰ってくる。これはさすがに、いくらなんでも、ということでハリウッドでは潰れてしまうことになります。そこまでは騙しきれなかった。五〇年代に入るわけですが、この米ソ合作のことなどが災いして、ディターレは不利な立場に立たされてしまう。四〇年代の終りにハリウッドでは赤狩りというのが行われたことはご承知だと思います。マッカーシーという人がいて、それまでに共産主義となんらかのかかわりを持った人たちをアメリカから追放したり、あるいは監獄に入れたりするようなことがあったときに、ソ連に行ってカール・マルクスの映画を作ろうとしたことが一つのあだとなって、彼の立場は非常に危ういものになるという時期がその後一九五〇年くらいに出てきます。

つまり『真夏の夜の夢』のあの音楽を聞くと、その背後にはまずヒットラーによる亡命ということが響きわたっているわけですね。それからまたその亡命者の中で成功した一人が、今度は『真夏の夜の夢』から二十年経ってしまうと、アメリカから追放されそうになってくる。呑気に映画を撮っているわけにはいかないような世界的状勢が映画の中にどんどん入り込んできてしまう。そういった現実のほうを思い出すことも充分できるし、またそうしなければいけないわけです。たんに真夏の夜のセックス・コメディーというようなものをのんびりと撮って、そして自分の背後にはブランド商品のベルイマンがいるから大丈夫というわけにはいかないハリウッドの歴史というのが、あの音楽の中に響きわたっているわけです。それをあっさり無視されていたり、あるいは無知であったりすると、ぼくなんかはハリウッド映画が好きな者としては非常に憤り、そして下を向いて思わず馬鹿と呟きたくなるようなところがあるわけです。

ウィリアム・ディターレが最後にどうなったかちょっとお話ししておきますと、彼はなんとかしてドイツに逃げようとするわけですが、ハリウッドで大成功したので大きな牧場を買ってしまって、そう簡単には帰れない。そのころハリウッドに亡命した人の中には、たとえばブレヒトであるとか沢山いたわけですが、ブレヒトはハリウッドで成功しなかっただけに、成功しなかったことがさいわいして、サッとそのまま逃げていってしまう。ディターレもブレヒトの友達であるわけですけど、そう簡単には帰れない。ハリウッドの巨匠として居座ってしまっているけど、なんとかそのような追及を逃れようとして、自分は共産主義者ではありませんというような顔をして中共を舞台にした、つまり悪い中国を舞台にした『北京超特急』という反共映画を作るふりをしてみるんですが、これもなかなかうまくいかない。それでアメリカではほとんど映画が撮れないということがありました。

それとちょうど時を同じくするように、イングリッド・バーグマンがアメリカを去ってイタリアのロベルト・ロッセリーニのところにはしるという事件が起るわけです。

公式的な映画史で言いますと、バーグマンが一人のイタリアの新進監督に惚れて、そしてハリウッドをあとにしてイタリアに行ってしまった、ということがよく語られてるわけですけど、もう一人、アンナ・マニャーニという、新進監督ロッセリーニの奥さんだった人はこれは許せないわけですね。そこで彼女もそれなら私もアメリカから大監督の一人を呼んで、私がお金を出してイタリアで映画を作ってしまおうとした。こういう二人の女の張り合いが演じられるわけです。ハリウッドから女優としてイタリアに渡って、『ストロンボリ』をはじめとする噴火山が沢山ある地方の映画をロベルト・ロッセリーニ監督で撮ったならば、今度は私が、女優がアメリカから監督を呼んで、やはり火山地帯の映画を撮ってどっちがいいか比べてみよう、という非常に深刻な女の争いがそこで演じられる。誰に白羽の矢が立つかというと、ウィリアム・ディターレに立つわけです。アンナ・マニャーニが彼を呼んで、そして『噴火山の女』という映画を撮るわけです。残念ながらこれはたいした映画ではないわけです。そのときに彼はやっとハリウッドを出ることができた。ただし、彼はかつて共産主義者に関係あった者としてアメリカの国内でいろいろ追及されていましたから、なんとかもう少しイタリアで映画を撮り続けることができないかと画策して、その次にわれわれの世代といいますか、ある程度歳をとった人にとっては有名な『旅愁』という映画をやはりカプリ島を舞台にして撮ります。

この『旅愁』という映画はアメリカ映画で、見たところ飛行機事故の途中でそこに立ち寄った一組の男女が——ジョゼフ・コットンとジョーン・フォンテインがカプリ島で恋をするという、絵に描いたようなメロドラマであるわけですけども、ここに奇妙なことにというか、それを見た当時ぼくはわからなかったわけですが、クルト・ワイルというドイツの作曲家の音楽が流れてきます。「セプテンバー・ソング」という。『旅愁』という映画は原題としては「セプテンバー・アフェア」すなわち九月の情事といいますか、そういう題ですが、それをやはりドイツからの亡命者で、ブロードウェイのミュージカルを作曲したりもしたクルト・ワイルの音楽を使って撮ってしまう。そこが唯一のプロテストだったわけです。

クルト・ワイルというのはご存知のようにブレヒトと組んで『三文オペラ』とかその他の音楽を作曲したドイツの、これもまたやはり亡命せざるをえなかった偉大な作曲家であるわけですけれど、ハリウッド映画の主題歌がクルト・ワイルの作曲の音楽であるということを、日本で『旅愁』が上映されたころ、誰も言ってくれなかったんで、ぼくなど、ながらくアメリカの音楽だと思っていました。あとになってそれがクルト・ワイルだということを知ったというような、そんなしだいであるわけです。

ディターレは、どこまでも亡命ドイツ人としてのハリウッド巨匠です。自分の持っている革命戦略みたいなものをたえず小出しにしながら映画を撮っていたウィリアム・ディターレに関しては、いろいろとゴタゴタがあるわけですけど、結局、彼は嫌気がさして、五〇年代の終りにドイツに帰り、そしてドイツでまた昔やった芝居の演出へと帰っていくことになるわけです。

3

ところで本題に入るのはこれからです。

つまり先ほど言いましたけれど、一九三五年の『真夏の夜の夢』、そして「結婚行進曲」、それでは誰がそのスコアーを書き、どんなかたちでそれが映画に向くような形で編曲されたかというのが次に問題となる。

シンフォニーがそのまま――いまはいくつかのクラシックの音楽をそのまま映画に使ってしまえばそれなりの効果を生むという時代になっているわけですが、世界的には五〇年代の終りからそのような傾向が出てきました。ブラームスをそのまま流しちゃえ、バッハをそのまま流しちゃえ、とそれでやっていけるわけですけども、三〇年代には、仮にそのようなクラシックがあったとしても、映画の中で使われるときには、映画的に編曲しなければいけないわけです。それからまた映画的に編曲した音楽を、原曲をよく知ったかたちで指揮をしなければならない。

では、この一九三五年の『真夏の夜の夢』の編曲指揮者は誰か。これも当然のことながらドイツ人であるわけです。ドイツというよりも、オーストリア人というふうに言われています。生まれはチェコスロバキアだと言われていますが、ウィーンに生まれたというような説もある、エーリッヒ・ヴォルフガング・コルンゴルトという非常に覚えにくい名前を持った人であるわけです。これもときどき日本にコルンゴルトのファンという人がいて、何枚かレコードを持っている人たちがいるわけです。百人いると一人くらいはコルンゴルトのファンがいると聞きますが、いまここに百人くらいいるでしょう。コルンゴルトの音楽をよくご存知の方おられますか。

エーリッヒ・コルンゴルトという人がチェコスロバキア系なのかウィーン系の人なのか、本当のところはぼくにはよくわかりませんけども、要するにウィーンあるいはドイツを舞台にした早熟な天才と言われていた人です。この早熟な天才は、六歳のころからピアノ曲を書いた。彼は三〇年代のはじめにはモーツァルトの再来と言われていた人です。もっとも六歳くらいからピアノを弾くというと、うちの子供なんかも弾いてたので、たいして天才とも思えませんけども、その後の歩みを知っておりますからそう思いますが、この人はかなりその後もずっと持続して天才的で、一九一九年に優れたオペラなんかを作り始めます。

このエーリッヒ・ヴォルフガング・コルンゴルトという人がこのときに、当時ウィーンのブルク劇場の指揮者であった。そしてまたウィーン音楽院の客員教授のようなものをしていたわけですが、これも名前からわかるようにユダヤ人です。この人がマックス・ラインハルトの芝居に音楽をつけるときに編曲し指揮をしていた人なので、ハリウッドで『真夏の夜の夢』を撮るということにする以上、誰か非常に信頼のできる編曲者及び指揮者が必要だということで、マックス・ラインハルトがこのエ

エーリッヒ・ヴォルフガング・コルンゴルト

ーリッヒ・ヴォルフガング・コルンゴルトという人を呼んでくることになります。

ウィリアム・ディターレという人は三〇年代のはじめからハリウッドでドイツ語版を撮っていましたから英語ができるわけですね。それからマックス・ラインハルトというのはあんまり英語ができない。そこですべてそういうものの調節役としてディターレという人が活躍し、したがってマックス・ラインハルトの芝居を二人で共同監督するようなかたちで撮ることになったわけです。そのときにこのコルンゴルトが呼ばれて、綿密な音楽を作って、そしてハリウッドに最初にメンデルスゾーンを響かせたということになります。

こうした映画史的な背景があるので、たとえば『サマー・ナイト』というような映画を見ていると、その人に対する追想のようなものが出てきてもいいじゃないかというような気もするわけです。この人はたんにハリウッドに来て編曲をして、そして指揮棒を振って「ハイ、さようなら」と帰ったわけではなくて、やはり亡命音楽家としてハリウッドに残る。そしてワーナーブラザース専属の映画音楽作曲家になってしまう。ワーナーブラザースでどんな映画にかかわったか。先ほど言いましたようにこの会社には一方でギャング映画があるわけです。ギャング映画の音楽は、ちょっとこの人は作れない。もう一方に伝記映画があるわけです。伝記映画の場合はヨーロッパを舞台にしたものだと、この人に白羽の矢が立つわけです。あと一方、ワーナーブラザースの大きな商品として、三〇年代の後半、海賊映画というのが——いまは完全に消えてしまいましたけど——沢山作られます。結局これは時代劇であり、イギリスとスペインがお互いに戦い合う一六世紀から一七世紀にかけての物語なので、やはりヨーロッパが舞台である。主演を演ずるのはほとんどエロール・フリンであるわけですけど、エロール・フリン主演の海賊映画、あるいは『ロビンフッドの冒険』とか――これまた『ロビンフッドの冒険』というのはヨーロッパを舞台としてしかありえないわけですから、仮にハリウッドのスタジオに作られた舞台を持っていたにしても、いろんな人が出てこなくてはいけない。出るべき人が出なくてはいけない。よし、じゃそれならば海賊映画とロビンフッドはお前がやれ、ということでコルンゴルトは海賊映画とロビンフッドの専門家になってしまうわけです。海賊映画が非常にはやったのが三〇年代の終りから四〇年代くらいです。ロビンフッドも何本か、その後十年くらいは作られています。

というようなことで、やはりウィリアム・ディターレが健在であった一九三五年から一九四五年くらいまで、彼はワーナーブラザースのみにとどまらず、ハリウッド最大の映画音楽家ということになる人です。まず偉いわけですね。神童であり、モーツァルトの再来であり、それがヨーロッパからやって来た。メンデルスゾーンなんて聞いたこともないような音楽を編曲してくれる。とにかくそのような人であるわけですから一方で尊敬される。それから実際に技術的にも非常にうまい――サッとピアノ曲を書いてしまって、それをまた編曲するというようなことがたいそう器用だったというふうに聞いています。そこで重宝がられるということがあります。

ところがハリウッドの映画音楽史の中で、日本ではこの名前はあまり出てこない。このコルンゴルトと同じころ活躍していた映画音楽家としてマックス・スタイナーという人がいます。一番有名なものとしてはあの『風と共に去りぬ』の音楽、チャンチャーンチャチャンというのがあるわけですが、あのリズムはこのコルンゴルトが映画に持ち込んだリズムであるわけです。そして、コルンゴルトが持ち込んだいわゆる超大作用の音楽というのは、最終的にはいまではたとえばジョン・ウィリアムズの音楽なんかにもはっきりと影響を与えているわけです。たとえば『スター・ウォーズ』の音楽なんか、明らかにコルンゴルトふうの作り方になっています。したがって『スター・ウォーズ』をずっと辿っていけばコルンゴルトにいき、コルンゴルトが一九三五年にハリウッドに触れ合ったとすると、それ以前はだんだんウィーンにいって、ウィーンのオペラまでいってしまう。

したがって、ハリウッド映画というのは無国籍的であり、しかもまた国籍混交的であり、たえずヨーロッパ的な部分を残し、そしてまたヨーロッパ的な部分というのが適当にハリウッド化していくと、ヨーロッパの人たちは結局その人たちを忘れていってしまう。つまり、コルンゴルトがハリウッドに行ってロビンフッドを作ったら、もうこれは駄目であるわけですね。もう認められないということになってしまう。非常にかわいそうな人であるわけです。

もう一つ、さっき言いましたように、マックス・スタイナーという名前は非常に覚えやすいわけですね。マックス・スタイナーのほうはギャング映画もこなせれば、西部劇もこなせるし、西部劇の延長で『風と共に去りぬ』の音楽も作れる人です。でもコルンゴルトのほうはヨーロッパを舞台にしたものだけしか作れないということで、その点でいくつかの制限はあったにしても、しかしマックス・スタイナーをいわば育てたということも言えるほど重要だった人であるわけです。ただし名前が子供でも覚えられるマックス・スタイナーとエーリッヒ・ヴォルフガング・コルンゴルトでは、コルンゴルトさんのほうが分が悪い。日本でも映画音楽なんかをやる場合にも、この人の名前はあまりでてこない。その点にも私などは不満であるわけです。日本の作曲家名鑑なんかを見ると、なるほどこれは無視されていないで、いくつかにその名前は出ておりますが、だいたいそれものちにハリウッドに渡り、活劇映画で堕落したというような記述がありますんで、そのようなものを見るとぼくはついそのページを破り捨ててしまうという悪い癖がありますので、だんだん本が薄くなってきてしまう。

ついでに言えば日本で唯一存在している映画作家名鑑のようなものとして、『世界映画人名辞典・監督編』というかたちでキネマ旬報社からかなり出鱈目なものが出ているわけです。ちなみにこれでウィリアム・ディターレの項目を見ると、写真も出ていない。ディターレよりももっと才能のない人たちでも堂々と写真が出ているのに、ディターレは写真もなく、たった数行しか書いてない。しかも、才能を失ってドイツに帰り、もとの演劇に戻るというようなことしか書いてない。だから、これもやっぱり破いてしまう。

ところで、コルンゴルトという人は、一九五七年に死ぬわけです。彼の活躍の時期はだいたい一九三五年から一九四五年までのほぼ十年に限られているわけです。その十年間に、ほぼハリウッドの映画音楽の形式を作ってしまう。もちろん、その後も作曲はしていますが、ハリウッドから離れて、アメリカにとどまりながら、かつての作曲活動に戻るわけです。一九四八年にヤッシャ・ハイフェッツが初演したヴァイオリン協奏曲というようなものもありますから、作曲家としての彼の名声が失われたわけではない。しかし、五〇年代のハリウッドは、もはやコルンゴルト的な華麗なオーケストレーションを必要としなくなっていたのです。そうした彼にも、輝きをみせる瞬間があるわけです。それはウィリアム・ディターレがヨーロッパに帰って、イタリア及びオーストリアを舞台にして『マジック・ファイヤー』という、ワーグナーの生涯を撮ったときのことです。これは日本では公開されていませんが、テレビでズタズタに切られたかたちで放映され、それには「楽聖ワーグナー」という題名がついていました。そのときに音楽を担当したのが久方ぶりに映画に戻ったコルンゴルトであるわけです。

そのとき、ウィリアム・ディターレも、コルンゴルトもかつてそこを舞台として活躍したワーナーブラザースという由緒ある会社を離れ、アメリカのその手の会社の中ではむしろマイナーと言っていいリパブリックという会社で、いわば二流会社の超大作として撮る。一九五四年のことです。そのときに一九三五年に『真夏の夜の夢』でハリウッドで築き上げた友情の最後を飾るように、コルンゴルト音楽、ウィリアム・ディターレ演出というワーグナー映画が出来ます。ワーグナーの伝記映画ですから、もちろんルードヴィッヒ二世も出てくる。一方、コルンゴルトはたんに作曲を担当するのみならず、出演までしていて、ハンス・リヒターという、これまた非常に有名な――ハンス・リヒターという人物は文化史に複数登場し、そのうちの一人は前衛芸術家であったりしますが、そうではなくて――、ワーグナーの弟子のような指揮者のリヒターの役を演じている。ワーグナーは、ご承知のように、最初ハンス・フォン・ビューローという人に指揮を任していたわけですけれど、その後彼は楽譜写しなどをしてワーグナーに近づいていったハンス・リヒターという作曲家に指揮を任せるという一時期がある。これもあまり長く続かないわけですが、そのハンス・リヒターの役をこのコルンゴルト自身がやるわけです。

さいわい、ぼくはこの映画を見ることができたのですが、ついにコルンゴルトが死ぬ数年前、一緒に超豪華大作『真夏の夜の夢』を撮ってから二十年後に、ほとんどハリウッドを追われるようにヨーロッパに戻った二人が一緒になり、指揮者としてコルンゴルトが実際にハンス・リヒターの役を演じているようなところを見ると、映画史の複雑な運命に思わず泣けてしまう。不幸にして出来の悪い作品なのですが、ただサヨナラ、サヨナラと呟きながら泣いてしまうほかない感動的な作品に仕上がっています。こうして、幾多の外国の亡命者たちの才能を喰い潰してハリウッドは崩壊してゆくのです。この映画の数年後、二〇年代のウィーンで神童の名をほしいままにした一人の作曲家が、映画から姿を消していく。四〇年代のハリウッドであれほど有名だったその名前もいまでは、よっぽどの映画好きでないかぎり忘れかけているわけです。

『サマー・ナイト』のウッディ・アレンは、まさしくその健忘症にかかった一人だと言うべきでしょう。みなさん方の中で映画の好きな方もたぶんご存知ないでしょう。マックス・スタイナーのほうはどうやら知られている。映画音楽史のうえでどちらが重要かといえば、明らかにコルンゴルトのほうなのに、事態が逆転しているというのは、そこに一種の抑圧が働いているからにほかならない。映画史とは、こうした理不尽な抑圧が交錯し合っている不当な場なのです。

4

ところで、さいわいなことにあらゆる人が健忘症にかかっていたわけではなかった。この二六日(一九八三年一一月)から駿河台のアテネ・フランセ文化センターの講堂で、久方ぶりにコルンゴルトの音楽を聞くことができるのです。だが、それはアメリカ映画ではない。一本のヨーロッパ映画が彼の旋律を響かせてくれるのです。ダニエル・シュミットというスイスの映画作家がいます。一九八二年のスイス新作映画祭でその一本が上映されて評判を呼んだ奇妙な映画作家であります。その作家がついこの間、日本にやって来て、ダニエル・シュミット映画祭というようなものが行われることになりました。そのうちの一本『ラ・パロマ』という、題名を聞くからに出鱈目そうな名前の映画があります。事実出鱈目きわまりない映画であるわけですけど、これをみなさん方にぜひ見ていただきたいと思います。

この『ラ・パロマ』という作品の物語は要約してみてもほとんど意味がないわけですが、強いてそれを要約すれば醜い、というか太りに太った一人の若者がいる。また、痩せに痩せた美しい女性がいまして、若者のほうが青年貴族、女のほうが昔は売春婦なんかもしていたキャバレーの歌姫。そこからどんな映画が出来るかと、考えてみるだけでくだらない映画になりそうで、事実、話のうえではこれ以上くだらない話の筋を想像することはできない。富豪の青年貴族のほうが歌姫にあっさり惚れてしまうわけです。その歌姫が「でも私……」とか言ってなかなか結婚しないわけですが、青年貴族が何度も何度も楽屋に黄色いバラを抱えてヌッと現れて、喋るわけでもなくまたスッと帰っていく。ことによったら私あの人を好きになってやってもいいんじゃないかしらという様子で、痩せた安キャバレーの歌姫がついに彼の奥さんになるわけです。メロドラマもいいところであるわけです。そこで結婚によって結ばれた愛の勝利を高らかに歌った場面があります。ここで突如歌が響きわたるわけです。するとその二人が、スイス映画ですから高い山があるわけですが、何故か知らないけれど山の頂に行く。向こうにはアルプスの山がサアッと見えるわけです。そして、山の頂で二人が抱き合って大袈裟きわまりないアリアをたっぷり聞かせる。何故、不意にオペラの旋律が出現しなければならないのか、とても信じることのできない光景であるわけです。別にこれはミュージカルでもなんでもない。いったいその歌は何だろうなという気持があったわけですけれども、見たときはただ呆気にとられて聞き惚れているのみです。そして、あとで調べてみたら、その歌がこのコルンゴルトがウィーン時代に作曲した『死の都』というオペラのアリアであることがわかったわけです。世紀末的な雰囲気を漂わせたローデンバッハの作品をオペラにしたものです。

ところで、ダニエル・シュミットの作品に鳴り響いていたのがコルンゴルトの音楽だと知らされたとき、私は奇妙な時間錯誤による平衡感覚の失調を体験しました。コルンゴルトが死んで三十年近くも経っている東京で、彼の初期の旋律が流れる現代のスイス映画を見る。これはいかにも不思議な体験というほかはありません。それを可能にしてくれたシュミットは、たぶんたいそう映画的な記憶の豊かな人に違いない。ハリウッドがすっかりコルンゴルトの存在を忘れているとき、彼に映画的なオマージュを捧げたのが一人のスイス人であったことが映画史の無方向性というか横断性というか、そうしたものを想起させてなんとも快いのです。しかも、その音楽の響く場面がなんとも珍妙である。男がうしろから女に寄り添う。これはハリウッド映画の接吻とは異なる愛の記号です。女が背を男の胸にもたせかけるという姿勢で二人はひたすら歌を歌う。しかも、アルプスをバックに歌っているうちにうしろの空のほうに天使のような影がヒラヒラーッと飛んできて、──天使といってもご覧になればたんなる天使でないということがわかるわけですけど──横たわってジィッと下を見ている。なんだかルビッチのサイレント映画を見るような光景ですが、ここでは愛の成就を祝福している、というような場面になるわけです。しかもその愛の歌が流れた直後に、その美しい痩せた女性は男を裏切ってしまう。だからその愛の歌はまったく意味がないわけです。

この映画はそういった非常に奇妙な細部に満ちていますので、ぜひ見ていただきたい。たぶんみなさん方が知っておられなかったこのコルンゴルトという放浪の作曲家のヨーロッパとハリウッドでの運命にとりつかれている奇妙な男——つまりぼくですね。その講義をある土曜日に聴いてしまったという、その記憶がどこかに残っていたら、ぜひこの『ラ・パロマ』という映画を見てやっていただきたい。

『ラ・パロマ』の直前に作った『今宵かぎりは……』という映画があります。ことによると『今宵かぎりは……』のほうがキッチュ度はもっと高いかもしれない。非常に奇妙な話で、話は文学的な記憶のほうにつながると言うことが一応できるかもしれません。基本的にはスウィフトなんですが、つまり召使いと主人というテーマがあって、これは非常にヨーロッパ的な、ヘーゲル的なとも呼べそうなテーマでもあるわけで、その逆転というのをスウィフトの「奴婢訓」でやっているわけです。それに似た風習がバヴァリアにもあると知って、シュミットはその主題を即興的に映画にする。舞台は彼自身の祖母のホテルですが、それを貴族の館にみたて、一年に一日だけ召使いと主人たちが立場を交換する。したがってこれは徹底して演戯する役割の映画なんですが、そこに旅芸人の一座が訪れて『ボヴァリー夫人』を演じてみたり、たとえばその中に孔雀の羽根をまとった女の人が踊りを踊ったりするわけです。その踊りそのものは、いろんな映画に出てくるサロメの舞いです。ところが映画の中で孔雀の羽根を頭につけるというのは、これはすでに有名な例があるわけです——セシル・B・デミルの『男性と女性』という、一九一九年だったと思いますが無声映画があって、その中でグロリア・スワンソンという女優がそれを着て、熊だかライオンだかのぬいぐるみと一緒に踊るというのがあって、明らかにそれを踏まえています。しかも背後にサン＝サーンスの「白鳥」が流れているという、およそ馬鹿みたいな音楽を背景として踊りを踊るわけですから、これまたキッチュになっている。そして白鳥となった孔雀の羽根をつけたダンサーが死ぬときに、これまた有名な映画的なシーンを演ずるわけです。つまり、死にながら自分の顔を整えて、笑顔にして死んでいくわけです。これはグリフィスの『散り行く花』の最後でリリアン・ギッシュが演じた名高い身振りであり、最近ではゴダールの『勝手にしやがれ』の最後で、ベルモンドが自分の死に顔を笑わせながら死んでゆくところがありますが、それと同じことをそのダンサーにさせている。だからグロリア・スワンソンが出てきたり、『散り行く花』が出てきたり、ゴダールが出てきたり、そういったものがさまざまなかたちで混じり合い、ズレがズレを生むといった奇妙な作品です。コルンゴルトは登場しませんが、これもぜひ見ていただきたい。

それではここで、コルンゴルトがウィーン時代に作曲したオペラのいくつかと、彼がハリウッドで作曲してアカデミー賞をもらってしまった『ロビンフッドの冒険』をはじめとするいくつかの音楽。その二つを聞いてみると、はたしてこれは同じ人間の作った音楽なのかと思わず疑わずにはいられないのですが、まさに同じ一人の音楽家がこれほど異質な音を響かせてしまうという事実そのものが二〇世紀の面白さなのです。確かに、ウィーンのオペラ作曲家とハリウッドの剣劇の作曲家。これはどうにも説明のしようがなく違っているわけですけど、その違いの中に二〇世紀の文化の最も重要な問題――つまり自分の国にとどまって自分自身の音楽を作り続けることができず、自分自身を刻々と変容させながら世界の急激な変容に調和させてゆかざるをえなかった人たちこそが、今世紀の文化を支えていたのだということがはっきり出ているわけなので、その音楽をいくつか聞いていただくことにしましょう。

まず最初に、いまお話しした『ラ・パロマ』という映画の中に出てくるものです。これは一九二二年の「死の都」というコルンゴルトのオペラの中の一曲です。

（音楽が流れる）

いまこの歌を聞かれてどう思われるかわかりませんが、映画の中に据えられた場面、要するにキッチュとして出てくるわけです。つまりこのままの雰囲気が素直に受け入れられるわけではなくて、本来、曲が持っている雰囲気とは否応もなくズレたかたちで受け止められざるをえない。この作品自体がいいとか悪いとかいうことではなくて、画面とこれとが決定的にズレているところが面白いわけです。

映画とオペラとはながらく敵対的な関係にあって、いろいろな人がいろいろなことを言っています。もちろん、オペラが好きな監督たちもいて、たとえばヴィスコンティとかゼフィレッリのように実際にオペラを演出している人もいる。ロージーやベルイマンはモーツァルトを映画にしている。しかし、オペラのオペラたるところを音楽として評価するというよりは、一種のズレをそこに持ち込んで評価するということがあります。アメリカの前衛映画の作家の中に、有名なジョナス・

メカスという人がいますけれども、その人はくだらない映画をこきおろすとき、「オペラのように大袈裟で、馬鹿馬鹿しく」といつでもオペラを軽蔑して言うわけですけども、その馬鹿馬鹿しさが今度は積極的な意味をもって『ラ・パロマ』という映画の中で使われていた、ということを指摘しておきます。

あと彼のウィーン時代のオペラ、一九二七年に初演されたこの「ヘリアーネの驚き」を、有名なソプラノ歌手ロッテ・レーマンという人が歌ってるのを聞いていただきます。これをちょっと聞いて、それがハリウッドに行くと、彼の音楽がどんなものになってしまうかというのを確かめていただきたい。同じ人がこんな違うことをどうして作曲できるのかという感じをつかんでいただくために。

(音楽が流れる)

そもそも二〇世紀において、この手のオペラが長い生命を保ちうるものではなかったわけですけど、オペラ作曲家として一家を成したほどの才能を充分持っている人だというのが、だいたいおわかりになったろうと思います。それがハリウッドに行ったらどうなるか。最初に聞いていただくのが、一九四〇年の『シー・ホーク』という——これはマイケル・カーティスという、みなさん方が知っておられる作品としては『カサブランカ』という、これまたキッチュを目指すかに見えて大真面目な映画がありますけれども、その監督が撮った海賊映画です。この人もハンガリー出身で、彼はかなり前からハリウッドに来ていましたけども、活劇あるいは剣劇、あるいは西部劇とあらゆるジャンルで活躍した人であるわけです。これは一六世紀を舞台にしたエロール・フリン主演のものであって、勇ましい活劇がこれから始まるというイメージがはっきり見えるものです。

（音楽が流れる）

というわけで、まさに活劇がこれから始まるものだという雰囲気が華々しく予告され、しかもロマンチックな恋もあろうという四〇年代のハリウッドの伴奏音楽の基礎になったようなものです。これと完全に同じものではありませんけども、『スター・ウォーズ』のジョン・ウィリアムズがいかにコルンゴルト調を模倣しているかをちょっと聞いていただきたい。

（音楽が流れる）

どうでしょうか、ほとんど同じ人が作曲したもののように聞こえますね。導入部の調子が同じですし、その後に続く愛のテーマみたいなものも同じです。それは別に、ジョン・ウィリアムズがコルンゴルトを真似しているというわけではなくて、彼が、ハリウッドにこのような音楽の伝統を作ってしまったというわけです。ところが五〇年代から六〇年代にかけてこの手のオーケストレーションによる映画音楽の伝統がいったん消滅し、七〇年代に入って、剣劇的な要素の強い『スター・ウォーズ』が作られたときに甦った。さっきは『シー・ホーク』の音楽を聞いていただきましたけど、細部はともかくとして全体の調子が、こんなに類似していいのかというくらいに似ている。ただしそれは、ジョージ・ルーカスたちは明らかにコルンゴルト的にやろうと意識的に考えて、あえて似ている音楽を作ってもらっているわけですね。そこには映画的な記憶の再認識というものがあり、またコルンゴルトに対するオマージュも含まれているでしょう。あの『スター・ウォーズ』がとりわけ優れた映画だとは思いませんが、しかしこの人たちはなかなかやっているな、自分の国の映画の豊かさを充分に意識する余裕があるんだなといった程度には関心させられます。何も知らない人たちは『スター・ウォーズ』のジョン・ウィリアムズの音楽を何か新しいものと思うかもしれないが、これは、いわば引用行為だと言えると思う。コルンゴルトの中でも、エロール・フリン的活劇の音楽を引用するようなつもりでジョン・ウィリアムズに作曲を依頼しているところが、許せるのです。

こうしてコルンゴルトの作家生活の二つの局面が、一方はスイス人ダニエル・シュミットにより、いま一方はジョン・ウィリアムズを通したルーカスによって現代に甦る。アメリカのスクリーンにメンデルスゾーンが鳴り響いてから四十年後に、こうした試みが期せずして起るというところが二〇世紀を代表するジャンルとしての映画の面白さだと言えましょう。戦争や社会的変動によってコルンゴルトの音楽の質が二つに分かれてしまっていながら、しかもその両方が間違いなく彼のものだということが、いま、再確認できるのです。

二〇世紀の文化を見ていくとは、ある意味では、そのような二重化をたえず作り手たちに強制せざるをえないような現実が社会的、歴史的に存在していたことがわかる。ドイツ時代のラング、ハリウッドのラングなどと人が言うとき、それはけっして他人事ではないのです。あるいは、あえて黙ってしまいその二重化を自分自身に禁じた人もいるかもしれない。また、こうした二重化を絶対的に避けようとしていた強靭な作家たちがいなかったわけではありません。けれども、典型的な形で二〇世紀を生きてしまった人の中にこの両極性みたいなものを探してみると、コルンゴルトの中に生なましくそれが感じとれる——一方はウィーンのオペラ作家としてのコルンゴルト、もう一つはその伝統が『スター・ウォーズ』まで続いていくハリウッドの映画音楽の作曲家としてのコルンゴルト、その二つが互いに否定し合うことなく、いまも生きているのです。

最後にコルンゴルトの非常に悲しいエピソードを一つお話ししておきましょう。ハリウッドは、ちょうど一九三五年ごろに、これから売り出そうとする美しい役者たちを沢山発見していきました。その中にドロレス・デル・リオという――これも無声映画時代からハリウッドで活躍していた、メキシコ系の美しい女優がいます。コルンゴルトはハリウッドに着くなりその人に一目惚れするわけです。あんな美しい人は見たことがない。彼はその人にいろいろと囁くようなことを言うわけですが、なにしろ英語が話せないので全然相手にしてもらえない。結局ふられてしまう。そして、その悲しい体験が直接の原因になって、この亡命作曲家は次々に新しい女優に接近してゆくわけですが、これがまったくうまくいかない。その点でも、亡命芸術家の悲哀みたいなものを、彼は異国での外国語による恋愛においても感じなくてはならなかったという、悲しい一席でございました。

『南海の劫火』(キング・ヴィダー監督)出演時のドロレス・デル・リオ

第Ⅳ講　三人の作家

小津安二郎／F・トリュフォー／鈴木清順

小津安二郎1
『麦秋』をめぐって

1

小津安二郎は、みなさん方ご承知だと思いますけども、一九〇三年の一二月一二日に生まれまして、一九六三年の一二月一二日に死んでおります。計算するまでもなく、そこには完璧な六十という数字が出てまいります。誕生日がその命日でもあるという非常に特異な方であります。しかもそれが、やたらな誕生日ではなくて、六十歳めの誕生日に亡くなるという、凡庸な人間にはとてもできない優れて特権的な死に方をなさった方です。普段私は、伝記的な事実というのはあまり重視しない者でありますが、この事実だけはどうしても無視することができない。一二月一二日、そして一九〇三年、一九六三年。つまり還暦の年の誕生日に亡くなったわけですから、十二支というかたちで考えられている人間の一巡りというものをこれほどみごとにやってのけてしまった人はいない。あんなにのんびりした顔をしていながら、実にそこらへんの計算がみごとであって、偶然とはいえ、そのことが私の心を打つような気がいたします。ところで一九六三年の一二月一二日という日のことを私は非常によく覚えております。実は一二月一二日ではなくて、小津が一二月一二日に死んだということを新聞で読んだ日のことでありますが、たまたま私はその年フランスに滞在しておりまして、ある公園の中でとある夕刊紙を広げましたところ、日本の作家小津死ぬという見出しが最後のページに出ておりました。で、あ、小津が死んでしまったというふうに、何か非常にとりみだした気持がいたしましたけれども、そのときの印象というのがいまだに残っていて、結局そのとき妙にとりみだしたことが、私に小津安二郎論というような、私がはたしてそんなことを書く資格があるのかどうかわからない、そんな書物を書かせることになってしまったのです。このことは、いろいろな折に書いたりしておりますが、そのときの記憶がなければ私の『監督 小津安二郎』という書物は絶対に存在しないので、改めてお話しさせていただきました。

小津安二郎監督

　小津の完璧なる六十歳というイメージ、これが一方にあるわけですけれども、そのときたまたまフランスに滞在していたというのは、私がいま一人の一二月一二日生まれの男にとりつかれていたということがあります。一二月一二日というのは星座のうえではサジテールつまり射手座ということになりまして、この星が、何か私と深い関連があるのではないかと思います。一八二一年の一二月一二日生まれの一人のフランスの小説家がおりまして、ギュスターヴ・フローベール、レアリスムの確立者とか自然主義の作家というふうに言われております。実は『ボヴァリー夫人』を書いたその作家の研究のために私はフランスに数年暮しておりました。そこで、その作家の誕生日に、それからほとんど八十年後に生まれた一人の日本の映画作家の死を知ったということになります。一二月一二日という日が、したがって私には何か、非常に均整のとれた、一二月一二日でもなければ一二月一一日でもなく、一二、一二と並び、そしてその一二、一二というのが、何か六の何倍であるというような、そしてそれがまた六十歳という小津の生涯というものと何か関係があるような気がして、一二月一二日という日に、ひどく感銘しております。一二月生まれの作家、洋の東西における小津安二郎とギュスターヴ・フローベールというこの二人の人間、その同じ誕生日を共有している小説家と作家とに私が非常に惹かれたということがあるわけですけれども、だいたい私がさまざまなかたちで興味をひかれていく人は、何故か一二月生まれが非常に多い。たとえば、フランスの映画作家ジャン＝リュック・ゴダールは一二月三日生まれで、やはりそのへんの星が私を惹きつけているのではないかというふうに考えております。ただし、こう考えてまいりますと、みんなこれは男性であって、女性の星というのはどのへんとひき合うのかそのへんはまだ私によくわかっておりませんけども、男性のある種の創造的な人間に関しては、一二月生まれ、とりわけ一二月の一二という日の周辺に生まれた人と私との間には、深い関係があるように思っております。

今日みなさんがご覧になる『麦秋』という映画は、一九五一年の作品であります。ただし、私がいま小津に関して非常に興味を持っておりますのは――もちろんこの『麦秋』という映画も非常に好きな映画で、おそらく小津の最大の傑作の一つだと思いますが――実はちょっとそことは違った問題にひかれておりますので、そのことからお話ししたいと思います。それは『東京物語』という映画であります。『東京物語』も小津の傑作というふうに言われております。私は『東京物語』よりは、この『麦秋』のほうが、ある意味で優れているというふうに思いますけれども、これは好き好きでありますます。ただし、私がいまひかれているのは『東京物語』という映画であって、しかもその『東京物語』の二つめのショットは何かということに関して、頭を悩ましてる毎日であります。と申しますのは、映画を見た、あるいは映画を見るということに関して、われわれは非常に雑駁な概念しか持っておらず、たとえば『E．T．』を見たという場合ですね。『E．T．』を見たならば『E．T．』を見た、その『E．T．』という映画の最初のショットから最後のショットまで覚えてますかと言うと、誰も覚えてないわけです。『E．T．』を見たというのは、『E．T．』を上映してる映画館に行って、漠然といくつかのイメージを見たという程度のことでしかないわけです。ですから、映画を見たということに関してのわれわれの申し合わせというのは、かなり曖昧なもので、途中眠っていても見たということになりますし、それからまた、見るはしからそのイメージを忘れていっても見たということが言えてしまうわけです。けれども、小津の場合には、見るはしから忘れてしまえるようなイメージの連鎖としては、映画が出来ていないわけですね。一つ一つのイメージというものが、まあ気持のうえで丹精込めて撮られているということもあるし、同時に小津の映画における、その視線の位置、あるいは画面構成というものが、その都度これを忘れてしまっては次に続かないような映画になっております。

そこで、特に小津に関しては、どのショットのあとにどのショットがくるかということが非常に重要なことになるわけでありますが、『東京物語』の第二番めのショットというもの、これは私の記憶の中では、尾道という都市がありまして、この尾道の都市で、少し小高いところから、けっして俯瞰ではなく撮られた一つのショットに続いて、明らかに船着き場と思われるところで、その船着き場の屋根を配し、それから船着き場の屋根を支えている柱を手前に据えた、いくぶん低くから撮られたイメージであったんです。そしてそこに人が沢山いる。ポンポン蒸気と言いますか、船のエンジン音が聞こえてきて、そこに船がずうっと入ってくる。これが『東京物語』の二つめのイメージだと、ながらく私は思い続けておりました。いまでもそう確信していますが、いくぶんかそれが揺らいでいるということです。

というのは、『東京物語』の最後で、東山千栄子が死ぬ場面があります。これもご覧になった方は覚えておられると思いますが、その東山千栄子が、危篤に陥って、そしてゼエゼエとほとんど息を、非常に苦しそうな息を吐いている画面というのがあって、その次の画面に、冒頭の二つめのショットで見た、船着き場の光景というのが、無人のかたちで示される。導入部では乗客でにぎわっていたその同じ光景が、朝の光の中でつめたく浮き上がる。しかもそれが縦の構図で捉えられているので、視線がそこに吸い込まれていきそうな透明感がみなぎっている。これは非常に感動的な素晴しいイメージだと思います。そこで私はこの小津の『東京物語』という映画の一つの特権的なイメージとして、船着き場を縦に捉えたイメージというのを記憶しているわけで、それを中心に一つの論を展開したところ、編集の方が原稿を読んでおられて、つい最近上映された『東京物語』で確かめられたところ、冒頭にはそんなショットはありません、と言われたわけです。私には、しばしば映画の記憶というのを壮大に歪曲するくせがありますので、あ、また歪曲をしてしまった、あるはずのない画面を自分の中で作ってしまい、そして、それで辻褄の合う映画論を書いて喜んでいる駄目な男だというふうに、そのとき悩みに悩みまして、一晩考えて、しかしどうしてもその最初に、第二番めのショットに出ていたものが、最後の東山千栄子が死ぬ場面で、まさに人気のないイメージとして、早朝のイメージとして、パッと縦に出てくる、だから凄いのだという、その考えを捨てきることができなかったわけです（一四七ページ参照）。

そこで、その悩みを晴らすべく探索が始まるわけです。まずもう一度やっているところで、それを見てみる。それからまた、最近はビデオというのが発達しており、小津安二郎の『東京物語』であれ何であれごく簡単にホイホイ見られる状態にありますので、ビデオで見る。それから、小津の『東京物語』の全ショット集（『小津安二郎　東京物語』、リブロポート刊）というのを作るために松竹から借りたプリントをもとに撮りながら再現するという仕事をしておられる写真家の方に伺って、二つめのショットとして何をお撮りになりましたかと言うと、その船着き場の場面は存在しないわけですね。そこでますます私の悩みは深まるわけです。完全にこれは私の間違いであったと結論するほかはなく、その部分の文章を書き直し、冒頭で出てきたあの船着き場が、東山千栄子の死のシーンで早朝のイメージとしてふたたび縦の構図で示されるという部分を書き改めたわけなんですが、ちょうどたまたまこの『麦秋』という映画でも——それからまたほとんどすべての映画ですね——戦争中から小津のキャメラマンになられた、厚田雄春さんという方に、いろいろ資料などを見せていただくうえで何度かお会いしているうちに、「あ、それなら『東京物語』の最初の部分を撮った一つ一つのショットを私が全部持ってるから、それを見せてやろう」というふうにおっしゃって、そのネガを借してくださったわけです。そして、その厚田さんの記録に従って二つめのショットというのを再現してみると、まさしく私が記憶していた二つめの、朝の非常にあわただしい雰囲気の船着き場のショットが間違いなくポンと二つめにあるわけです。私は間違っていなかったということになるわけです。私は、自分の記憶の確かさに改めて自信を持つことになりました。ただし、どうしてそれが消えてしまったのか。つまり、いま『東京物語』として出回っているビデオにもそれはついていない。それから、いま『東京物語』として上映されている映画にも、その二つめのショットは——全部のプリントを見たわけではありませんが、やはりないわけです。また、松竹がそのリブロポートという本屋さんに貸し出したプリントにもその二つめのショットは入っていない。つまり、ショットが消滅してしまったわけです。しかし、磨滅したわけでもなく、どこかで切られてしまった。厚田さんは、松竹という会社は、いつでもそういうことをやりますというふうに言っておられるわけですけれども、はたして今日これから見る『麦秋』にも、なにしろ松竹という会社のことですから（笑）、いくつかのイメージがなくなってしまっているのかもしれません。つまり、映画を見るというのは、ある映画を見に行って、それを見ていた場合に、本当に作られた映画そのものをわれわれが見ているかどうかはわからないというわけです。そこで、映画を見るためにはやはりどこ

『東京物語』冒頭の三ショット

『東京物語』母親の死の瞬間に反復される三ショット

かに途方もない記憶の持ち主がいてくれないといけないわけです。今日見た『東京物語』は本物ですという、よく昔はご老人がおられて、真偽を見極めるのに非常に優れた方がおられて、壺を見て、「お前、この壺はいくらなんでも偽物だよ」というようなことをポッと洩らす方がおられたわけですけども、いまはいなくなってしまった。とりわけ映画に関しては、『東京物語』が上映されているというような新聞記事を見ると、みんながそのまま駆けつけて行ってしまって、見終った映画が『東京物語』だと思ってるんです。ところが現在上映されてる『東京物語』は、『東京物語』ではないわけです。そういうことがいま私を一番惹きつけている問題で、本当にわれわれは小津を見ているのだろうか、小津の映画を見ているのだろうか、松竹が手を入れてしまったものを小津の映画だと思って見続けているのではないだろうかという、そんな気持が非常に強くしてるわけです。

そのような、つまりこれは本物だということに関してわれわれは非常に曖昧なかたちでしか映画を認めていなかったということなんです。そのことの反省が、いろいろなかたちで私が映画について考えたり、それから映画についてものを書いたりする場合に、出てきております。みなさん方も、この映画が本当に本物の小津の撮ったものなのか、それとも松竹が短くするためにホイホイ切ってしまったものであるか、見せられればそれがその映画としかわれわれは信ずるほかはないので、いつか本物を見ていなければいけないという感じがいたします。

これはもうお話ししてもいいんだと思いますけど、実は『東京物語』のオリジナル・ネガは、上映される前に焼けちゃって存在しないんだそうです。これは、やはりキャメラマンの厚田さんが声をひそめておっしゃったことなので、最初に収録したインタビューには載せておりませんが、『東京物語』は上映前に、オリジナル・ネガが現像所の火事で焼けてしまったんだそうです。したがって、いま『東京物語』として見ているものは全部ポジから引き伸ばした映画であって、いつもの小津作品とは違うわけです。ポジから引き伸ばしますから、どうしても画面が荒れてしまう。ところが、『東京物語』というのは、小津にとっての最後の黒白映画になるかもしれないというのでキャメラマンの厚田さんは精魂込めて撮られた。それが上映される前に焼けてしまった。これはながらく企業の大秘密であったわけです。いまやその秘密もやっと解かれた状態になりましたけど、とにかくほとんどの記録を見ますと、ネガ及びポジは現存するというふうに書かれてあります。たとえば、いまでも簡単に買えるドナルド・リチーの『小津安二郎の美学』（フィルムアート社刊）という本がございますが、その『東京物語』のところを見ると、ネガもポジも存在するというふうに書いてありますが、実はネガは存在しない。したがって、いろいろなかたちで松竹が切り刻み始めると、もう元のものをほとんどわれわれは見ることができなくなるという非常に困った状態にあるわけです。

そこで、今日これからここで上映される『麦秋』という映画ですけども、これも本物であるかどうかわからない。私も全部のショットを覚えてるわけではないので、本物の『麦秋』を見たかどうかという、これから上映されるのが本物の『麦秋』であるかどうかということを自信を持って申し上げることはできないし、たぶんこの映画は違うんじゃないかということを自信を持って言うことのできる方もあまりおいでにならないのではないか。したがって非常に曖昧なかたちで、『麦秋』と呼ばれているところのものを、それとして一応見るというのが今日の会だというように考えていただければよかろうと思います。

そんなむずかしいことを言う必要はないじゃないか、少なくとも小津が『麦秋』として撮ったものが残ってるんだから、それを見ようじゃないかという考え方もこれはまったく成立しないわけではありません。残っているかぎり、それを見るにこしたことはないわけでありますが、先ほども言いましたけれども、小津はとりわけ一つ一つのショットのつながりというものを非常に重視した作家であります。どのように重視していたか。これはさまざまのことが小津の画面に関しては言われております。たとえば、小津作品には非常に動きというものが少ないですね。いまではごく簡単に使われているズームのようなものはもちろん存在しませんし、この中には確か移動は数個所あったと思いますけれども、クレーン撮影もほとんど存在しておりませんが、この『麦秋』の中には一個所クレーン撮影があります。もっとも、このクレーンに関しても、小津監督がクレーンに乗っている珍しい写真があって、『小津安二郎――人と仕事』（蛮友社刊）の中では「『晩春』撮影中」というキャプションがついている。しかし、これは間違いで『麦秋』だと思います。その点では、小津が第二次大戦後に撮った映画の中でクレーン撮影が存在している唯一の映画だというふうに考えていただければいいと思いますが、そのように小津に関しては、あれがないこれがないというかたちで、小津の映画的な特徴をさまざまに言っておりますが、その場合に、何をどのようにつなげるかということが小津の最大の関心事であったので、ちょっと一つの画面がなくなってしまうと、これはほとんど画面のリズム及び物語という画面の連鎖、それから全篇のリズムというものが死んでしまうわけです。そこで、いまのようにちょっと瑣末主義と思われるかもしれませんけれども、はたしてこれが本当に小津の映画であるかどうかはわからないといちいち強調しなければなりません。映画というものは、小津作品のように、作者の完璧な統御のもとにあるものでも、いったん上映が始まるといつでも消滅の危機にさらされた、なんともあぶなっかしく、もろいものなのです。

わからないと言いますと、この映画には、いまだに何度見ても、おそらく私は二十回くらい見ておりますが、どうしてもわからない画面があるので、みなさん方も一緒に考えていただきたいと思います。そのわからない画面というのは、もう何度も見た方はご存知かと思いますけれども、この映画の中ほどで、近くに住んでる杉村春子が、この映画の舞台であるところの菅井一郎と東山千栄子がいる家に訪ねてくる場面です。その場面で東山千栄子と菅井一郎がこの物語には登場しない一人の死者の話をいたします。つまり彼らにはもう一人子供がいる——長男は笠智衆でありますが、次男が、満洲ですか、中国ですか、戦争に行ったまま、死んだかどうかさえわからない。したがってまだ生きてるんじゃないかというふうに東山千栄子が言う場面なんです。そして、だからいまだに「尋ね人」の時間なんかを聞いていますというところで、昭和二六年というこの映画が作られた時代色が強く出てくる。小津は、戦争を描かないと言われておりますが『秋刀魚の味』にいたるまで、その痕跡といいますか、不吉な影のようなものを一貫して語っています。私などここでは『戸田家の兄妹』の国民服姿の佐分利信のことを、つい思い浮かべてしまうのですが、不在という主題として戦争が色濃く影を落していることは見落しえないことだと思います。お若い方々は「尋ね人」の時間などというのはもうご存知ないでしょうが、私の若かりしころに聞くとはなしに耳にしていた番組——ここにおいでのある年齢以上の方々も、「尋ね人」というNHKの長い長い番組を、覚えておられると思いますが——、そのことに言及しております。菅井一郎の父親は、いや、もうあの子は死んだんじゃないかと思うというようなことを言いますね。そのときに、東山千栄子とそれから菅井一郎とが、廊下のほうに二人で同時に目をやる場面がある。その次のショットであります。その次のショットに、矢車の乾いた音とともに鯉のぼりがハタハタとはためいている場面が出てまいります。これは実に感動的な場面です。にもかかわらずこのショットがわからないわけです。まったくもってわからない。何故わからないかというと、まず東山千栄子と菅井一郎がふっと目を上げたほうには塀《へい》があるはずで外は見えない……。見えないとしか思えない家の構造になってます。したがって彼らが見ているものではどうもなさそうだということが考えられます。ところが、彼らは何かを見ているように二人してある方向に目を向けている。しかもその視線を受け止めるかのようにカラカラという鯉のぼりの、矢車が回ってる音が聞こえ始める。したがって、そのときに彼らはいまカラカラと音を立てている鯉のぼりを見るように視線を上げるわけですが、しかし、鯉のぼりはそこからは絶対に見えない。とすると、その鯉のぼりは彼らが見ているものではないのかという疑問が出てまいりますし、次にくる画面は笠智衆が友達の宮口精二の家で碁をさしています。その日につながるわけです。したがって時間経過を表す一つのイメージなのかもしれない。つまり、そこのところは、私には画面のつながりがまったくわからないわけです。鯉のぼりは、老夫婦が見ているものなのか、それとも彼らが見ているものとは違ったもので、ある五月の晴れた日ということをイメージするために、カラカラと回っているのか。だが、時間経過を示すだけなら、どうして二人の視線があのようにピタリと一致するのか。小津の映画は、つねに非常に平易な主題を語っておりますけれども、そういうところで小津のあるわけのわからなさというものが、ごく当り前のかたちでフッと入ってきてしまう。それも画面のつながりというかたちによって、出てくるわけです。

小津は画面と画面のつなぎということに非常に注意を払いました。ただしこれが必ずしもスムーズに画面がつながっているというわけのものではないわけです。実は物語のうえではけっしてスムーズではないわけですね。そのスムーズではない最大の原因というのは、小津が映画の中で——いわゆるイマジナリー・ラインの法則というものがありますが、これを一切無視しているということから起っています。映画で二人の人がお互いに相手を見つめ合っているときには、これは当り前なことですけれども、二人の見つめ合っている人間の同じ側に、というのは、見つめ合っている人間のそれぞれ向かって左手と右手とにカメラを置いて交互に示すというのが、一番ふつうのやり方ということになっています。ところが、小津はそれをやらないわけですね。それをやらないので、なかなか人間が本当に見つめ合ってるようには見えないということです。

つまり、最初の人物がやや左を向いていれば、次の人物はやや右を向くように撮る。これが原則なのですが、小津の場合は、一人めが視線をやや左に向けていると、二人めもやや左を見ている。彼は、一貫してこうしてつないでいったわけです。

これについては、いろいろな説がありますが、キャメラマンの厚田さんの説によりますと、これをたとえばテニスをやっている人間の場合、ふつうの撮り方だと、なるほど二人は向かい合ってボールを打ち返し合っている感じは出るでしょうが、ラケットの大きさがはなはだしく違ってしまう。二人の同じ側にカメラを置いて撮ると、一方のラケットは手前だから大きく、いま一方は向こう側だから小さくなって、それをつなげた場合の均整がはなはだしく崩れてしまう。だから、小津の場合は、物語の本当らしさを犠牲にしても、画面の構図の均整を保っていたということになるのです。

役者たちにしても、誰もが誰もみな同じ大きさの顔をしているわけではありませんから、本当にそのとおりに撮っていくとすると、たとえば原節子の顔の大きさと、佐分利信の顔の大きさは違うわけですね。したがって、原節子と二本柳寛が向かい合っているときには、男のほうを三フィートの距離から撮ったとすると、女のほうは二・五フィートにすることで、交互に示される画面の均衡を保つことになる。厚田さんが貸してくださった『お茶漬の味』の記録を見ますと、例の佐分利信が下品にお茶漬をかっこむ場面では、正面にいる木暮三千代との関係は六十四インチ、佐分利信では七十二インチという距離になっています。

小津の映画に非常によく出てくるビール瓶の場合、それが画面の手前にくるときは小瓶を、向こう側にくるときは大瓶を置くのだということを厚田さんから伺いました。したがって映画というものが、いかにウソからウソというものをひっぱり出しながら撮られていったかということがわかります。われわれはビール瓶を同じものだと思っているけれども、実は、助監督がホイッと大瓶を小瓶に替えてしまっても、われわれは同じビールだと思う、ということですね。

そのように、先ほども申し上げましたが、小津の場合には、次の画面との間に大きな落差が起らないように、画面の上で顔ならば顔の輪郭が同じ大きさになることが求められている。これをちょっとむずかしい記号学的な言葉で言うと、小津の映画は、シニフィアンの連鎖からなっていて、シニフィエの統御から自由な作品だということになります。つまり、物語の本当らしさの維持よりは、具体的な画面の論理に作品が従っているのです。これは、たんなる美意識の問題ではありません。絵画的な構図の美しささえ排した、純粋に映画的な冒険なのです。

では、小津の画面の焦点はどこに合っているか、もちろん、人物の目です。しかし、たんに目にレンズの焦点を合わせるといっても、これを機械的にやったのでは画面はつながらない。彫りの深い人と平べったい顔の人がいますから、そのまま撮ったんでは、目の窪みに影が出たりする人がいて画調が整いません。厚田さんのお話では、三宅邦子の顔が一番ピントが合わせやすく、田中絹代はぽっちゃりしていて、むずかしかったそうです。原節子のように彫りの深い人の場合は、そこで、正面から細い細いプロジェクターのようなもので――これをキャッチと呼んでいたそうですが――目のところだけに照明を当てる。それで目の窪みの影を目立たないようにしたのだそうです。

こうした話を厚田さんに伺っていると、その度ごとに、小津に対するイメージが一つ一つ変わってくる。キャッチというようなものを目の前に固定して、それで動かさずに撮ったというのは、はじめて聞きました。そんなことがあったのかと、まったく驚いてしまったしだいです。そのようにして一画面一画面を撮っていった人の画面が一つ消滅してしまったら、これはすべての均衡が崩れるわけですね。その均衡が崩れないために――あるいはあえて均衡を崩す場合も小津にまったくないわけではありませんけれども――物語の筋を追っているだけでは本当の小津が見えてこないということがあるのです。

2

ところで、『麦秋』という映画は物語のうえでも、非常に感動的なエピソードをいくつもはらんでおります。おそらく第二次大戦後の小津の映画の中で「家族の崩壊」という主題が描かれた最初の映画です。この「家族の崩壊」という小津のテーマに近いものは、すでに戦争中に『戸田家の兄妹』という映画が撮られておりますけれども、その『戸田家の兄妹』に続いて、一九五一年に、小津はその「家族の崩壊」つまり、ますます核家族化していくという現代の社会情勢をふまえた、あるいは予言するようなかたちでの映画を撮っている。その家族の離散ぶりというのが、やはり非常に感動的に捉えられております。

ただし、だからといってこの物語だけによって、この映画が傑作か、というと実はそういうわけではない。家族の問題というのは、文学のうえでも、それからさまざまな領域で語られております。ただ、それがどんなきっかけで、何をもとにして崩壊していったか、あるいは崩壊せざるをえなくなったか、あるいはその崩壊に当たって、どんなことを小津が映画的に描き上げているか、それが非常に重要になってまいります。

ここでは、いくつかのことが指摘できるかと思いますけれども、いろいろなところにその主題論的な力を波及させているこの映画の重要な点——と言いますか、私がそういうことを想定することによって、この映画がよく見えてくる一つの点——をお話ししておきたいと思います。

それは、この映画の最初の画面、画面には海が出てくるわけですが、そうではなくて実際に言葉が交わされる最初の画面は、朝ご飯の状況です。これから、原節子が東京の事務所に出発し、やはり、笠智衆が東京の病院に出発し、二人いる子供の一人が学校に行く。みんながせわしなく朝ご飯を食べる情景から始まります。そこは、一方で非常に懐しいある種の日本の家族の朝の光景が描かれていると同時に、この映画の中における食べることの主題というものが最初からここに出てくる。完全なかたちで示されている。そして、「家族の崩壊」とは、視覚的にいって、この食卓を共有しえないという事態として物語に導き入れられる。

この映画は「食べること」で始まっている。ここで食べ方というのは非常に日常的な、いっさい、儀式性を排した食べ方である。実は、朝食以前に、菅井一郎が鳥に餌をやっている二階のショットもあるわけですが、後半、彼が鳥の餌を買いに外出して、踏切りの前に座って空に目をやる素晴しい場面があり、そのとき彼は娘の結婚を思い、大和に引きこもることを決意しているのですから、鳥に餌をやることさえが、物語と深くかかわっているのです。ところがそのあとに、さまざまなかたちで食べることがこの映画の中でくり返され変奏される。あるいはギャグとして。ギャグというのは田舎から出てきたおじいさんに、キャラメルをやるとおじいさんは紙をとらないでそのまま食べちゃう。「羊みたいだね」と言ったかどうかは覚えてませんけども。子供がそうして、高堂国典のおじいさんをからかう場面があります。この、大仏の前で展開されるのどかな情景には、原節子の年齢も絡んだり、杉村春子も登場したり、高堂老人の「ああ、いい天気じゃ」で終ったりして、深刻な話は何一つないのですが、何故か忘れえぬイメージに収まっています。

その場合に、われわれはキャラメルを食べるおじいさん、紙をむかないで食べてしまう高齢の老人というのを一つの愉快なギャグとして見るのですが、これは、同じくおじいさんの菅井一郎からアメをせしめて、「おじいちゃんなんか大嫌いだよ」と叫んで逃げてゆく孫息子のエピソードとともに、微笑みながらも、なにかのっぴきならぬことがそこで演じられているような思いにとらわれます。しかし、小津の素晴しさはそれが深刻な反省へと人を導かず、とるにたらない細部であるかのように、なんとも軽妙に示されていることだと思います。こうしたギャグにとどまらず、さまざまなところでこの物語は食べることによって支配されている、ということがみえてきます。最初は朝食の光景でしたが、その次に食べる場面というのは、笠智衆と三宅邦子が原節子をともなって天ぷら屋へ行くという場面であります。その天ぷら屋でもまた、女性が男性に対して力を持ちすぎた、といったような会話が交わされるわけですけども、笠智衆の融通の利かない生真面目さを女たちが軽くあしらい、なんとも面白い。その後さまざまなかたちで「食べること」がこの映画には出てきます。たとえば、原節子が帰りに買ってきたショートケーキですね、これを「まあ、おいしい」と言って食べていた兄嫁の三宅邦子が、それが千円でしたか九百円でしたか、とにかく当時としては非常に高いと聞いて、すっかりたまげて、顔がすっかり変わってしまうわけですね。

主婦として、財布を預かっている以上、そうなるのは当然かもしれませんが、しつっこいように、三宅邦子は「高すぎる、高すぎる」ということをくり返す。その顔の変わり方の感動というのも見ていただきたいと思いますけれども、そんなふうに食べるところがしばしば出てまいります。

映画である以上、食べることが出てくるのは当然なのですが、何かそのような食べることを通じて、家族の一人ひとりの性格が明らかにされてゆくうちに、知らぬまに家族が崩壊してしまったという印象を持つわけです。実際に、その食べることが一つ一つ物語のうえでここでこのような崩壊を導いたというようなことは指摘できませんが、たとえば原節子が、ついにある一人の人間（二本柳寛）と結婚しようとする。そのような決意を下して、そのおかあさんであるところの杉村春子に、結婚してもいいわ、というようなことを言うと、いきなり、杉村春子が、これも相好を崩してというんでしょうか、すっかり顔が変わってしまうわけですね。そして嬉しいね、というようなことを言うかと思ったら、「アンパン食べる？」と、いきなりアンパンということを言う。原節子は黙って笑っているだけですが、これも非常に感動的であります。こうしたときは、画面そのものがなんとも生き生きとしている。

で、どうしてそのように食べることが問題になるのか。小津の映画の中では、視覚的な記号ではなく、つまりみんながおいしそうに食べているものを、一つ一つ画面のうえでは見せることなく——というのは、小津の画面というのは、ご承知のように低い位置からロー・アングルで撮られておりますから、テーブルの上の料理はあまり見えないようになっているわけですね。確かに、天ぷら屋のところでは、ぼくは絶対見えないと思ってましたら、ある人が見て、確かにあそこに天ぷらがとりわけられていたということを言うので見えるんだと思いますが、実際に、あまりテーブルの上にあるものを、視覚的には見せないで、そして必ず聴覚的な記号としてたとえば、原節子がお新香を食べるそのコリコリという音とか、お茶漬を食べるサラサラという音とか、そのような聴覚的な記号、あるいはアンパンという突然のせりふとして、そして確か天ぷらを食べるところでも、「これ何?」というようなことを三宅邦子が聞いて、ハマチでしたかシャコでしたか、そういった言葉としてフッと洩らされているにすぎません。高堂国典が紙ごと食べるキャラメルにしても、それが子供たちのせりふで知らされないかぎり、キャラメルとはわかりません。だから、何が食べられているかはさして重要でない。菅井一郎と東山千栄子が博物館前に並んで腰をおろす有名なシーンでも、老夫婦は、何かを袋からとり出して食べている。何だかわかりませんが、とにかく食べている。

小津の主人公たちは、けっして途方もない大食漢ではないし、異様な食欲の持ち主でもありません。また「家庭の崩壊」という主題と、こうしたものを食べる場面とは直接の関係はない。にもかかわらず、こうした細部には、無視しがたい豊かな映画的な拡がりが感じられる。せりふを一拍遅らせるリズム、深刻さを回避するギャグ、音響効果の繊細さが、主題の観念的な図式化をいたるところで妨げています。視覚的な記号ではなく、むしろ聴覚的な記号で示される食べることの主題が、こうしてどんどん積みかさなっていくことによって、いつのまにか家族が崩壊していってしまう。そんな奇妙な印象を持つ映画です。そして、家族が散り散りになる前夜の会食の場面になるわけですが、ここでも「おいしかった」というせりふが満足感を示す以外は、食事の光景はいっさい示されない。そして、便意を催した末の息子が大袈裟に食卓を去ることで、小津は別れの夕食、つまりは最後の晩餐の儀式性をさらりとかわしている。夕食がすでに終ってしまったものとして示されるでしょう。こうして、メロドラマに陥ることが聡明に避けられているのです。実際にこの映画の感動的なこと、どこが素晴しいか、あそこが素晴しいから見てください、これがいいんですよ、というふうに言ってしまったんでは、みもふたもありません。いくつか、いまみたように主題とは異なる細部についていろいろ申しましたけれども、実際には、素晴しい画面というのは、しばしば、そうした細部の中に出てまいります。

ほかの作家であればいろいろ苦労して撮るような別れの場面がこの映画には描かれていません。では家族は何によって崩壊するのか、最後にみんなで記念撮影することによって、それぞれの家族がさまざまな場所に散っていくのです。これまた非常に素晴しい場面です。ふつうは、さまざまな場所に親子が散っていく、それからお父さんとお母さんが故郷に帰る、それからまた、子供たちがどこかに転任する。そのようなかたちで、転任するからその前に、あるいは故郷に帰る前に、みんなで記念撮影をしましょうというのが、日常的な順序というものですが、この映画を見ていると、なんだか記念撮影を撮ったから、みんなが散り散りになってしまったというように、唐突に記念撮影というものが行われてしまう。事実、小津の映画では、記念撮影はいつでも別れの儀式として出てまいります。* その記念撮影のあとの『麦秋』のリズムは、それこそ一画面一画面、味わうように見ていただきたいような素晴しい画面のつながりになっております。一ショットごとにそっくり記憶にとどめていただきたい。

菅井一郎も素晴しい、東山千栄子もただそこにいるだけで素晴しい。東山千栄子のほうは、なんとなくすべてを肯定する母性的な肉の塊という大きさを持っておりますけれども、それがまたそれなりの画面上の位置によって、菅井一郎に寄り添う妻という感じを非常によく出しています。

3

それから最後に一つ、小津に出てくる女優さんたちは、絶対に額を隠してないんですね。その年齢とは無関係に、東山千栄子の場合も実にふくよかでみごとな額を見せていますし、原節子も額をまったく隠していない。三宅邦子も隠していない。小津安二郎における額というのは、たえず露呈されていて、それが顔そのものを非常にみごとに輪郭づけているというふうに思います。唯一の例外が、『東京暮色』という映画の有馬稲子。彼女だけが額に髪の毛をたらしておりますけれども、その有馬稲子はその映画の中では自殺してしまうという、額を隠したがゆえに自殺したということにはならないのかもしれませんけども、私はそう確信しております。小津安二郎にはそういった額の美学というのがあるように思います。誰も彼もが額を見せている。

おそらく年配の方は覚えていらっしゃると思いますけど、井上雪子さんという女優さんがおられまして、小津の映画では、『美人哀愁』に出演された方です。『美人哀愁』という映画はもう残っておりませんので、残念ながらわれわれは見ることができませんけれども、この方は私の家のそばに住んでおられる。ときどきスーパーなどでお見かけして、一度ぜひお声をかけて、昔の小津のお話を伺いたいと思っておりましたが、なかなか井上さんでいらっしゃいますかというふうには声をかけがたい、非常に高貴な容貌の方です。お父さまがオランダ人で、日本で最初の混血女優という方ですね。昭和一〇年代になる前にもう引退してしまわれた方ですけれども、勇をふるってその方にいろいろお話を伺いに行きましたところ、その方が、ちょうど小津安二郎と十二歳違う、ちょうど一回り違う方なんですけれども、小津が二十八くらいのときに、十六歳くらいで小津の映画でデビューされた方です。その方から、私のことをとても先生が可愛がってくださって、お宅に上がると、いつも額のところにおさわりになって、雪子向こうを向けこっちを向けというふうにいつでも額のところばっかりに焦点を当てた写真をカメラでパチパチ撮っておられたというようなお話を伺いました。やはり、小津におけるもっともエロチックな場所というのは、額ではないかと思いました。あらゆる人の額が輝いております。

三宅邦子という特に性的な魅力にあふれた人でもないのにもかかわらず、額のあたりの神々しさというのは、これは私が確信してしまったからそう見えてくるのかもしれませんけども、実にみごとに輝いていてほとんどエロチックでさえある。厚田さんがおっしゃったように、三宅邦子の顔に一番ピントが当てやすかったというのも、そうしたことと関係があるのかもしれません。もちろん原節子の顔も非常にピントが当てやすかったけれども、先ほどのお話のように、田中絹代さんはどうもピントが当てにくい顔で、節ちゃんは非常によく当たってる。しかしとりわけよく当たったのが、あの三宅邦子である。あの三宅邦子の顔の形、額のあたりの感じというのが、おそらく小津安二郎における女性の一つの典型になるんじゃないかというふうに考えてます。

で、女性映画というと誰もがすぐに溝口健二を思い出して、小津というとどちらかと言えば、性にはあまり関係がなくきわだった愛情の葛藤もないというふうに思われておりますけど、実は小津の女性への態度は、すべて額に集中してるのではないか、みごとな女性映画ではないか、というふうに私は考えております。これはこれで、みごとな女性映画ではないか。これから実際に『麦秋』を見ながら東山千栄子の額のふくよかなみごとさとか、原節子や三宅邦子の額の美しさという点にもご注目いただければと存じます。

いずれにせよ、この『麦秋』という映画、あるところまで見ているると、どうしても泣いてしまいますので、なるべくみなさん方から遠いどこかに隠れてこれから一緒に見せていただきたいと思います。どうも最後の記念撮影のあたりにくると、もう駄目になってしまうという、なんともこらえ性のない人間ですので、みなさ

『麦秋』

ん方がじっとそれに耐えて、スクリーンを見ておられるところを横から見ながら、チラチラ画面も見ようかとも思っております。あまり本気になって見出すと、こうしたこぢんまりとした家族的な雰囲気の中ではますますメロメロになってしまいそうなので、これから静かにみなさん方を見させていただくことにします。

＊　詳しくは拙著『監督 小津安二郎』（筑摩書房刊）を参照されたい。

小津安二郎2
『東京物語』をめぐって

1

今日のためというわけではありませんけれど、たまたま昨日、小津監督がよく行かれたラーメン屋というのが残っており、なかば講演のためにという気持もこめて、そこで撮影の厚田雄春さんとツルツルとラーメンをすすってまいりました。そのラーメン屋さんというのは小津監督が溝口監督を連れていかれたりした非常に由緒深いところなんですけれども、お店をやっておられる方が「小津さんは私のことをババアとお呼びになりましてね。お母さまのこともババアとお呼びになるので、私のことかお母さまのことかときどきわからなくなります」ということをよく言っておられました。その方は、ここは小津さんが来られた有名な店だというようなことをまったく言わずに、ごく静かに昔ながらの日本的なラーメンを作り続けておられる方です。

小津監督の映画の中にラーメンが出てくる場面には、だいたいそのお店のラーメンがそのまま持ってこられたというふうに言われております。もっとも味に関しては小津さんはいまひとつである、どうも醤油の加減が違うんじゃないか、ということをいつも言っておられたらしい。小津監督の一族にはお醤油関係の方がおられますので、「じゃあ、うちの醤油を送るから」と言ってお帰りになると、翌日そのお醤油の一升瓶が何本かボンと届いたというようなことを伺っております。

今日は、この小津監督の『東京物語』を見ていただきますけれど、これは昭和二八年の作品です。二八年といいますと西暦では一九五三年に当たります。

この一九五〇年代といいますのは、日本映画が世界的にいっても、また日本の映画史のうえからいっても、最も輝いた時代です。五〇年代の最初に黒澤明の『羅生門』がヴェネツィア国際映画祭で大賞をとり、それから溝口健二が『西鶴一代女』『雨月物語』『山椒太夫』で三年連続で同じくヴェニスで銀獅子賞や監督特別賞というようなものをとる。ヨーロッパの作家たちあるいは評論家たちによって注目され、ヴェニスで賞をとり、一九五六年には死んでしまうわけですが、この溝口健二の死というのは彼の絶頂のさなかの死というふうに考えられます。これらに象徴されているように、

小津安二郎監督

五〇年代というのは対外的にいって、日本映画がその確かな足跡を映画史の中に刻み込んだ時代です。

ただし、小津監督の映画は、五〇年代にはほとんど外国に行っておりません。『小早川家の秋』というのがベルリン映画祭に参加しておりますけれども、時期的には少しあとになってきます。いわば、まず溝口健二が主にヨーロッパで日本映画を代表し、それから黒澤明がアメリカで日本映画を代表して、世界にその名を広めていったという時代であります。また同時に、日本映画が最も多くの観客を集め、そして製作本数も年々増えていったという時代です。

これは世界映画史的にいうと、非常に奇妙なことと思われます。と言いますのは、世界映画史的にみますと五〇年代というのは映画が崩壊に向かった時代です。それを代表しているのがハリウッド映画、アメリカ映画であります。アメリカ映画というのは、たとえば五〇年代のはじめにはほぼ四百本から四百五十本ぐらいの映画を毎年作っていながら、それがちょうど一九五九年から一九六〇年ぐらいにかけては二百本ないし二百数十本に減っている。もちろん、このアメリカ映画すなわちハリウッド映画の凋落、崩壊の兆しというのは、テレビの影響をもろにこうむったために観客をとられてしまった。このテレビに対抗して観客をとり戻すにはどうするべきか、それには大型映画を作るしかないではないかということになる。そこで一九五三〜五四年ごろから、いわゆるシネマスコープ——いまでは懐しくなったシネマスコープ、あるいはさらにもっと大きな七十ミリのような画面を作って、それがアメリカ映画をいわば少しずつ殺していくことになります。

大型映画の中にも優れた作品がないわけではありませんが、ハリウッド映画というものはもともと職人的な人たちのみごとな分業によって成り立っていた。ところが、この大型映画を撮影するためには莫大な製作費がかかるので、人件費の安いハリウッド以外の場所——スペインであるとかメキシコであるとかですね——で撮らなければいけなくなる。すると当然のことながら、ハリウッドのスタジオが持っていた一種のアナーキーでありながらもまた、そこに微妙な秩序をもって存在していた人間関係が壊れていく。作家たちもまた大金を使った映画でなんとか稼がなきゃいけないというのでボルテージが落ちていく……というふうに、五〇年代はいわば映画内において、それぞれの国で、特にハリウッドを中心として、映画がその崩壊の兆しをみせ始めた時代と言えます。

それにはもう一つ原因があります。これはアメリカにおけるいわゆる「赤狩り」の影響で、五〇年代にこれから映画を作ろうとした優れた作家たちが、あるいは沈黙を強いられ、あるいはまたメキシコに逃れなければいけない、ヨーロッパに逃れなければいけない、というような時代でもあったわけです。生き延びるために人件費を安くしようとしてハリウッドから外に出ていった場所、これは多くメキシコであり、メキシコ製の西部劇、メキシコでロケした西部劇が作られる。それからまた、安い人件費を求めてスペインやイタリアなどを大型プロダクションが順次辿っていったわけですけれども、この道と、赤狩りによってハリウッドを追われた人たちが辿った足跡とがほとんど重なり合っているということ。これはなかなか面白いことだと思います。

ところが、まさしくその同じ時代に、日本映画はちょうど、サイレント末期から映画を撮り始め、そしてトーキーに入り、第二次世界大戦中さまざまな困難な歩みを辿った小津監督をはじめとする映画人たちが、その作家的、技法的、あるいは思想的な、さまざまな自分の考えというものを最もみごとに表現することのできた時代になっているわけです。製作本数という点からとっても、先ほど申し上げたハリウッドの製作本数の減退というのとまったく逆のコースを辿っている。五〇年代のはじめの日本映画の製作本数はほぼ二百三十本程度と思っていただければいいわけですが、一九五九～六〇年にかけては五百三十何本に倍増しております。これは当然のことながら、観客動員数の増大ということと、それからいま言ったように無声時代から映画を撮っていて、そしてトーキー初期に最も充実した仕事をした人たちが五〇年代に入って自分の言いたいことを全部言えるような環境が出来てきたということになります。その環境というのは、三〇年代にも非常に優れた仕事を残しながらもまだまだ若い監督として会社の言うことを聞かなければならなかったような人たちが、ほぼ五十歳から五十五歳に達して、会社をリードしていくようなかたちで映画を撮れた時代だと言えると思います。

小津監督の場合にも、五〇年代に最も充実した仕事を残しております。その中で『東京物語』は一つの頂点と言ってもいいかもしれません。小津監督ばかりでなく、溝口健二にしても、それから成瀬巳喜男にしても、あるいはこうした人たちに比べればいくぶんか知名度は落ちるかもしれませんけれども、にもかかわらず日本映画の良質な部分を支えていたさまざまな作家たち、そのような人たちが五〇年代に活躍する。それと同時に、トーキーになってから映画を撮り始めた世代――昭和一〇年代の世代と言ってもいいかもしれませんし、一九三〇年代の世代と言ってもいいかもしれません――今井正をはじめとして、もちろん黒澤明もこれに入るわけです。今井正の場合には非常に困難な独立プロ活動をとおしてそれなりに活躍しましたし、また黒澤明の場合には『羅生門』のヴェネツィア国際映画祭のグランプリといった肩書きによって、自分の仕事をぐいぐいと非常に強引に進め、あの「黒澤天皇」という名前が生まれたのがこの五〇年代だということが、まったくこの時代を象徴しているように思えます。

世界映画史的にいっても、日本映画の五〇年代ほどそれぞれの作家たちが自分の言いたいことを満遍なく述べ、それにふさわしい傑作、佳作の類を残したという時代はない。私の一つの夢は、この五〇年代の日本映画史というのを過去のものとしてではなく現在のものとして世界映画史の中にきわめて積極的なかたちで、ということはつまり、多くの刺激をいまなお波及しうるかたちで組み込みたいというふうに思っております。

ただし、何故五〇年代の日本映画の充実ぶりというのが注目されていないかというと、おそらくは名前の不在ということが言えます。たとえば「ヌーヴェル・ヴァーグ」という名前を一つ付けてしまうと、六〇年代はあたかもフランス映画の時代であったような錯覚を抱かせてしまいますし、また「ネオ・レアリスモ」という言葉を一つ作ってしまいますと、四〇年代の後半というのがイタリア映画の時代であるように思われてしまう。日本映画の五〇年代にはそのたった一つの名前がないし、また当時の人たちはそのような名前をつけて自分たちの映画を世界に送り出そうとするような野心もなかったので、世界映画史はこの豊かな黄金時代というものをいくぶんか見落としているということがあります。いま、ようやく成瀬巳喜男が世界で注目され始めて、それからおそらくは五所平之助とか清水宏といったさまざまな監督たち、また、そのようにいわゆる有名な監督たちではなく――けっして無名というわけではありませんけれども、毎週一作一作が注目されていなかったような人たちまでが、この時代には非常に優れた活動をしたし、同時にそのような活動を支える裏方たちの充実ぶりがあったわけです。

この、ちょうど五〇年代に五十歳台に入ろうとしていた優れた作家たちのいわば女房役のような人たち——撮影監督やまたシナリオ・ライターといった人たち——の活躍というのがこの時代を特徴づけてもいます。宮川一夫氏のキャメラの優れたさまというのは、溝口健二とともに世界によって発見されたわけです。その他、そうした裏方たちの活躍というものも、最もこの時代を特徴づける大きなイメージとなっているように思えます。

2

で、この『東京物語』はふつう、小津監督の五〇年代の、あるいは小津作品の中での代表作というふうに言われております。

この代表作という呼び方は非常に曖昧であるわけです。代表作というのは、ある一本によってその監督のすべてを明かしうるような作品というふうな意味合いがこめられていますけれども、その代表作という考え方が私はあまり好きではない。よく聞かれることですが、「蓮實さん、あなたの一番好きな映画は何ですか？　一本だけ挙げてください」と言いますから、しばらく下を向いておりますと、「では三本でもいい」、それでもだめだというと十本ということになり、なにかたった一つのもの、あるいは非常に数少ないものによってこちらの趣味なり映画観のようなものを試されるというのは非常に不快なことでありまして、「これもあるよ、あれもあるよ、あれもあるじゃないか、これを忘れていた」というように、どんどんどんどん、いわば代表作というようなものがたくさん集まってくる、そんな状況を私は映画の中に出現させたいと思っているので、ある一本の映画によって一人の作家を代表させるというようなことは私の趣味に合っておりませんし、映画の健康のためにもよくないことではないかと思っております。

したがって、私はこの『東京物語』を代表作とか日本映画を代表するただ一本とか、そのようなものとしてはお話ししたくはありませんし、これを見たら小津がわかったというふうにみなさん方がホッとするような映画としてもお話ししたくはない。やはり小津がたくさん撮り上げた非常に優れた映画の中の一つとして考えていきたいと思います。

一九八三年の夏、ロカルノ映画祭で——このロカルノ映画祭では必ず一人のスイスの映画作家が自分の好きな五本の映画を選んで観客に見せるという試みがあります——、ご承知の方もあるかと思いますが、ゴダールと同期のアラン・タネールというスイスの非常に優れた映画監督がおり、その人が五本のうちの一本に『東京物語』を選んでロカルノの観客たちに向けて上映しました。ちなみに、同時に上映されたものはロベール・ブレッソンの『スリ』といった作品であり、タネール氏は「この『東京物語』でなければならなかったわけでなく、ほかの何でもいいけれど一番入りやすいかたちで『東京物語』を、ぜひ小津を知らない人たちに見てほしい、という理由で私はこれを選んだんだ」と言っておりました。ですから、そういう意味では便利な映画である。これといった破綻がなく、小津自身がこの映画はいくぶんかメロドラマ的だよ、といろいろなところで言っておりますけれど、そうした部分も含んでいます。

そのような『東京物語』をどのように見ていったらいいのか。もちろんこれはみなさん方が、自分の感性に従って見ていただければいいわけですけれども、私としてはやはり、この映画は一つの「不在」をめぐる映画だというふうに一言申し上げておきたいと思います。

で、この『東京物語』は、これは何度もご覧になった方がおられるかもしれませんし、それから今日はじめてご覧になる方もおられるかもしれませんが、筋を言ってしまってがっかりするという映画ではない。東京を離れて尾道に住んでいる一組の老夫婦が東京の子供たちのところへやって来て、そして子供たちとの再会を喜びつつも、またいくぶんかがっかりするような事件にめぐりあい、そして尾道に帰り、帰った途端にその年老いた母親が死ぬ。それによって子供たちが何人か尾道に駆けつける——こういう筋立てになっております。けっして、筋自体が独創的であるとか、そのことによって映画がひっくり返ってしまうというとんでもない物語ではないわけです。

このような物語のいわば基盤となるものは、小津が昭和一六年に撮りました『戸田家の兄妹』という映画の中にほぼそっくりそのままのかたちですでに描かれています。『東京物語』においては亡くなるのは母親でありますけれども、『戸田家の兄妹』におきましては父親が亡くなって、残された母親とその末娘とが家族のほかの兄弟たちに邪魔者扱いされるようにしてグルグルといろいろな家をたらい回しされる、そういうお話になっています。この『東京物語』は、いわば父親が母親に置き換えられた一種のリメイクというふうにも考えられ、またレオ・マッケリーが一九三六年に撮った『明日は来らず』の筋立てが脚本に反映してもおります。

ただし、ここで人物構造という点で一つ注目しなくてはならない。というのは、『戸田家の兄妹』においては、死んでしまった父親の子供の一人、つまり佐分利信が演じている二男の昌二郎が満洲に出掛けていく。そして、父親の一周忌に帰国したとき——満洲から帰ってきたという時代色を出すために佐分利信は、いわゆる国民服、と言ってもいまの若い方にはおわかりにならないでしょうが、戦争中に軍服とは違った形でしかもネクタイに背広というような格好をしないため、いまなら中国その他にある人民服のようなものを着ています——彼の留守中に母親と末の妹がたらい回しにされていたことを知って、その法事の席でほかの兄弟たちの人情の薄さ、母親や妹に対する愛情の薄さを執拗になじる。そのときの食事の場面というのは、小津における「食べること」の意味に注目している者にとっては非常に興味深い。誰ももう食べているわけではなくて、そこで演じられているのは人物関係であり、それを視線の動きによっていかに面白く描いていくかという、小津独特の芸が発揮されているところです。

けれども、『東京物語』においてはこのような立場の人間というものは存在しないわけです。というのは、『東京物語』は戦争が終ったあとの話であり、尾道から東京に出てくる老夫婦の子供たちのうちで一人だけ欠けた子供がいるということになっている。戦死した息子です。人物設定のうえから言うと、これが『戸田家の兄妹』と『東京物語』とを隔てる一番大きな違いです。つまり、一人欠けてしまった子供というのは、その妻によって代表されています。その妻を演じているのが原節子です。原節子は、老夫婦にとってはもはや存在しなくなってしまった一人の息子の嫁というかたちで出てくる。つまり、不在をいわば代行するようなかたちで出てきている。そして、その嫁との間に自分の本当の子供たちとは交せなかった本当の愛情ある親子の繊細な気持を通じ合わせることができる。いわばこの不在というもの、その不在に寄り添うようにして生きている原節子という存在が、この『東京物語』を、戦前に撮られた『戸田家の兄妹』から大きく隔てているように思います。

また、『戸田家の兄妹』の周辺に『父ありき』という映画を小津は撮っていて、そこでやはり父親が死ぬという情景が出てきます。そうした誰かが亡くなるというのは、多く父親であるよりも、戦後の小津においてはついに帰ってこない長男あるいは次男というかたちで、いわば戦争の刻印というものを積極的にではなくて消極的に、つまり必ずそれを補う何かをともないながら――というのは、『東京物語』では息子の不在はその嫁によって、『麦秋』においては死んでしまっているお兄さんはその友達によって……というようにたえずその不在は補われている。この不在といいますか死者といいますか、それが後期の小津を決定しているように思います。これは『晩春』における母親の不在、あるいは『秋日和』における夫の不在――その夫というのは、また友達たちにとっては親友の不在というかたちになるわけです。誰か一人が欠けているという状況が、本当であったならばほとんど劇的な状況を作りえないような人物関係の中に、非常に微妙な、ある意味では残酷な人間関係の葛藤を作り上げていくというところが面白い。『東京物語』はまさにその一つの特徴的な人物構造になっているように思います。

『東京物語』

もちろん、小津の映画は、そのような人物配置あるいは物語だけによって人びとの心に訴えかけてくるものではなく、たとえばふとした目の動き、あるいはふとした顔の動き、そのようなものが物語からは独立したかたちで見る者に迫ってくるわけです。この『東京物語』の場合には、そのような画面が実にみごとに作品全体の中に位置づけられている。その位置によってもまた感動的になってくるわけです。こうした、不意に現れてくる奇妙な小津的な感動というものについて簡単に触れておきたいと思います。

先ほど申しましたように、この『東京物語』はそれ以外の作品と比べて満遍なくよく出来ている。ただし、それに見合ったかたちで、ほかの作品には存在しているような突出した部分というものが、ことによるといくぶん欠けているかもしれません。たとえば『晩春』にあっては、お父さんと娘とが語り合う京都の宿の場面というのは、いま見直してみるとむしろ気味の悪さにさえ達しているような凄さを秘めている。そのような「凄い」と思うようなところは、物語のうえでは実は比較的希薄であるかもしれません。にもかかわらず、この『東京物語』には、小津ならではというか、小津だけに可能ないくつかの突出した場面を作り上げているように思います。

この場合に、やはり『東京物語』の不在のテーマというものにふさわしく、存在しているものを存在として出すのではなくて、まさに存在が不在に移行したり、あるいは人がいなくなってしまうということを示す場面にはっきり表れています。それは、東山千栄子が最後に息をひきとる場面、その場面そのものではなくて、いままでにこやかな大仏さまのような顔で微笑んでいたあの東山千栄子がふと物に還ってしまう、その瞬間の周辺に現れてくる画面構成というものの素晴しさ、澄みきった凄さ、そのようなものがこの映画に私が非常に惹かれる一つの原因です。これは私が書きました『監督 小津安二郎』という本の中にも書いてあることなわけですが、何度見てもこの場面はますます他から際立ったかたちで、小津の不在に対する姿勢というものを表しているように思います。

しかし、この前のときにもお話しいたしましたように、実はここに問題がひそんでいるのです。つまり、小津の『東京物語』の冒頭のほぼ四ショットがそのままのかたちで東山千栄子の死の場面にくり返されている(一四七ページ参照)。ですから、これはみなさん方も最初にどのようなショットからこの映画が始まっているかということを一応覚えておいていただきたいと思います。これは石燈籠があり、その向こうに海があり、そしてその海の下のほうに船着き場が見えるところから始まって、そして船着き場そのもののショットがあり、それから子供が道を歩いてゆく場面があり……というふうに続くわけです。これもこの前にお話ししましたとおりに、確かに存在していたはずの二つめの船着き場の場面というものが、現行の日本にあるプリントには存在していません。フランスで出ている小津の『東京物語』のショットごとのシナリオには、その二番めの場面というのは明らかに入っているわけです。ですから、日本になくなってしまったものが、たぶんロンドン経由あたりでフランスに行ってこれが残っているということなのか、それとも小津が『東京物語』に関して二つの版を作ったのか、そのあたりはいまだに謎となっています。ことによると、最後で変更になって、いまのかたちに落ち着いたのかもしれません。

いずれにしましても、冒頭のいくつかのショットがほとんどそのままのかたちで、しかしいかにも不在そのものを強調するかたちで——たとえば冒頭で子供が道を歩いていく場面がありますけれども、その場面は手前に瓶が置いてあったり何かわからない車が置いてあったり、日射しを受けていたりするような、そんな場面から成っている。それとほとんど同じ構図が用いられている東山千栄子の死の場面では、歩いている子供の姿がなく、そして歩いている子供の姿がないだけではなくて光もさほど当たっておらず――というのは、これは早朝の死であるからです――、その代わりに、誰が打ったのか水がその道いっぱいに打たれていて、遠くに見える白い壁の家がその水を打たれて無人のまま拡がっている道の上に反映している。この死の瞬間に現れる数ショットの不意に導入される驚きというようなもの、これがやはり小津を、たんに物語によって人をひっぱっていく語りのうまい日常的な作家ではなく、映画そのものが持っている画面の力によって人を感動させることができる類まれな作家だというふうに思わせるわけです。

この東山千栄子の死の場面に表れた家の壁の白さ、あるいは早朝の光、まさにこうした光というものがいたるところに拡がっていて、その光そのものが非常に感動的なのです。小津の映画というのは、光というものをいかにして画面の中に捉えるか、ということに関しても実にみごとなわけです。もちろんこれは小津だけではなくて五〇年代に技法的あるいは作家的達成を示した日本の作家たちにとって、とりわけ黒白映画を撮り続けていた人たちにとっては当然のことですけれども、人間の顔あるいは風景といったものを、ただ構図の中に閉じこめるのではなくて、みごとにそこに光の戯れというものを作り出しています。これはけっして映像美的な戯れというのとは違って、いかにもみごとに光を捉えることができる顔、あるいは光を捉えることができる家――たとえば先ほどの白壁の家、この家の壁の白さというものがどれほど重要であるかというのは、色彩映画になってからもゴダールなどが室内の白壁によってはっきり示していることですが——、このような点に、やはり小津が映画作家としてただならぬ光に対する感性を持っていたということを認めることができます。ぜひ、その点にご注目いただきたいと思います。

と同時に、東山千栄子の顔というものがたんに日本のお母さんらしい顔というのとは違って、やはり光を非常にみごとに捉えております。笠智衆の顔が、そういった光からはいくぶんとり残された感じになっているところがまた、この『東京物語』の面白さだというふうに思っております。原節子の顔も実にみごとに光を捉えている。

おそらく、この光という点からして、ちかく上映されるジャン＝リュック・ゴダールの『パッションというう映画がありますけれども、これは色彩映画がいかに映画から光を抹殺してしまったかということを新たに告白するような、光の映画になっております。これは小津と同じような、みごとに光を捉えうる顔あるいは情景を作り上げることによってではなく、つまり日本映画の完成期に示された古典的な方法によってではなくて、逆に、そのような方法によって作られた映画に対する批判として出てきているわけです。いかに色彩映画というものが、あるいは逆に映画における色彩というものが、そこに当てなければならなかった照明の熱の強さによって、映画から光の微妙な戯れというものを消してしまったか、ということをゴダールは改めて憤っているような、そんな画面がありますのでついでにゴダールもぜひ見ていただきたいと思います。

それから、これもついでということになりますが、やはり光の捉え方ということに関して、非常に感動的な映画があります。フィルム工房という集団製作の作家たちが作った『無辜《むこ》なる海』という水俣病を扱った記録映画ですけれども、導入部だけが色彩映画であとはモノクロームになる。その中に出てくる人間たちの顔というのが、われわれが五〇年代の映画に見ていた顔そのものに存在していた儀式性を消してしまって、それを超えた直接性で迫ってくるという素晴しい映画です。『無辜なる海』という非常に読みにくい題名の映画ですけれども、最近の映画の中では『東京物語』に匹敵するとは申しませんけれども、何かこの映画における人の顔の捉え方に似たものを発見することができました。たとえば、『東京物語』における東山千栄子の顔は、もう今後映画の中に絶対出てくることのない顔というふうに考えておりましたが、これをなんと二十二歳の青年が『無辜なる海』の中で、東山千栄子に似ているというわけではありませんけれども、東山千栄子が示したような顔の表情を示しております。その点でも、この『無辜なる海』という映画をみなさん方にお勧めしておきたいと思います。

3

最後に、『東京物語』を見る前にこのような場面、このような場面というのを全部こちらから言ってしまうのもなんですので、いくつか私の好きな場面あるいは画面について言っておきたいと思います。

それはやはり東山千栄子にかかわることですけれども、東山千栄子が笠智衆の夫と一緒に東京へ出てきて長男の山村聡の家に身を落ち着けて、その家の二階から笠智衆がふと遠くを見ると、川の土手で東山千栄子が孫と一緒に遊んでいる場面というものがあります。その場面で東山千栄子の比較的大きいクロース・アップがある。これは、心理をみごとに表しているからうまい演技であるとか、いかにもそれらしいという納得の風土を超えた、やはり映画における顔というものの凄さがはっきり出ているように思いますので、そこにご注目いただきたいと思います。

それから、『東京物語』の中のいろいろないい場面の中で、移動というものをまったくしないと言われていた小津が実は見えない移動をいくつかやっております。これは移動とは違って、老夫婦を、先ほど言ったその夫婦の亡くなってしまった子供の妻であるところの原節子がバス旅行に案内し、バスで東京の中をめぐって歩くところです。このバスの中の動きというもの、これはほとんど抽象的と言ってもいいくらいの、まだ存在していないミュージカル映画のその理想的な形態みたいな、非常に奇妙な画面から成っておりますので、そこにもやはりご注目いただきたいと思います。

もう一つ、小津のロー・アングルと言われているものについてはすでにいろいろと言われております。最近私が考えておりますのは、ロー・アングルは日本人の座った生活に適しているというふうに言われているけれども、実は立つ姿が非常にいいわけです。立って、そしてちょうど——ほとんど女の人たちは素足あるいはそれに近いかたちですけれども、——下からほぼ十分の一く

『東京物語』演出中の小津安二郎

らいのところに足の裏がぴたりと決まって、ときどき足の裏もこちらに見えるという、実にみごとな安定した画面だというふうに思っております。原節子の足の裏が何回見えるかなどということを考えながら見るのもまた面白いと思います。原節子の足の裏の非常にみごとな動きを見ているうちに、あの何か下駄をつっかけたような歩き方でふいと杉村春子さんが登場してくる。

この杉村さんなどはどちらかというと、下町的なきっぷのよさと、それからズケズケお金の話をしたりするおばさんとして、いつも小津映画の中に出てまいりますが、この映画の中では髪結いをやっております。小津監督は、この方の歩き方を実に楽しまれて無意味に歩かせてみたり……。玄関のほうに帰ろうとして出て行きかけて、また兄役の山村聡のほうに何か言いそうにして帰ってきて、何も言わないでまた行ってしまう。心理的に全部それを説明できるかというと絶対にできないわけです。『晩春』でも同じように、原節子がお嫁に行ったあと、杉村さんがもう一度戻ってきて原節子の部屋の中をグルリと見るところがあります。これなどもやはりどこか楽しい。あの、しゃくりあげたようにアゴをふっとあげるあたりですね。杉村さんの出てくるところでもう一つ申し上げますと、夜中にお父さんが酔っ払って彼女の美容院に帰ってくる。一人で帰ってくるわけではなくて全然知らない男を連れてくる。これは昔馴染の沼田という男で東野英治郎が演じていますが、東野英治郎も笠智衆もともに現実にはお酒を飲まない人たちなので、実は酔っ払いの演技としてはちょっとぎこちないのではないかとわれわれは思います。しかし変にぎこちないとは思いつつも、その二人がフラフラ入ってくるあたりは非常に面白い。そして、そこには中村伸郎があまり威厳のない杉村春子の夫としていて、彼女が「お父さん、お酒飲んで帰ってきてイヤァね」と言っているわけです。その中で、いきなり彼女は二人の酔っ払いに向かって「もしもし、もしもし」と、電話をかけるみたいなことを言う。そのへんのちぐはぐな呼吸が小津映画の面白さと言いますか、何故あそこで「もしもし」と言わなければいけないのかはまったくわからないにもかかわらず、見終ってしまうと、あそこでは人間は「もしもし」と言う以外にいかなる言葉も言えなかったのではないかと思います。ここなども、やはり小津的な楽しさといったものがこめられている。これが戦後の小津映画のアクセントだなぁという感じがいたします。たぶん、杉村春子がいなかったらずいぶんと真面目なものになったのではないかなという感じがします。

最後に一つだけ申し上げますと、私は『監督 小津安二郎』という本で小津映画のすべてではなくほんの一局面を語ったわけですけれども、特に音響に関しては何も書いておりません。音というものはどうにもつかまえがたいので、たとえば斎藤高順氏の音楽がいいとか悪いとか、そんなことを書いても仕方ありません。けれども、どこで音楽を流し出すかということに関しては当時のほかの監督たちよりも、はるかに感性豊かだったと思います。つまり画面が終ってしまってから音楽を流すのではなくて、終る直前から流し始めるというようなことですね。そうしたことに関してはいろいろと特殊な試みをしておられます。それから、歌——歌われる音楽というかたちがありますね。これは無声映画時代からもみんなが歌うところがあって、たとえば『東京の合唱』の中では誰にも聴こえてこない音楽を登場人物が全員で歌うところがあります。これなどを見ても、昔から小津はいろいろなかたちで音楽に映画の中でなんらかの役割を演じさせようとしていたところがあることは明らかです。たとえば、この『東京物語』の中でも、山村聡演じる長男が『駅馬車』の音楽を口笛で吹きながら二階に上がってゆくところとか、『秋刀魚の味』のバーで歌われる「軍艦マーチ」であるとか、誰も知らない高級な音楽ではなくて、たぶんみんなが知っているものを使って、それを異化するといった使われ方をしているのではないかと思います。

また、これは音楽ではなくてせりふですけれども、たとえば小津の映画を目をつぶって聴いたり、カセットに音だけ録って一時間くらい聴いていると、それはまったく飽きない一つの音楽になっているわけです。せりふ回し、そのホンのちょっとした高低、それから特に間《ま》ですね。その中に音楽が流れてくると、せりふと音楽といったようなものが、ほとんどせりふの持っている意味というものからずれてきて音というものにどんどん近くなっているという感じがします。このせりふの独特の間、リズムといったものからはいろいろな特徴を拾い出すことができるわけですが、一例を挙げますと「ちょいと」という喋り方があります。たとえば杉村春子があの顔で「ちょいと」と言われると非常によくわかるんですが、小津映画をずっと見ていきますと、みんな絶対に「ちょっと」とは言わないわけです。どんな人でも男も女も年齢にも関係なく「ちょいと」になっていて、山村聡も誰も「ちょいと」と言っております。『麦秋』の中でもみんな「ちょいと」と言っている。これはまた「ちょいと」が似合う人がいるわけですね。淡島千景などが出てきて、「あ、ちょいと！」と言うと実によく似合う。そうかと思うと、この淡島千景に原節子が「ちょいと」と言い返している……。この「ちょいと」という合いの手みたいなものが一種のリズムを作り上げ、小津の映画に独特な音の世界を作り上げています。これが「ちょっと」だと、そのリズムが狂ってしまうわけですね。では、みなさん、これから「ちょいと」のリズムに身をゆだねていただきたいと思います。

フランソワ・トリュフォー

『恋のエチュード』をめぐって

1

フランソワ・トリュフォーという監督は――あるいは彼の作品は、と言ってもいいかもしれませんが――、たえず二つの異なったリズムを生きているように思います。そのうちの一つはふつう「アントワーヌ・ドワネルもの」と言われておりますジャン＝ピエール・レオーが主演した、トリュフォーの自伝的な要素を色濃く反映した作品群のリズムです。

ジャン＝ピエール・レオーは、ご存知と思いますが、トリュフォーの長篇第一作『大人は判ってくれない』に主演して以来、トリュフォーとの間にお互いの精神的＝肉体的な要素を親しく感染させ合っているような役者で、だんだん顔や振舞が似てきてしまう。トリュフォー自身も告白しておりましたが、あるキャフェで「いま、あなたの映画をテレビでやったよ」と言われて、自作が放映された記憶もないのでいったい何のことだろうと考えてみたら、実はジャン＝ピエール・レオー主演の映画が放映されたばかりのところだったことがわかる。それほどまでに、二人は似てしまった。存在そのものの与える印象が似ているのです。このジャン＝ピエール・レオーに代表される、せかせかとした、何かこう足元がもつれてしまうような、右に行くかと思うと不意に左を向いているような、そういう落ち着かない動きがトリュフォーの映画を特徴づける一つのリズムとして考えられます。ジャン＝ピエール・レオーのどこか性急であり、なめらかではなく、不意に蹴つまずきそうに見える動きが一つの極に考えられるとすると、もう一つの極にはゆっくり流れている時間を、さらに引き延ばそうとするような、ゆったりとした、ほとんど静寂に近いような時間というものが流れている作品群があるように思います。

この二つの異質な時間の間で、トリュフォーは、自分がはたしてどちらを向いたらいいのか、どれが本当の自分のリズムであるのかと、たえず戸惑いながら映画を撮り続けていたように思います。彼の映画は、ほぼ六〇年代から七〇年代にかけて——六〇年代の後半はどちらかというとスランプに陥ったと言えるかもしれませんが——この二つの異なったリズムを交互にくり返しながら生産され続けていきました。今日これからご覧になる『恋のエチュード』という映画が一九七一年ですから、彼の七〇年代のいわば先駆けとなる作品ですけれども、それ以後彼は、スランプから脱して安定した作家的生活を営み、必ずしも大当たりする作品ばかりを撮ったわけではありませんが、『終電車』で世俗的な名声を確立するに至ります。そして、ご承知のように、昨年の秋に一年間の闘病ののち、亡くなってしまったわけです。その間、この二つのリズム——非常に悠長なゆっくりとした、そして生活の時間よりももっと長引いていくような、そんな時間をフィルムの上に定着させようとする作品と、不意にそれがせかせかとしたリズムによって乱されるといった作品と、この二つの異なる時間の間をたえず往復していたように思います。そのどちらか一つに安住しないところがトリュフォーの若さであり、その若さにわれわれは魅了されていました。

その往復ぶりは、いくつかの面にはっきりと表れています。まず、先ほども申しましたように、役者の選択のうえに表れている。たえず外界と行き違って、ちぐはぐな身振りを演じてしまうものとして、まず一方にジャン＝ピエール・レオーがいる。女優でいえば『私のように美しい娘』のベルナデット・ラフォンがそれに当たるかもしれません。それに対して、ゆったりとした自分自身のリズムを徐々に深めていくことでトリュフォー的となる何人かの役者たちがおります。これは、たとえば『柔らかい肌』に出てくる中年の批評家、ジャン・ドサイのような、静かで物わかりのいい大人たちです。ある快適な環境に浸っている自分を引き延ばすために、できれば時間を止めたいとさえ思っているような、そういう人物たちが出てくる。『緑色の部屋』で自作自演したトリュフォー自身もそうした一人に当たるでしょう。こうして役者の選択のうえに二つのリズムがはっきり表れているように

フランソワ・トリュフォー

思いますけれども、必ずしも役者だけではなく、それは題材のうえにも、あるいは撮影監督の選択のうえにも、さらにはほかのさまざまな細部に認められるようなトリュフォー的な特徴であると思います。

たとえば、このせかせかした動きという一連の作品がトリュフォーの作品系列のうえに浮かび上がってまいります。その一つに『ピアニストを撃て』という映画がございます。これは一種のギャング映画と言ってもいいと思いますが、彼がはじめてアメリカのセリ・ノワール＝暗黒小説の一つを、フランスを舞台に映画化したものですけれども、そこでの人びとの動きはけっして何かを確信して、その確信に従って自分の時間を生きるというのではなく、たえず何ものかの侵入に怯えながら、その何ものかの侵入との関係で自分の動きをぎこちなく変化させるしかないという作品であったと思います。この流れをいくつか辿ってみますとどんなものが見えてくるか。そのあと、いくつかの作品がこうした傾向の中で撮られております。たとえば、一九七二年に撮られた『私のように美しい娘』という映画、この作品は『恋のエチュード』のあとに撮られたものですが、ベルナデット・ラフォンという、見るからにお転婆娘で、たえず動き回っている――目がキョロキョロとして、身体が一瞬たりとも同じ方向を向いていない、知らない間に裸足になっていたり、たえずギクシャクとした動きをするフランスを代表するコメディエンヌ

『恋のエチュード』（フランソワ・トリュフォー監督）

を使った作品です。かと思うと、最新作――これは不幸なことに最新作というより遺作と呼ばなければならなくなりましたけれども――『日曜日が待ち遠しい！』という映画があります。これもまさに、せかせか路線と言いましょうか、流れていく時間を味わおうとしてある場所にゆったりととどまっているのではなく、たえず走り回っているトリュフォーの姿がそこに浮かび上がってくる作品です。たんに物語の展開が唐突だというだけではなく、すでに撮影の段階からそのような動きがあったと、トリュフォーが死んだあと、ほかの人びとが証言していたし、トリュフォー自身も、生前、そう告白しています。撮影が一刻も早く終るよう、トリュフォーが意図的に落ち着きのない撮り方をしたというのです。これはどういうことか。もちろん、あらゆる映画は一刻も早く撮影が終ったほうがいいには違いない、黒澤の『乱』だってそろそろ終ってくれなければいけないわけです。プロデューサーにしてみれば、いつだって早く撮り終ってほしい。その願いは当然のものですけれども、トリュフォーの遺作となってしまった『日曜日が待ち遠しい！』の場合には、彼自身がプロデューサーを兼ねている。しかも財政的に貧しかった初期の時代と違って、お金がたくさんあるということを彼自身よく知っているわけです。一刻も早く撮り上げねばならない経済的な理由はこの場合には存在していなかった。

　にもかかわらず、トリュフォーはいくつかの理由によってこの映画を早撮りしてしまうわけです。その理由は、たとえば、役者たちがあまり自分自身で演技設計をしないようにということです。あらかじめ出来上がった脚本を前の晩に充分よく読んで役になりきるというのではなくて、前の晩にトリュフォーが考えついたせりふを、撮影の瞬間にいわば口移しで言ってもらうというような演技指導で撮られています。これは映画史的な問題になってきますけれども、『日曜日が待ち遠しい！』という映画では、アメリカの二流のギャング映画の雰囲気をなんとかして伝えたい。実際、トリュフォーが考えていたのは五〇年代のサミュエル・フラーの映画の雰囲気だということを伝え聞きましたけれども、それには、まず第一に低予算で早撮りしなければいけない。それから、なんとなく暗い感じが漂っていなければいけない。さらにガサついた雰囲気あるいは陰惨な雰囲気がなければいけない。そういうかたちで、まず役者の演技のうえからしても、映画の雰囲気からしても、ゆっくりと撮ってはいけないのだという自覚がトリュフォーにはあったようです。これは彼自身からも聞いたことですし、また、つい先日日本にまいりました優れた撮影監督のネストール・アルメンドロスへの山田宏一さんのインタヴューの中で、「どうしてお前はそんなに早く撮らなければいけないのだ」と聞くと、トリュフォーが「この映画のリズムは早くなければいけない」というような言葉を洩らしたというふうにも聞いております。早撮りされたかどうかはともかくとして、『トリュフォーの思春期』なども、これに似たリズムを刻んでいることは明らかでしょう。

こうした一連の早いリズムの唐突な変化を多く含んだ映画に対して、いま一方に非常に緩やかな、物語が数年にわたって描かれてゆくような、いわば大人の映画があります。これは先ほど挙げた映画とは別に、『突然炎のごとく』——これは近く再公開されると思いますけれども——のように、二人の男と一人の女が第一次大戦前後の時間をゆっくり耐えていくという物語です。したがってそこに流れている時間はけっしてせかせかしたものではなく、ジャンヌ・モローがセーヌ河に不意に身投げするといった唐突な振舞はみられても、リズムそのものは非常にゆったりと刻まれている。そうした系列を追っていくと、『緑色の部屋』という作品の、静寂に包まれた暗さ、動きのなさというところまで辿ることができる。

このように、作品系列から言っても、トリュフォーの映画には二つの違った表情がある、あるいは二つの違ったリズムを刻んでいるというふうに言うことができる。人によっては、その一方のトリュフォーだけを好むということがあります。このゆったりとしたリズムを刻むトリュフォー、あるいは人生の流れていく時間といったようなものが捉えられる、そういったトリュフォーが好きだ、――いわば文学的なトリュフォーと言ってもいいかもしれません。

それに対してもう一方では、活劇的なトリュフォーというのが存在します。こちらのほうは、実はあまり評判がよくない。日本でもあまり受けてはおりません。『ピアニストを撃て』という映画もそれほど何度も再上映されるわけではありませんし、それから『私のように美しい娘』という映画も、これが好きで好きでたまらず……という人はいない。『突然炎のごとく』こそトリュフォーだというふうに考えがちですけれども、そうすると彼の遺作になったせかせか路線といいますか、つんのめり路線といいましょうか、こういった映画は何故かトリュフォーらしくないというふうに思われてしまう。そこがトリュフォーの面白さであり、またある種の不幸であったのかもしれません。つまり、この二つを彼はけっして一つの作品の中に統一しようとはせず、それぞれの作品の中にいわば分け与えていったというような感じがあります。

そのために、彼は撮影監督の選び方にしても、それから共同脚本家の選び方にしても、実に綿密に考え上げられた選択ぶりを示しております。先ほど申し上げた文学的な、ゆったりとしたリズムを刻む映画には、フランソワ・トリュフォーはたえずネストール・アルメンドロスという人――これはおそらく世界一の撮影監督だと思いますけれども――を選んでおります。そして、この『恋のエチュード』という作品もネストール・アルメンドロスの傑作の一つだと思います。大変優れた画面、その画面をみなさん方にじっくり味わっていただきたいと思いますけれども、このネストール・アルメンドロスのキャメラを、トリュフォーはどちらかというと文学的な、人生の流れといったようなものが感じられる映画に使っております。

それからもう一人、ウィリアム・グレンという撮影監督がおります。この人はアントワーヌ・ドワネルもの――ジャン゠ピエール・レオーが主演しているパリの街を駆けずり回るような、それも疾走するわけではなくて不意に方向を変えるような、唐突な身のこなしでパリを生きているような映画にしばしば使われております。それからまた『トリュフォーの思春期』という映画がありますけれども、これなどもやはり子供が沢山出てくる、そして動きそのものが非常に唐突な思いがけない部分を含んでいるという意味で、このウィリアム・グレンというキャメラマンが使われている。もちろん、トリュフォーのキャメラマンはこの二人に限定されるわけではありませんが、しかしこの二人がトリュフォーの二つのリズムを明らかに代表しているというふうに思います。

また脚本家をとってみましても、『恋のエチュード』の場合にはジャン・グリュオーという人が参加しています。この人は、トリュフォーが初期から組んでいた脚本家であり、もともと『突然炎のごとく』の脚本を書いた人でもあります。文学的な、味わい深い、そういったトリュフォーの面を非常にうまく引き出すことのできる人です。それに対して、子供が沢山出てくる、あるいは若々しさといったようなものを賛えた作品にはクロード・ド・ジヴレーという人が加わっています。彼自身が映画作家であり、何本か映画も撮っていますが、晩年のトリュフォーと一番仲がよかった人です。トリュフォーの葬儀にさいしては弔詞を述べた人ですね。このクロード・ド・ジヴレーが脚本を担当する。そうすると、何か人びとが活きてくる、あるいは動きが出てくる。脚本家をみても、こういう二極がはっきりと出てきております。

そういった違いというのは、さらにいくつかの水準で出てまいります。たとえば、衣装を例にとってみましょう。そうするとトリュフォーの映画においては、足が見える映画と見えない映画という一つの大きな分類ができます。足というのは、トリュフォーの場合は女性の美しい太腿《ふともも》というのではなくて、足首から先のハイヒールであるわけです。で、現代のものというのはだいたい必ずハイヒールが出てまいりますし、ハイヒールがコツコツコツコツ……と舗道をたたく音なども聞こえてくる。あるいは靴屋なども出てまいりましたり、いずれにしても女性のハイヒールというものが必ず視覚的な意味を持っている映画を撮ります。それに対してコスチューム・プレイと言いましょうか、あるいは歴史的な時代に題材を求めたもの、これは『突然炎のごとく』などもそうですし、それから『恋のエチュード』にしてもそうですけれど、その場合には女性のスカートが非常に長くて、靴などがあまり見えず、二〇世紀初頭的なのどかな雰囲気というものがたちこめている。そこではあまり人は走らないわけですね。まったく走らないわけではなく、『突然炎のごとく』のジャンヌ・モローは不意に走りだして、そして運河に飛び込んだりするわけですけれども、原則として、足の見える映画と足の見えない映画というのがやはりこの二つのリズムをはっきりと規定しているように思います。『野性の少年』など、裸足の少年が靴をはく過程に教育が示されるわけです。こうした対比はさまざまなところに波及しうるわけですけれども、これを全部列挙していくには及ばないと思います。

ここにもう一つの二元論といいますか――浅田彰氏以来、二元論は評判が悪いわけですけれども、もう一つの論理的な枠として使うぶんにはいっこうにかまわないので派手に使いますと――、映画史には、「演出の映画」と「撮影の映画」というものが存在するように私には思えます。もちろん、あらゆる映画に演出も撮影も存在するわけですけれど、この二元論を提起するのはこういうわけです。すなわち、演出の映画というのは、撮る前にあらゆる要素を作家がすでに知っており、その配慮が充分行き届いた画面の中には、作家自身が撮影中に持っていたであろう心のふるえとか、あるいは人びととの間に醸されたであろう諸々の不協和、あるいはまた調和といったものが、ほとんど影を落としていないような映画です。つまり、画面がぴしっと決まっていて、いわば厳格であり、不必要な要素を排除していくといった作品がこれに当たります。では、どんな作家がこうした演出の映画を撮っているかといえば、たとえば日本であれば小津安二郎という人は完全にこの演出派に属しています。つまり、撮影中に彼がどんなに悩んだか、あるいは撮影が終ったあとどんなに酔っ払ったかとか、そういったことは画面の上にまったく出てこない。あるいはヨーロッパの作家であれば、フリッツ・ラングの映画、ドライヤーの映画、ロベール・ブレッソンの映画、ハリウッドならハワード・ホークスの映画などが演出の映画と言えるかもしれません。いわば、一目で世界を把握してしまうことのできる強靭な魂の持ち主が、けっして形式主義に陥ることなくこうした演出の映画というものを撮ることができる人だと思います。つまり演出には、演出以外の要素が影を落さないということですね。

それに対して、撮影の映画というものはどういうものか。これは、撮影中のさまざまな出来事がなんらかの意味で撮影された映画の中に影を落している。つまり、その映画の撮影中の、たとえば作家の個人的な喜びや集団的な楽しみなどが、映画のうえに「これだ」と正確には指摘できないにしても、何か雰囲気として漂ってくるようなものを持っている映画、というふうに考えていただいていいと思います。これはもちろん、ジャン・ルノワールやある種のジョン・フォードの作品によって代表される映画であるわけです。ジャン・ルノワールが楽しいから楽しい映画を撮ったとか、フォードが楽天的だから楽天的な映画を撮ったというようなものではなくて、何か、いわば撮影という行為そのものの生なましい記録映画、ドキュメンタリーのようなものとして、撮影された映画がぼくたちの前に出現する。そこでは、画面そのものには描かれていない艶のようなものがフィルムに特殊な輝きを添えてしまう。これを一応、撮影の映画というふうに呼んでみることができると思います。こちらのほうはむしろむずかしいわけですね。だいたい撮影状況の楽しさ苦しさというものがモロに出てしまいますと、これはみっともない映画になる。作家が感じた苛立ちがそっくりイライラとして出てくるとやはりみっともないわけですし、ひどく楽天的だなぁと思うものが、ひどくアッケラカンとした楽天性として映画の中に出てくれれば、ぼくたちはあえてそんなものを見るには及ばないという感じになります。そうではなくて、そのときの日常的な、たとえば脈搏とか呼吸とかいったようなものがある媒介を通してではあっても、その画面の中に一つのふるえのようなものをとどめているような映画、これを撮影の映画というふうに呼びたいと思います。これは先ほども挙げましたジャン・ルノワールが最も得意としましたし、ジャック・ベッケルというような人がさらにそれを継承したかもしれません。ある部分でのジョン・フォードもそのような撮り方をしていたと思います。おそらく、日本で言うと清水宏なんかもこれに当たるのではないかと思います。

さらに最近の例で言いますと、演出の映画としては『ミツバチのささやき』を撮ったビクトル・エリセという人がいます。撮影中にはさまざまな困難があったに違いないのに、実際に出てくる画面はそのような困難というものを排除した厳密な、それでいて繊細さを失わない画面から出来上がっている。それに対して、もう一方の撮影の映画のほうを辿ってみれば、最近の監督としてはヴィム・ヴェンダースという人がそれに当たると思います。先ほどちょっと会場の方々とお話ししていましたら、先週ですか先々週ですか、ヴィム・ヴェンダースの映画が仙台でもかかったけれどもほとんど当たらなかったという悲しいお話を伺いました。その悲しみは徐々に克服されていけばいいわけで、これにもゆっくり馴れていただきたいと思います。このヴェンダースの最新作は『パリ、テキサス』という映画です。彼の場合は、撮影にあたって演出の意図そのものをすべてあらかじめ心得ていて、それに従って撮影を厳密な排除の力学に従って行う、というのではなく、たえず周囲の要素が映画の中に入り込んでくる。あるいは、ある逡巡を作者が感じたならば、その逡巡が何かのかたちで映画の中に積極的な影を落すような撮り方をする人です。ヴェンダースの映画は、今年も何本かいろいろなところで上映されると思いますので、今後はぜひ駆けつけていただきたい作家です。『さすらい』という大変優れた、まさに撮影の映画と呼ばれるのにふさわしい傑作をすでに七〇年代に残しております。

ところで、トリュフォーの場合はどちらであろうか。彼は、もちろん、撮影の映画も好きだし、演出の映画も好きである。つまり、ジャン・ルノワールも好きだし、またフリッツ・ラングも好きである。おそらく演出の映画の中でも極めつけとでも言うべきヒッチコックの映画も好きである。というわけで、彼はどちらか一方を選ぶということはしていない。彼はその両方と非常に快い調和を生きたいと願っているわけですね。ただし、その快い調和そのものが一篇の作品の中でみごとに出来上がったという例は、トリュフォーの作品ではきわめて稀であります。その数少ない例外が、この『恋のエチュード』だと私は思っております。

2

トリュフォーの映画は、感染する映画だというふうに言えるかもしれません。感染というのは、ある一つの要素とほかの要素との間に、一種の浸透作用のようなものが起ってしまう映画だということです。これはよく引かれる例ですし、トリュフォー自身がそう告白しているのですが、彼がある映画を撮っていると、その映画に参加しているさまざまな人たちが、あることを一挙にし始めてしまう。たとえば、『突然炎のごとく』という映画を撮っていたときには、この映画の中に出てくるドミノというゲームに撮影隊の全員が狂ってしまった。また、そのあとに『柔らかい肌』という映画を撮っているときには、この映画の主題であるところの姦通というものに全員が浸ってしまった

（笑）。あの人も姦通したし、この人も姦通したと。事実、これはトリュフォー自身の姦通、すなわち妻を裏切る悲痛な体験そのものの映画化であるわけですね。こういった感染的な、あるいは浸透的な力がトリュフォーの映画の中にはあります。さらに、『華氏451』という映画がありますけれども、これはいわば書物に捧げられた映画で、一種のSFの体裁をとっております。また、この映画はイギリスで撮影されましたので、ニコラス・ローグという最近若い方々にもてる、けっしてつまらなくはない映画を撮っている人が撮影監督として参加していますが——この映画を撮っている最中は全員が本を読み始めた——ちょっと出来すぎの話ではないかと思いますけれども、トリュフォーがそう言ってるわけですから、ぼくとしては、そうみなさん方にお伝えするのみです。

こういった感染症、浸透状況といったものが、実は彼が撮っている映画の中ではそれほど出てこない。確かにそういう一面はあるわけですけれども、たとえば先ほど言った二つの時間というものは、一つの映画の中では実は感染し合うことなく、二つの系列にはっきり分かれてしまっているということが言えます。『日曜日が待ち遠しい！』のリズムは、『終電車』のリズムとまったく違っている。これは時間の処理の仕方や題材の処理の仕方というものを、トリュフォー自身があらかじめ厳密に分けて考えていて、その相互浸透を避けようとしていたのではないかと思わせもします。

今日ご覧になるこの『恋のエチュード』は、その中ではきわめて例外的に、二つの系列の映画がお互いに感染し合って出来たような、そういう映画だという印象を与えます。だから、そのように見よとみなさん方に誘いかけるつもりはありません。しかし、そうした局面にはやはり感じやすくなっていただきたいという気はいたします。

では、そうした局面はどんなところに出ているかいくつか考えてみましょう。

これは『突然炎のごとく』と同じ原作者のものを映画化したものであります。それはアンリ＝ピエール・ロシェという人ですけれども、その数少ない小説の中の一つであるわけです。この人は二〇世紀の初頭、一九二〇年代に活躍した――というよりほとんど何もしていない人ですけれども、実際にはやはり活躍したと言うべきなんでしょう。マルセル・デュシャンなどの友達で、と言いますとシュルレアリスムあるいはダダの周辺にいたかのように思われがちですが、作品そのものはむしろ伝統的な小説で自伝的な要素を含んでいるという非常に面白い人です。この人の作品を『突然炎のごとく』に続いて映画化したものです。前作の男二人女一人が女二人と男一人と変わっているだけで、基本的にはよく似た話で、共同脚本家はジャン・グリュオー、キャメラマンはネストール・アルメンドロス。したがって、系列から言いますと、これは文学的で緩やかなリズムを刻むはずの映画であるわけです。ところが、そこにジャン＝ピエール・レオーが登場する。すでにお話ししたとおり、ジャン＝ピエール・レオーは「アントワーヌ・ドワネルもの」の中心人物であり、周囲の状況と食い違った唐突で性急な動きを得意とする役者です。そこで一つの衝突が起ってくる。物語を構想している段階においては、これは非常に緩やかなリズムを刻むはずの作品です。ところが役者の選択という点に関してみますと、ジャン＝ピエール・レオーは、緩やかさという言葉をほとんど知らない人であるわけです。事実、冒頭でブランコから落ちて足を折るし、イギリスの若い女性に紹介される瞬間のぎこちなさなど、いつもの彼そのものです。そのレオーがこういう映画に出ているということが、まず興味深い。

ところが、さらにそれ以上にリズムの速さといいますか、せき立てられるような持続といいますか、そういう要素があるわけです。それは、この映画がナレーションの多い映画だということです。ナレーションはけっしてトリュフォーの映画に珍しいことではありません。その中でおそらくこれは一番客観的なナレーション――つまり作中人物そのものの内的持続を語るナレーションではなく、トリュフォー自身が吹き込んでいるわけです。このナレーションが実にせわしない。せわしないというのは、トリュフォーが、できればアンリ＝ピエール・ロシェの文章をできるだけ多くの人に聴いてほしいと願っているかのように、なんともせかせかと喋っているのです。ここでのトリュフォーは、驚くほど早口で喋っております。その言葉を美しく聴かせようとするのであれば、トリュフォーは誰かほかの人、いわば職業的な役者をナレーターに頼み、たとえば『突然炎のごとく』のミシェル・シュボールのように格調高く語らせることもできたはずです。ところが、ここでのトリュフォーは、格調の高さ、あるいはゆったりとした文学的なリズムにはおよそ背を向けたようなせわしないリズムで、このナレーションを読んでおります。

全体の流れは非常に緩やかである。ただし、そこに声が聞こえるとき、その緩やかさが妙にぎくしゃくとした動きのほうに近づいていく。そして、その動きがお互いにお互いを排除し合っているわけではなくて、実にみごとな調和といいますか、調和と言うと動きが失われてしまう感じがありますので、ある共棲関係を生きている。静けさと騒がしさとが互いを認めつつ自分を主張し、共存し合っている。この映画の中では二つの時間のリズムが弁証法的な関係にあるなどと言うと問題ですから、この二つがきわめて快い共存関係に入っているとのみ申し上げておきたいと思います。この映画にはあえて対立し合う要素の共存が生きられている。お互いがお互いを排除することなく、ことによったら相手の中に自分自身の影を認め合ってしまうような人物たちの物語でもあるわけです。そして、それは主題そのものの中にはっきり表れております。

あらかじめ物語を語ってしまうのもなんですから、そのおよその図式を申し上げましょう。一人のフランスの青年がイギリスに行き、そこでイギリス人の二人の姉妹と愛し合う。その愛の姿がトリュフォーによく出てくる三角関係的なものであるわけですけれども、三角関係というのは少なくとも一人の人間が一人の人間を愛し、それを愛するもう一人の人間が登場する。すると一人を争い合う二人の間にお互いを否定したり、排除したり、あるいは同時に二人を愛してしまう自分をなんとか抹殺しようとしたり、いずれにしても排除の力学が働く。ところが、ここにはそのような排除の力学がまったく働かない。したがって、激しい嫉妬というような心理的な葛藤は出てまいりません。嫉妬という言葉ははっきり出てきますけれども、それがいわば心理的なメロドラマにおける嫉妬とはまったく異質の働きに収まっている。一人の男と二人の女の話でありながら、激しい葛藤というものよりは、お互いの感染・浸透といったようなものが描かれていて、あたかもそうした状況を視覚化するかのように、この映画の画面の連鎖は溶明＝溶暗、いわばフェイド・イン、フェイド・アウトが使われています。つまり、あるシークェンスが終ったときに必ず画面が暗くなって、持続を唐突に寸断するのではなく、ある余韻をもって次の画面につなげるという手法が使われております。

ジャン＝ピエール・レオーがいつも演じているような唐突な動きとは違う緩やかな画面の流れが

かたちづくられている一方、いかにも緩やかなリズムが刻まれている画面の裏側から、テキストを読んでいるトリュフォーが、その緩やかさをなんとか越えようとするようなせっかちな読み方をしている。にもかかわらず、それが激しい葛藤に陥らず、お互いがお互いを認め合っているという雰囲気が漂っている。その意味で最も親しくトリュフォーと触れ合うことのできる貴重な映画ということになります。演出の映画と撮影の映画とが、創造的な共存関係に入っている例外的な作品だと私は思っております。

3

そのような特質を持った映画の中に、さらにどんな要素を見ていただきたいと思っているか、それを最後に二、三お話ししておきましょう。

そこで、まず第一に言えるのは、先ほどもちょっと申し上げましたが、この映画の撮影のみごとさということです。それぞれのプリントによって、たとえば発色がよいか悪いかとかいうことはあるかもしれませんが、ネストール・アルメンドロスというキャメラマンの代表作ともいうべき要素がいくつか認められるのです。画面が素晴しいというと、構図がしっかりしているとか、色がきれいだとか——たとえばＮＨＫの文化的な番組ですと、テーブルに決まって花瓶が置いてあって、花のところにスゥーッとキャメラが寄ってその花束を写して終りとかいうのが定石になっていますけれども——もちろんアルメンドロスのキャメラはそうした美しさとは無関係の美しさであって、これはかなり定義するのが困難なわけです。そもそも画面が美しいというのは、その映画については何も言うことがなくなったときの最低の誉め言葉であって、映画にあっては絶対に口にしてはいけない言葉でもあるわけです。

　では、どんな場合を美しい画面と言うべきなのか。これはこの物語の風土とも関係してきます。つまり、直射日光をほとんど避けているということですね。直射日光を避けるとはどういうことであるか。映画的な表現が一つの文化であるなら、直射日光を顔一面に受けた人を撮るときには、その直射日光を一面に受け止めているということ自体が一つの物語的な意味を持ち、同時にそのこと自体がテクノロジーとしての映画の技術的繊細さの達成でなければいけないわけです。美しいという言葉はいかにも曖昧ですけれども、少なくとも、そこにある種の演出的な配慮と技術的な達成との調和がなければいけない。またＮＨＫに登場していただきますけれども、たとえば午後七時だの九時だののニュース番組を例にとると、あれはいくらなんでも顔に光が当たりすぎている。影の落ち方がいくらなんでもひどい。つまり文化としてのテレビが、あそこでは技術的繊細さを無視して一種の野蛮そのものとして醜く露呈されている。今日、トリュフォーの映画で見ていただく顔は、まさにその反対の顔である。それぞれの人物の顔に落ちる影が、まぎれもない文化を形成しているのです。

　残念ながら、ぼくが一番最近に見たこの映画は、ごく最近に再公開された完全版——一三一分の版であるわけです。これは日本では公開されておりません[1]。したがって、ぼくがこの映画にいだいている最後の印象は、ことによったら、当初にはトリュフォーによってカットされていた場面から作られているかもしれない。今日の映画の中にはない場面を味わっているのかもしれません。けれどもいくつかのみごとな室内場面、そして戸外であれば傘や帽子に覆われた女性の顔の美しさはみごとなものです。感性のない撮影監督あるいは作家たちであれば、まさに直射日光のもとで撮ってしまうはずの人びとの顔を、トリュフォーとアルメンドロスは、太陽にいくぶんか背を向けたかたちで影を落して撮っています。しかも逆光の美学といった安易さを周到に避けている。ですから、この映画で注意していただきたいのは、戸外であったなら太陽がどちらから射している画面なのかということですし、室内だったならどこに光が置かれているのか――もちろん光というのは、実際に出てくるスタンド以外のところから出ているわけです。そのような非常に繊細な光の使い方があります。これは無声映画時代からずっと映画を撮り続けていた監督たちには必ずついてまわった映画的な慎みであるわけです。たんに顔がツヤツヤと出てきたのでは意味がないときに、影になっていながらもあからさまな逆光ではないという顔ですね。その美しさそのものが出てまいります。まず、この点にご注目いただきたいと思います。ことによったらカットされているかもしれない場面――馬車の上でジャン＝ピエール・レオーの母親が傘をさしながら田舎の道をゆく場面がありますけれども、その素晴しさは、色彩映画が獲得した最も美しい人間の顔の一つだと思います。それから、ほとんど直射日光が射していないパリの公園の中での場面、女の人、男の人たちの顔にどんな陰影が落ちているか。それを、最近上映されたいくつかの映画と比べてみた場合には、たとえば『グレムリン』というようなあの手の映画の画面、直射日光か人工の光かのどちらかしかなくて、ツヤツヤとたんに顔が光っていて、つまりインスタント・カメラで撮りましたという感じの画面といかに違うかということを、注意していただきたいと思います。

それとは別に、ぼくがとりわけ魅力的だと思ういくつかの部分を、物語と関係なくあらかじめお話ししておきましょう。トリュフォーにおける最も魅力的なショットは、俯瞰ショットです。トリュフォーの映画にはあまり空が映ってまいりません。これは多くの人によって指摘されていますし、トリュフォー自身もはっきり言っています。空の青さが画面を支配するということはほとんどなく。それに対して、少し高いところから俯瞰した、その俯瞰の美しさというものがあります。つまり、緩やかな斜面の中に何かがあるという画面ですね。これは、イギリスが舞台になった場面の、二人の姉妹が住んでいる家の美しさとして出ています。もちろん、家そのものがきれいだとか、その装飾が美しいとかいうことではない。これまでのトリュフォーの映画でも魅力的であったように――たとえば『突然炎のごとく』の一軒家の美しさ、あるいは『ピアニストを撃て』の中に出てくる最後の雪の斜面の一軒家の美しさ、それらと同じような美しさがあり、まさに映画には斜面というものが存在するのだということを久しぶりに見せてくれる。なだらかなスロープに沿った一軒の家、それを俯瞰で捉えた場面の美しさというものにも感じやすくなっていただきたいと思います。この美しさというのは、映画が誕生したときから存在するものです。映画には「一軒家」のテーマというのがありまして、ディヴィッド・ウォーク・グリフィス以来、俯瞰で捉えた一軒家というのは映画にとって最も神経過敏な一点である。つまり、誰にでも撮れるものではない。あるいはスロープというものも誰にでも撮れるものではない。ある映画的な感性を持っている人でなければ、斜面とかスロープというものは撮れないはずです。近く公開される柳町光男という監督が撮りました『火まつり』という映画がありますが、これは紀州の海岸線に沿った山から始まるわけです。けれども、そこにはまさにそのスロープそのものが全然出ていない。スロープを撮ることができる監督はごくかぎられていて、グリフィスの次がトリュフォーであり……というふうに、ぼくは映画史を大胆に省略してしまっております。おそらくその中間にアンソニー・マンという監督が入ってくるかもしれません。とにかく、斜面の一軒家を俯瞰で撮れば斜面の一軒家がフィルムに写るのではない。斜面の一軒家とは映画だけに存在する美しさなのです。それは映画以前には存在しなかったし、映画以外にも存在していない。一軒家を見下ろすというのは、いわば映画が発見した体験であり、才能のある監督だけがそれを撮ることができる。トリュフォーがその一人であることを、『恋のエチュード』は雄弁に証明しています。最近では、ビクトル・エリセが『ミツバチのささやき』でみごとな一軒家を描いてみせてくれました。

『恋のエチュード』斜面の一軒家

もう一つ、この映画は原則として緩やかなリズムを刻んでいるわけですが、ここではことのほかみごとな緩やかな物の移動といったようなものが描かれています。たとえば、この映画の中にボートが出てまいります。このボート自体が映る場合と、湖畔沿いに流れるボートから湖岸に展開されるいくつかのイメージを撮ったワン・シーンのショットなどがありますけれども、それなどは緩やかさそのものがなんとも魅力的な運動を作り出してる。また、汽車と馬車が同じ画面を一緒に走る場面がありますが、あ、ことによるとこれはつなぎ違いじゃないかなと思っていると、馬車と汽車が逆方向に交錯し合ってから、今度は馬車が向きを変えて汽車と同じ方向に走り去っていく。そのときに、これでよかったんだとぼくたちが納得するようないくつもの乗り物の美しさといったものがあります。トリュフォーはいつも多くの乗り物を好んで描いております。映画が動くものである以上、乗り物が描かれてるのは当り前ですけれども、乗り物が物語にある意味ではエロティックにかかわり、ある意味ではまた劇的にかかわってくるということがあります。一番エロティックなかかわり方としては、トリュフォーにおける飛行機でしょう。飛行機が出てきた場合には、だいたい男と女がそのあと愛し始めるという一つの設定があります。トリュフォーの映画ではじめて飛行機が出てきたのは『柔らかい肌』という映画であって――これはなんとなく今日の私自身を思わせるわけですけれども――、その中でのジャン・ドサイが演じた文芸評論家が、ほかの国まで飛行機に乗って講演に出掛けるわけです。その機中でカーテンの陰にそっと見えるスチュワーデスの靴の先だけを見て、その女性に惚れてしまう。それから妻を裏切る物語に発展してゆくわけです。私の乗った新幹線にもカーテンはあったわけですけれども、残念ながらただ揺れているのみで、しかも不気味なことに、そこにぼくと同じ名前を持った小さい子供がいまして、何故かおじいさんとおばあさんと一緒に旅行しておられて、おじいさんがはじめて孫を連れ出すのでひたすら叱りまくっているわけです。で、ほとんどいたたまれないくらい「シゲヒコ、シゲヒコ」とぼくの名前を呼ばれて、いかにも『柔らかい肌』とは違うなぁという印象を持ちながら仙台まで来たわけです。ところで、その飛行機という乗り物が、男と女が恋におちるというエロティックな物語のプレリュードを演じているわけです。トリュフォーはそのスチュワーデス役にフランソワーズ・ドルレアックという女優を使っていますが、まったく違う文脈の中で彼と話していましたらば、「私はフランソワーズ・ドルレアックとイスラエルに行く飛行機の中ではじめて会った」とふと洩らしてしまった。そこで、ぼくが「やっぱり飛行機ですか」と言ったら、トリュフォーが「しまった」というような顔をして机をたたいて真っ赤になって、「飛行機なんだ、飛行機なんだ」と言って話をウヤムヤにしようとしていたことなどがあります。

しかし、この映画で最も感動的なのは、終り近く、姉妹の一人とはじめて結ばれた翌朝、駅でジャン＝ピエール・レオーと彼女とが別れる場面で、二人の前を横切ってゆく荷車のあくまでのろい動きでしょう。そのあと、数十年も時間が経過する。次の場面で男がいきなり中年男として姿を見せる。この荷車の緩やかな運動感こそが愛とその終りであることが無媒介的に描かれている。その美しさをどうか感じとっていただきたい。

トリュフォーという人は、敵に当たる人びとに言わせると非常に政治的な動きをする嫌な男だということもあります。けれども、日本にはさいわい山田宏一さんという二十年来のトリュフォーの友達がおられて、その方を信用していることもあって、しばしば日本に来た。あまり旅行好きでない彼も、日本に来るのは楽しみにしていたということです。そのトリュフォーが日本に来たときにはじめて紹介されたんですけれども、あらかじめ、トリュフォーは大きな男が嫌いだ、自分より背が高い男には非常につっけんどんに当たる、ときにはほとんど無視するというふうに聞いておりましたので大変心配しておりました。しかし、やはり山田さんの友達だということでしょうか、実に丁寧に扱ってくれまして、遺作となってしまった映画をまだ最終的な編集が出来上がる前に見せてもらうというような特権までもトリュフォーから与えてもらったこともあります。一昨年の春のパリでした。私が『恋のエチュード』が大好きなことを知っているので、ぜひ新版を見てくれとも言っておりました。ですからトリュフォーの死後、こうしてこの映画をめぐって彼のことをお話ししにみなさん方の前に立っておりますのは、感慨無量であります。けれども、やはり一番感慨無量であったのはこの映画にも主演していたジャン＝ピエール・レオーではないかと思います。ジャン＝ピエール・レオーは、昨年一〇月にトリュフォーが死んだとき、ゴダールの映画に出演中だったわけです。このゴダールとトリュフォーはおそらく映画史にあって最もあからさまに対立し合った二人だと思います。デビュー以前から親しく、一九六八年以後たもとを分かって以来、ついに和解することがなかった。今日は意図的にゴダールの話をいたしませんでした。いわば、これはアベルとカインの兄弟みたいな、お互いにお互いを排除し合わなければいけない関係であったわけですけれども、まさにゴダールの撮影中に、ジャン＝ピエール・レオーがトリュフォーの死に出会わなければならなかったというあたり、いかにも象徴的な気がいたします。その後、このゴダールの映画は完成して、[2]カンヌ映画祭に出品されるというふうに聞いておりますけれども、いったいその中で、このトリュフォー的なジャン＝ピエール・レオーがどんな顔をしているのかを、一刻も早く見てみたいと思っております。みなさん方も、今夜のこの映画のジャン＝ピエール・レオーの顔、それがいかに繊細な画面として出来上がっているかを、見ていただければありがたいと思います。

1 一九七二年の日本公開版は一〇六分。トリュフォーは死の直前に当時カットした二〇分ちかい場面を復元して完全版（一三一分）を再編集した。

2 『探偵（Detective）』（J＝L・ゴダール、一九八五年）。

鈴木清順

『ツィゴイネルワイゼン』をめぐって

1

シナリオとか撮影台本のたぐいは原則として読まないのでほとんどなんの予備知識もなしに画面に接したのですが、まあ、これが最初から嬉しいわけです。桜は散っていますし。暗黒の闇を背景として白いものが、雪のように、桜のようにチラチラ散っている。清順さんのサーヴィスですね。雪と桜とは、鈴木清順にあっては季節に関係なく共存しうるのかもしれない。ちょっとプレミンジャーの『悲しみよこんにちは』のためにソール・バスが作ったメイン・タイトルを思い出しましたが、あれはシネマスコープでしたね。ところが『ツィゴイネルワイゼン』はスタンダード画面なわけです。最初の画面にレコードが回っているところを見て、本当に感動しました。あっ、これはスタンダードだったなということを思い出しましてね。照明も撮影も申し分ないし、あの画面はスタンダードでなければできないものですから。律儀なほどのスタンダードですね。一対一・三三ですか、あれは。そのとき、清順さんはスタンダードをこれまで撮ってないんじゃないかという気がしたんですが、はじめの二、三本はスタンダードだったはずですね。光の具合といい久しぶりの永塚一栄氏も凝っちゃって。

あの画面に、ほぼ三つぐらいの主題がパッと出てきたと感じたんですね。一つは音と声の主題。その次がレコードという薄っぺらな表面というか、ノッペラボウの主題。それから、レコードという閉じ込められた円環的な世界といいますかね。この三つぐらいの主題が、最初から実に鋭角的に出ている。その三つの主題がいろんな方向に発展していく。それに抗《あらが》い、それを壊そうとするような人たちも出てくるのですけれど主題の一貫性は貫かれている。その主題体系と説話体系との関係から、ついつい『地獄の黙示録』と比較してしまったということがあるわけです。比較はいろんなかたちで出てくると思うのですが、——比較して二人の映画作家のメッセージの差を読むというほどのものではないですが、まず上映時間の二時間二十分という物理的時間の類似性がある。これは、一九七〇年以降の大作の長さであるわけです。ところで清順さんは本来九十分の男ですよね。その九十分の男がいきなり百五十分の男に変容した。ところが、コッポラのほうははじめから百五十分の男として出てきたみたいなところがあって、それにしては、あまりに『地獄の黙示録』が退屈だった。つまり、説話的持続の計測に彼は完全に失敗している。コッポラの場合は、最後の三十分がわからないという人が沢山いますが、清順さんの場合どこからわからなくなるか全然見当もつかない。最後の三十分という場合、それは現実の時間計測の単位に従って話しているわけですが、『ツィゴイネルワイゼン』の説話的持続には、そんなものはまぎれこんでこない。最後の三十分なんて、ここには存在しないですよね、「それから五年」なんてナレーションが入れば入るほど、この作品は無時間化されてゆく。

時間という点からすると、これまでの清順さんの映画は、どこかでメロディーの映画と妥協したり、それを逆手にとったりしていたのだけれど、今度は完全にリズムの映画になってますよね。リズムというよりは、一拍ですね、パンッと鳴る。たとえば里見弴のウチらしいけれど、あの中砂役の原田芳雄の日本家屋の玄関に吊り下がっている魚板をカーンとたたくあの拍子。その一拍というところが、東洋といえば東洋であるし、日本といえば日本であるのでしょうが、コッポラの場合には、その一拍というのがわからなかったので、最後の三十分「ホラー、ホラー」と言いながらも、そのホラーをメロディーとして流してしまった。『ツィゴイネルワイゼン』は一拍である。サラサーテそのものが主題ではなくて、サラサーテを崩している声ですね。あの弦楽的なメロディーのつらなりを壊している声のほうが主題であった。その声があるときは乾いた響きになったり、あるいはメロディーを作らない骨と骨とのこすれ合った乾いた音になる。そういうところにつながっていくし、屋根の上に投げられた石みたいなカラカラカラという音にもつながっていく。最初のレコードの画面から出てきた音の主題というのはメロディーではなく、拍子である。だから、男と男が砂の中で殴り合う場面がありましたが、あれもむしろ骨を打つような感じでした。ですから三人の門付けの芸人たちが持ってる楽器も、乾いた音のほうが強調されていた。原田芳雄が最終的には、肉と肉との探り合いに飽きてしまって、骨と骨との乾いた触れ合いに惹かれてゆく。肉の余計なものをそいでいきたいという願望は、清順さん自身も言っておられたことですが、骨と骨とがぶつかったときたてる音みたいなものが叙情的なメロディーのない映画をますます清順的なものにしていたという感じがしましたね。ギクシャクしてるといえばギクシャクしているし、最後の終り方などもまったくメロディーを欠いている。

大谷直子が、かなり本気で演技してしまってるわけですね。で、しかも全体の状況がわからず、また自分でも何をやってるかわからないから、そのへんの揺れが出てきたのではないですかね。だから、何もないところから一つ乾いた音が響きわたるという……。これがどの程度、演出の目的にかなっているものなのかということが彼女にはわからなかったのかもしれない。しかし、清順さんは、大谷直子を、骨の女として演技させてますよ。肉体の中で最も骨に近いのは指ですが、たとえば彼女が上半身裸になって藤田敏八を招くときの指の仕草とその乾いた音。だから、まず最初の主題は乾いた音であるというふうに解釈します。解釈というよりふつうの耳の持ち主ならそう思わざるをえない。

たとえば死後の世界というのを、それらしく見せてくれれば、みんな喜ぶわけです。事実そういう映画もあるし、コクトーの『オルフェ』にしてもベルイマンの『野いちご』にしても、最後の手招きから、さらに向こうに行ってしまった話ですね。黄泉《よみ》の国の話というのを面白おかしくオドロオドロしく見せる、これは中川信夫的な幽霊の世界になるのですけれど。清順さんはそういう意味での死後の世界は見せませんね。だからそのへんがノッペラボウということになるのですけれど。

彼の真の使命がメロディーの内部に身を置いてそれを壊していくことだとすれば、たとえば『東京流れ者』には明らかにメロディーが入ってる、そのメロディーがあることを前提として、それを一つ一つ崩していくというのが彼の使命だとしたら、今度は、ことによったら堕落と思われても仕方ないのかもしれない。その崩すべきメロディーという前提がないから、これは一種のサボタージュだと――。だからちょっと微妙ではあるんですが。しかしその微妙な点を清順さんは乗り越えたと思います。まず前提としての虚構のメロディー世界みたいなものは今度はいっさいないわけです。だから思うとおりに撮れたというのと同時に、逆に限界がないことによって彼が戸惑っているようなそういう戸惑いの面白さもあったと思いますね。そこでもちょっと『地獄の黙示録』と似てて、あの場合でもお金にしても資材にしてもコッポラは全部自分で自由にできたし、長さだって自分で全部決めることができたわけですよね。にもかかわらず『地獄の黙示録』にちょっと共感できるのは、初々しいと言うとほめ言葉になりますけれど、戸惑って、ちょっとはにかみみたいなものが感じられるからです。そのはにかみを何かで壊してしまうというか、覆い隠して、青臭く居直ってみせるというちょっと素人映画的な、むしろ十六ミリでやったほうがよかったのではないかというところがコッポラにはあるのです。それに似たはにかみが、清順さんの『ツィゴイネルワイゼン』にもあるような気がします。

いままでの清順さんならやらなかったことを何度かやってるということがありますね。たとえばドイツ語学者(青地)役の藤田敏八が、切通しの坂道を登っていく場面が三回出てきますが、いままでの映画であったら絶対に三回は、あれほど長く見せなかった。なにしろ九十分の男ですから。いままでだったらせいぜい二回、それも二度めは思い出の回想のカットの中でしか見せなかった。それを今度は堂々と三回も見せてくれる。しかもその三回がそれぞれ違った状況――友人の結婚式と、それから死――に彼を引っぱっていく。確か、最初のときが中砂の結婚祝いで、そのあとがいなくなったときと、それから葬式のあとでしたか。それぞれが衣装が違っていて、しかも状況はほとんど同じで、あそこを三回も充分撮っているというのはいままでたぶんやらなかったことですね。この不経済な図々しさこそ自由がきくことへのはにかみなのではないか。九十分の男としての清順さんは、ここで時間の職人たることを放棄しうる贅沢さを、むしろ素人っぽく満喫していると思います。

企業映画の持っていた起承転結というか、はじめから課された終りというものを今度は清順さんは持たなかったのですよね。つまりそういった限定を持たなかったので、はてどこで終るかという点に関して、逆にかなり悩んだのではないかという気がしました。

ブニュエルが、いわゆるブニュエルファンたちを徹底的に軽蔑していて、あいつら何かむずかしいことを言うだろうという悪意からまったく意味のないことをいろいろやっていますが、清順さんもそれに似たことをやっているのではないかと感じますね。おまえら、ここいらへんで喜ばしておくから、こっちのほうは見るな、と。それから面白かったのは、いくつかあるのですけど、あの映画の中では原田芳雄は放浪する男として設定されているのですね。藤田のほうは、ふつうの人間、つまり私どもですよね、ホントに「私」と言ってる。私は放浪しない人間として、ウチにいて奥さんもいて、という設定なんですが、実際に画面に見えているかぎり、藤田のほうが徹底的に歩くわけですね。いま言ったように、まず、切通しのところを何度も歩くし、それだけではなく電車に乗るのも、汽車に乗っているのも藤田であるし、実は放浪するはずのないヤツのほうがさかんに放浪して、放浪している原田のほうは、ほとんど見えないわけですよね、なるほど小稲を連れてちょっと歩いたり、最後、死ぬ前に三人の子供に導かれてクスリを喫いながらついてゆくところなどもありますけど、実は、原田のほうがはじめから終りまで同じところにいて、藤田のほうがよっぽど放浪している。そういう逆説的な構造が出ているのではないかという気がしました。『東京流れ者』なら、主人公はひたすら放浪する。で、その放浪することで話が展開するのですが、この場合は話をいろいろ進めていくのは放浪という身分を背負っていながら、ちっとも動かない原田のほうで、藤田敏八のほうがやたらに放浪させられてしまっているんです。ここらへんには、ことによると生と死との逆転という主題が隠されているのかもしれない。

で、藤田が何故放浪するかというと、何か、こう招かれるわけですよね。だが、何に招かれているかは、現実の藤田敏八には、どうにもわからなかったのではないかと思います。招かれるということは記号を受け止めてしまうということですが、その記号を受け止めることだけはできたわけですね。だから汽車に乗ったり電車に乗ったりする。ただし、その記号の方向を間違えたのではないかという気がします。実際、ぼくにもそれはよくわからないのですが、ただはっきりしているのは、藤田のような男は戦後の日本にも存在しうる人物だということです。事実、ぼくも大学の語学教師ですからね。

死の世界からの手招きというだけでなく、なにか戦争を通り越した向こうの世界に招かれているというようなことがあるのではないでしょうか。あるいは逆に、藤田みたいな男が生き延びて、戦後日本を作ったという感じもありますね。ついに最後まで手招きには応じきれなくて生き延びてしまって、映画など撮って。だから清順さんは、おまえ、これからも映画を撮れって言っている。しかし生き延びたと思ってると、その戦後日本こそが死者の世界なんだと……。

原田芳雄のほうは、清順さんの世代体験に寄り添った人物ですね。昭和一〇年代の無頼派的なところがあって。女に関しては太宰治を思わせるし。

しかし、逆に言うと、やはり藤田のほうがしぶとい。清順さんの演出の意図をうまく汲まなかったとか、あるいは役作りを間違えたということじゃなくて、記号の方向を無意識にとり違えることの強さがある。そうした生に対する執着がモロ出てしまった。それならお前は生きろと。ただし、やたらのことでは生き返らせないぞ、これから映画撮るときは、おまえはいままでの映画じゃダメだぞというところまで言ってるみたいですね。

大楠というんですか、あの安田道代は、カツラだと思うんですけど、あの髪型を受け入れたことだけでも偉いと思います。

レコードと同じ文脈から言えば彼女が藤田と懐石料理を食べる場面があります。あそこの器が全部丸くて机が見えないくらい並んでるわけですね。懐石料理というのはもっと、楚々《そそ》としたものなのに、あれだけ器を並べてしまって、しかも並べた器でほとんどテーブルを隠してしまう。その中で大楠道代が、必死にハシを持って円型の容器から容器へとつついて回る。これは非常に面白かったですね。円型の主題があんなところに沢山出ていて。彼女は徹底して円型にこだわる女です。顔からすれば大谷直子のほうが丸型ですが、サララサーテのレコードを隠しているのは大楠道代ですからね。

その円型が、だんだん桃のように崩れていく話だと思うんですが、あの場合は周囲が完璧な円を描いている。桃が、だんだん腐敗していたように、彼女自身の肉体もじんましんですか、アレルギーですか、身体がだんだん崩れていくような感じになりましたね。彼女は、口唇的な女で、舌をよく使う。それに対して大谷は指先の女です。糸こんにゃくをひたすらちぎり続ける大谷と、桃の腐りかかった蜜を吸い、原田の瞳孔をなめる道代が対応しています。彼女からは、乾いた音は響いてきませんね。

橋が、沢山出てくるのですが、最初の渡り銭を出して渡っていく芸人たちが歌をうたう橋と、最後鎌倉の八幡宮のたいこ橋ですか、あれを見てると橋を完璧に渡りきったのはやはり藤田しかいないことが明らかになります。藤田だけが完全に、向こう側から来て、また、向こう側へ戻る。その橋をけっして横からは撮らず正面から撮っている。円型のふくらみみたいに。あの最後の橋を渡ってしまったところで彼は死んだはずなんですが、女の子に手招きされても戻ってしまう。橋はまだ沢山出てきて男二人が小稲と一緒にいて、下で樹木希林がうなぎを捕ってる所を渡って行くところなどもありますが、完璧に渡りきるのが場面に示されるのは最後だけです。だから、終り近しという感じはしたんですけどね。

あるいは、そこで戻らなければ死んだんだと思いますが、やはり戻ってしまったのではないかと思います。ただし、戻った場所が実は死の世界だったのかもしれないが……。

そこいらへんは清順さんも最後まで迷ってよくわからなかったのではないかと思いますが、しかし渡るという仕草の象徴性にはあまりこだわらないほうが安全だと思う。それより、同じ橋のところで花火が出てきますね。登場人物が全部そろって空を見上げている。しかし、花火なんて小道具を使いながら花火の絵は見せないし、また季節感もない。やはり、ポーンという乾いた音だけでしたね。この映画の一つの特徴として、かなり多くのことを絵にしているかにみえながら、いざというときに絶対に画面を見せないというところがありますね。

たとえば骨壺。骨の話が最初から主題になっているんで、どこかで骨が出てくるはずだと思わせながらも、やはり藤田敏八は、壺のふたを開けずにおく。で、ついに骨は見せないのだけれども、骨と骨との触れ合う音のような乾いた響きが最初から音として出ていますね。その意味で、これは『地獄の黙示録』の音響にもまして、完璧なトーキーです。

それからあの、鬼は外、福は内のあのときの豆の投げ方に、役割に応じた陰陽があったのではないかという気がするのですが、これはもう一度見ないとわかりません。

清順さんの映画では、人物が手の甲を見せるか見せないかが、かなり重要ですね。外で藤田と原田がソバを食ってるところがありましたね。あの場面の原田は、はっきり幽霊のように手をたらして陰の仕草を示しているんですよね。

さて、誰が幽霊なのか、いつ、誰が死んだのか。大谷直子は陰陽の手を、ほとんどしていないでしょう。例の上半身裸になって、指を、パチンと乾いた音で鳴らすところとか、窓の下に三人の盲目の芸人が来たときに、おひねりみたいな物を作ってますね、――窓の外に投げるところは出てこないのですけれど――とにかく彼女は、手の甲というよりももっぱら指を使ってたように思います。それに対して原田のほうは、徹底的に手の甲を見せていた。原田のほうがすでに最初から幽霊で、小稲たちを、まきこもうとしているのか。最初から骨の話をする小稲のほうが、物語のうえからすれば死を背中に背負ってるわけですが。

しかし、絵で見るかぎり彼女は乾いてるわけです。後半は、いくぶんしめってきますけれども、立居振舞はドライです。さっき、肝心なところを見せないということを話しましたが、うなぎの肝の話をしてます——樹木希林が死にそうな夫に口移しで、のませているという。そこも絵にしてない。それを実際に絵で見せるのは大楠道代のほうです。あの樹木希林の役というのは実に奇妙で、ほとんど口をきかないし、黙ってうなぎを捕っているだけですし。

2

清順さんは、世代的には戦中派ということになっているんですが、映画的には徹頭徹尾戦後派ですね。明らかに太宰治を読み、小林秀雄も読んでるかもしれないし、内田百閒にしてもあるいは横光利一も読んでるでしょうが、映画という点に関すると、徹底して戦後的だと思うんです。たとえば加藤泰の場合、これは徹底して戦前的な映画作りですね。芸術、文学的な教養もあるにはあるだろうけれども、実際に映画的な環境の中で育ってきて、物の考え方も映画的で、キャメラの置き方も、まったく戦前の、ということはアメリカ映画的で、本質的にはメロドラマ作家として出発したと思うんです。これは、もちろんいい意味で言っているわけです。だが、清順の場合には、その意味でのメロドラマ性というのははじめからない。おそらく鈴木清順は山中貞雄なんか見ても、これじゃいかんと言うと思うんですよ。ところが加藤泰だったら、彼は山中貞雄のオイですが、しかし血縁のうえだけではなく、精神的にそのオイでもあるし、山中貞雄的な世界を一つの映画的な理想としてるということもよくわかるのです。しかし清順さんは、そうした世界にはいかなる郷愁も持ってはいない。その意味で映画作家としては、稀にみる戦後派だと思います。

話は全然違うんですが、藤田敏八のような人間像というのは、日本映画にいままであまりなかったですね。小説家にしても、絵描きにしても、誰かスターがいて、いかにもそれらしくという努力はしてるんでしょうけれど、その演技よりもドキュメンタリーな面が出てきてしまうんですね。その点では非常に生なましく、大学の教師らしいかどうかはともかく、実業にたずさわらない人間の雰囲気が出てしまった。

清順さんもそれにはホロリとしたんではないかと思います。つまり、書斎人であるみたいなことは何も言わないし、酒飲んで、汽車に乗って、電車に乗ってトンネルくぐって、真っ赤なポストの横を歩くというようなことしかしていないのに、藤田敏八がドキュメンタリー的に露呈してしまった。青春映画のチャンピオンの黒眼鏡姿とは違う、インテリ青年として……。ドキュメンタリー性といえば、この映画には若者は出てきませんね。まあ、みんな中年と言ってもいいと思いますが、出てくる男はみんな四十づらで、女のほうも三十越えてる。大谷直子の肌など昔の清順さんだったら、裸にして照明操作で生気のある裸に撮っちゃったと思います。あの裸はちょっとたるみ始めて、たとえばこの腕に指をそえると皺が見えてきて。現実の女性としては、そうした年齢の裸に惹かれないではないのですが、昔の清順さんだったらその皺は見せなかったのじゃないかという気があるわけです。これは原田芳雄の肌にしても、そういうものが感じられましたね。普段はジーパンはいて長髪で若作りにしていても、裸にすると若々しい肌ではなくて、やはりすこし中年ぎみの白っぽい肌。つくづく若者がいないなという気がしましたね。現代日本を支える中年のドキュメンタリー。その生なましさが、かえって、そこらあたりの青春映画よりフィルムそのものを若々しいものにしているのです。

見てたとき、前の席の人が飛び上がったところがありました。大谷直子が青地家を訪ねてきて不意に「ウチの子どこ行っちゃったのかしら」と言うところで、女の子が窓ガラスの所からフッと見ているところがありましたね。で、それに大楠道代が驚いて悲鳴をあげて立ち上がるんですが、前の人が、コトッて飛び上がってました。これはたんなる不意打ちのショックといったサスペンス映画の問題というより、顔の丸さからくる円型の主題として見られるべき画面のような気がしました。窓枠の長方形に捉えられた首の丸さ。これは絵の裏に隠されたレコードでもあるわけです。だから大楠道代はあんなにびっくりしたわけですね。そのほか、原田芳雄が首だけになって見えるところもありましたが、主題論的な統一さえあれば、『地獄の黙示録』みたいに生首をちょん切らなくても、こわいわけです。この映画の基本的なモティーフはメロディーではなくそれを突き崩すリズムというか拍子だと言いました。清順さんの映画はいつもそうなんですけれども、こんどは奇妙に松竹大船的な演出があったと思います。それは最初に小稲と二人の男が出掛けていって、お茶屋のようなところで休むところです。あそこの目線の使い方というのは徹底して松竹大船的だったと思います。つまり藤田敏八のほうにいくらか女が惹かれていくが、藤田は離れ、むしろ原田のほうが女に絡んでいくというのがありましたね。これは、物語としてはメロドラマ的な構造を持っています。つまり藤田が左端にいて、大谷が真ん中にいて、原田が右にいるというかたちがあります。原田のほうがどんどん近づいていって、藤田は女を離れる。すると画面は当然原田と大谷だけを、捉えることになるのですけれども、そのときの大谷の演技が全部画面の外にいる藤田の方角に向いている。これは目の動きが心理を表現しているわけで、この種の演出はあまり清順さんはやらなかったと思うんです。

その前の料亭で原田が寝ころんでいる場面もそうです。目線とカットのつなぎが、あまりに正確すぎて、非常に伝統的なカットの割り方をやっており、これは、ほかではあまり気がつかなかったんで、やはり彼は松竹大船の出かなぁと奇妙な感じを持ちました。逆に、ここいらへんでは、こういうふうにやっておこうとしたんじゃあないかとも思ったんですけれど。

大谷直子が後半、原田が死んでから顔だけの演技になりますね、顔だけと言うより背中と肩で演技させられてました。それまでは正面を向いていたのが、こんどは斜めうしろから。そして、足のあたりはまるで画面に映らない。あれは撮影が素晴しかったと思いますね。何度も、本を貸したと言って訪ねてくる。肩からだんだん首筋を見せて。で、斜め横から顔を見せて、本をもらうと、またクルリと回り、もう一つ反対側の斜めうしろを見せるんですね。オールロケとはいいながら背景がまったく清順映画のセットみたいに出来上がってました。そうすると、スタジオのセットの中の映画よりも日常というか現実のほうがずっと清順さんの世界に近いのではないか(笑)。探せば必ずセットがある。しかも、いまの映画では、あれだけのセットはとても作れない。金がないというだけではなくて、誰にも想像力がないから。

あのキャフェもロケですか。手術後の玉川伊佐男が奇妙な格好で手を洗うんですが、あのとき、音がするんですよね、氷の触れ合う音が、水のビチャビチャというよりは乾いた、骨の触れ合うような音が。ここにも主題論的な統一があるわけです。

というわけで、映画は非常に面白かったんですけれど、ただ一つ不満がある。どうも、声が悪いという気がしました。「ここは、お国を何百里」の替え歌がありましたね。あれがいかにも、図々しく地声だという感じがしました。もう少し、しょっぱい声が出ないものだろうか。女にしても声が感心しない。だからあの三人組の芸人は、イメージのほうが強くて、声を出したりする場面では、ちょっと弱いという感じがしましたね。清順さんが、わざと意図的にあの程度の生の声を受け入れたのかどうか。

最後に残るのは、シネマ・プラセットの荒戸氏があういうものを作った面白さですね。荒戸氏から電話をもらって、鈴木清順の映画を撮っていると聞いたとき、思わず「ああ、十六ミリですか」と言っちゃったし、そう思われるほうが自然な状況の中で、三十五ミリ。しかも、黒白映画かと思ったらカラーだし、見てみると撮影から照明まで全部凝っていて、独立プロのわびしさはない。しかも上映がドームで。そのドームの中での上映施設も、非常にいいと思いました。ふつうの映画館は言うに及ばず、いまそれぞれの映画会社の持っている試写室でもスタンダードの、一対一・三三というやつは、まともにかからないわけですよね、みんな上下が切れてしまって、シネマスコープ的に。それを完全な画面でやってくれた。新聞が読めるほど明るすぎもしない。いまは世界的にテレビにすぐかけられるということで、スタンダードのほうがはやってるんですが、日本では、まだまだ横が長すぎる。『地獄の黙示録』なんかでも、まだ上下が切れてると思いましたね。有楽座で見たとき、こんな画面じゃないはずだという気がしました。だから、律儀に上下左右そのまま尊重して映してくれたというのは、荒戸氏はどの程度意識したかはともかくとして感謝すべきだと思う。清順さんは、昔から、大きなスタジオでなくては絶対に撮らないと言ってましたね、昔のインタヴューで、仮に独立プロから話がきても撮りたくないと言ってました。その鈴木清順をあれだけの状況で撮らしちゃったんですから、これは荒戸さんという人は、プロデューサーとしてちょっとした人ですね。

清順さんが三年ぶりに、よく撮ってくれたということもありますが、やはり、永塚一栄さんに声をかけたということは、われわれにとっては大事件だと思う。まあ再会と言ったらなんですが永塚さんの撮影があの映画の成功の一因だと思いますね。七十歳をすぎておられるはずですが、あれだけの写真を撮られちゃうと、同世代の人が黙ってはいないという気がします。

一四七ページの図版は旧版より転載。

第V講

ジブラルのタル鮫

わが映画遍歴

聞き手＝かわなかのぶひろ（「月刊イメージフォーラム」編集長）

――今日は、蓮實さんに観客のプロという立場からお話を伺えたら、と思います。まずはじめに、蓮實さんが一番最初にご覧になった映画の記憶というのは、どんな映画でしょう。

そうですねえ、記憶にあるのは、親類が庭でお花見をしたのを撮ったのを見たのが最初ですかねえ。たぶんあれは九・五ミリだと思いますけど、昭和一三年か一四年ぐらい、ぼくが二歳か三歳のときですね。

――映画館じゃなくホーム・ムービーを!?

ええ。そのときに記憶に残ってるのは、パンなんですね。従姉妹たちが走ってて、そのあとを伯母が追ってゆく光景のパンが鮮明に記憶に残ってますね。

――へえー（!）、九・五ミリっていうとパテーベイビーですね。

だと思いますけどね。どこにいっちゃったのか知れないですけど。

――もうフィルムはないんですか。

ええ。誰かが撮ってたという記憶さえまったくない。ただ、突然ある晩にみんなが集まってそれを映し始めた、その記憶だけがぽっかり幼年期の薄暗がりから浮かび上がってくる。それがおそらく一番最初に見た映画だと思うんです（笑）。

――戦前はホーム・ムービーがとても盛んだったそうですね。もっとも九・五ミリというと、いまでは再生装置がほとんどないからフィルムが残っていても手軽に見るわけにはいきませんね。NHKとかPCLあたりに行かないと……。まあ、フィルム自体も震災で燃え、空襲で燃え、いまではほとんど残ってないらしいですけど……。

そう、ぼくが住んでた家も戦災で焼けました。うちの母方はかなりの大家族で、毎年一回、祖父母を中心に親類のものたちを集めて、庭に毛氈《もうせん》を敷いてお花見なんかやってた、小津みたいにね（笑）。その写真は残ってるんだけど、そのとき誰かがカメラを回してたなんて記憶はないんだなあ。

――一番最初の映画でパンに感動したなんて、いかにも蓮實さんらしい記憶ですねえ（笑）。商業映画はよくご覧になりましたか。

一番最初に劇場で見たものが何かってのは記憶が曖昧なんですが、たぶん『ターザンの猛襲』じゃないかと思いますね。あとで訊いてみると帝劇だったたっていいますけどね。流れていく鬼蓮の上にボーイが怯えた顔で座ってる。滝がもう目と鼻の先に迫っている。それをターザンが抜き手をきって助けにいくシーンは確実に覚えてます。戦前ですね。

――初期のターザン映画は記憶にいくつかあるんですが、もっともあれは映画じゃなくて、ポスターの絵柄の記憶かもしれません。
おそらくカットバックなんでしょうね。ターザンがいてボーイがいて滝があるっていう（笑）。不思議なことに、そうした画面のつながりの意味は、はじめて映画を見る五歳の子供にもわかってしまう。もう一つまったく題名もわからないというのが——幼稚園のころだと思いますね。いまはなくなっちゃったけど六本木に日本映画の二番館があって、そこで見た映画なんですが、なんでもお姫様が鎌倉あたりの土牢に閉じこめられていて、そこから助け出されるんだか、そこで死んじゃうんだか（笑）、やたらに桜の花ビラが散る、そんな映画を見た記憶があるけれど、誰の映画だかまったくわからない。

—— 六本木のどのあたりなんですか。

漠然とした記憶では、六本木の角をいまの防衛庁のほうへ少し歩き始めた右側あたりだったと思いますね。

—— 映画と一緒に映画館の記憶がたえずついてまわるようですが、蓮實さんがよくいらっしゃった映画館というのは——。

麻布十番のほうに沢山ありましたね。これは夜、六本木の家で仕事が終っちゃうと——あのころはどういうわけか、べつに豊かでもなかったのに女中さんが三人か四人いるわけです、どうやってまかなってたのか（笑）——その女中さんたちに連れていってもらったという記憶がありますね。高峰秀子がモンペはいた映画とか、そんな国策映画はいくつか見ましたが、同じ高峰でも秀子と三枝子が姉妹でないってことが、人生で直面した最初の謎でした——。『轟沈』という記録映画も、『ハワイ・マレー沖海戦』も、『海軍』も見たし、『ハワイ・マレー沖海戦』のアニメーション版の『桃太郎の海鷲』というのもありましたね（笑）。これは動画ですけれど、桃太郎だから猿がいてね、尾翼に機関銃が当たって飛行機が落ちそうになっちゃうんです。すると猿が機体を伝っていって尾っぽで尾翼を必死に固定しているなんてところが、アイディアとして悪くないんじゃないか、などと思った記憶がありますね（笑）。

―― 戦時中というのはほとんど映画は見れないわけですね。

ええ。でも、疎開先の小学校でよく巡回映画なんかをやっていて、そこで見た記憶もありますね。『或る日の干潟』なんていう記録映画とか。これはどの学校でも必ずやりました。

―― 疎開はどちらだったんですか。

長野県の伊那なんです。そこでおそらく、溝口健二の「四十七士」（『元禄忠臣蔵』）じゃないかなあ、そんなのを見た記憶があります。

―― 学校の講堂とか、そういうところでですか。

講堂だったか、夜、校庭でやったんだか、そこらへんはちょっと覚えてませんけどね。

―― 夜、庭で、っていうのはいいなあ。風情があって（笑）。スクリーンが揺れたりして――。

そうですね、風で揺れて、上に月が見えて――。スピーカーが悪いから声が割れちゃってね。

―― 当時は校庭というと、真っ暗になるところだったからできたんでしょうけど。終戦のときは何年生だったんですか。

小学校三年でした。

——そのころから映画はもう、かなりご覧になってたんですか。

終戦直後っていうのは東京にいなかったし、六本木の家が焼けちゃって——ここの家（東松原）は残ってたので、ここへ帰ってきたのが昭和二一年だと思います。それで学校から映画を見に行ったり、文部省特薦の映画ですね。島耕二の『緑の小筐』とか……。

——疎開から帰ってきて見た映画というのは『手をつなぐ子等』とか『鐘の鳴る丘』とか——、こういうのは学校で奨励してた作品でしたね。むしろそれ以外のものに興味があって、映画館へもぐり込んでたんだけど（笑）。

それから疎開してた村の近くの都会が上諏訪か岡谷なんですね、戦後そこへよく汽車に揺られて映画を見に行った記憶があって、そこではチャップリンなんかひたすら上映してたし、『うたかたの恋』とか『格子なき牢獄』とか『赤ちゃん』とか、戦前のフランス映画がどういうわけだかやたら出てました。当時封切られたものとしては、昭和二三年か二四年になると思いますけれども、鮮明に記憶に残っているのは稲垣浩の『黒馬の団七』。ぼくはながらくこれを昭和一〇年前後の傾向映画だと思ってたんですが、戦後の作品なんですね。

——それは残ってた戦前のプリントを誰かが持ってて、一斉に放出したんですかね。

ええ、だと思いますねえ。

——以前、映写をやってた人のお話を伺ったら、戦争でもの凄く儲けたそうです。終戦後のドサクサにともかく映写機とプリントを持って、上映するとそれだけで人がムチャクチャに入って、ずいぶん儲けたんだよ、なんて（笑）。

おそらくコピーライトなんてないから、戦前からあったものがずいぶん出回ってたって感じですねえ。

――まあもっとも、戦時中にそういうのをちゃんと残しておいたっていうのも凄いことですけど。それはちゃんとした映画館で見られたんですか。

ええ。みんなちゃんとした映画館でやってたんです。

――そうすると地方のほうが映画的復興は早かったわけですね。

あるいはもっと無政府的な状態があったんじゃないですかねえ（笑）。

――稲垣さんのその作品なんていうのは、いまは――。

このあいだのフィルムセンターの「稲垣浩監督特集」（一九八一年五月）では上映されませんでした。あれは何年だったっけな……、昭和二三年、『手をつなぐ子等』よりもあとですね。

――ぼくは母親によく連れられて大人の映画を見に行ったんですけど、蓮實さんはもう一人でどんどん――。

一人で行き始めたのは中一ですから昭和二四年ぐらいからです。それまでは親父について行ったりお袋に連れていってもらったりしたんですけど――。それから母の従弟に小野二郎って人がいて、当時は一高生だったと思うけど『愉快な家族』なんて、彼に連れてってもらいました。ちょうど東宝争議のころで、東宝の映画館は全部外国映画になってたんですね。だからいまではちょっと封切られないようなヨーロッパの二流、三流の映画なんかもかなり出てきたような記憶があるんですけどね。で、もちろんアメリカ映画のほうはセントラル・モーション・ピクチュア・エクスチェンジがあったから、東宝に出てくるのはアメリカ映画以外のものだったような気がします。

——欧州映画なんかを——。

ええ、そうですね。たとえばモーリス・シュバリエの出る『王様』とかね、それから『ジブラルタルの鮫』とかね、あの手のものがずいぶん出たような記憶があります。ところがぼくはそれを『ジブラルの夕ル鮫』と覚え込んじゃって、小判鮫みたいなタル鮫ってのが出てくる映画かと思ったら、全然違う（笑）。

——アハハハ……。学校はどちらだったんですか。

小学校からずっと学習院なんです。

——じゃあ中学生になってから映画へ行くというのは、うるさくはなかったんですか。

いや、そうでもなかったですね。当時、学習院の中学へ上がってすぐですが、清水幾太郎とかおそらく日本で一番戦後民主主義を讃えたような人たちがいたわけです。だから映画なんかむしろ推奨したって感じですねえ。安倍能成の趣味で、中学にも一高東大の若い先生たちを集めちゃって、その先生方が「君たち、ルネ・クレールを知らなきゃいけませんよ」とかね。個人的に先生に連れられて映画を見に行った記憶もあったと思う。『みどりの学園』なんていうのにも行きました。先生に夏休みに手紙出すと、返事に「デュヴィヴィエ見ましたか」とかね（笑）、環境としてはかなり充実してたと思います。

——やっぱり先生なんだなあ。

『自由を我等に』の影響でチャップリンの『モダン・タイムス』が出来たなんて映画史的な事実は、

両方見る前に、中学一年くらいに先生から聞いてたと思います。

――ぼくも中学の英語の先生に『恐怖の報酬』なんか、トップシーンからラストシーンまで絵入りで教えてもらったりした記憶があるんです(笑)。

「質問」なんて言っていきなり映画の話を始めると、先生がひっかかってきちゃったりね。でも当時の先生ってのは、やっぱりヨーロッパ映画志向なんですよね。で、学校では当時封切られたアメリカ映画はなかなか話題にならなかったから、それを見る喜びが、教師に対する反抗っていう気持で、あったかもしれませんね(笑)。マイケル・カーティスの『進め竜騎兵』って、テニスンの叙事詩の映画化なんです。で、英語の時間に先生がテニスンの話をすると、こっちはマイケル・カーティスでまぜっ返す。テニスンを理解するには三〇年代ワーナー活劇を知らねばならぬとか妙な理屈をつけて……。

――アメリカ映画なんかはかなり自分で選んで――。

まあ、あのころは子供向きのものが――『仔鹿物語』とか――、親に連れられて見に行った記憶がありますけれども。そういうときにね、予告篇があるでしょう。その予告篇のほうがどうも面白そうだ、と。西部劇にしてもね。あんなに簡単に人を殺してしまっていいのかなと思ったり(笑)。それから男と女が深刻な顔をして喧嘩してるんじゃないかと思うと、いきなり接吻したりとかね(笑)、切り返しでお互いに見つめ合ってるってところが、子供心にどうも喧嘩に見えるんですね。ところがすぐに抱き合ってしまう、これはやっぱり違う世界のことだと思ったことと、もう一つ、非常に気になったのは、どうも外国では紙の質が非常にいいに違いない、と。チャッと封筒を切って、それをパッと開けて手紙を読み始めるときの音が、どうもわれわれが破るときの音と違うわけですよね。そこのところが非常に魅力的だった。日本には存在しない紙があるんだっていう――、当時は新聞、雑誌にしてもみんな非常に粗悪な紙でしたからね。その紙に対するフェティッシュな欲望みたいなものを覚えたんですね。ところがいまどんなに紙の質がよくなっても、あの手紙を破る音は出ないわけですよ(笑)。

――ええ、ええ。西部劇なんかはずいぶんご覧になったんですか。

ええ、かなり見ましたねえ。確か小学校のころに『荒野の決闘』を見損なったんです。それが非常に重要な欠如の意識となってつきまとってました(笑)。で、中学になってはじめて――笹塚館というのがありましてね、それが九十九銭なんですよ。たしか一円になると税金がかかるってんで九十九銭で興行してて、一円出してもお釣くれないんですけどね(笑)。あっそれとも三円からかな、二円九十九銭だったかもしれませんね――で、小遣いもらって散歩に行くなんて言って笹塚館に行って、そこではじめて少し遅れて『荒野の決闘』を見た記憶があります。一方では『硝煙のカンサス』とか二流のものに狂っていて、『真昼の決闘』とか『シェーン』に大騒ぎする連中を心から軽蔑してました。

――映画を見るためのお小遣いはかなり沢山もらえたんですか。

いや、やはり、なんとかして捻出したりしたんだと思いますね。そんな豊かであるはずがないんでね。

――ズル込みなんかはあんまり――(笑)。

それはやらなかったですねえ(笑)。トリュフォー的ではないんですね。なんか気が弱いのか、一応——。

——ぼくはズル込みの常習だったけど(笑)。蓮實さんはご覧になった映画のプログラムをほとんどお持ちですね。先日その一部を見せていただいたんですけど、当時プログラムは必ず買われてたんですか。

ええ、その当時、カタログ文化のはしりなんでしょうかねえ、あれで勉強した。まあ安かったってこともあると思いますねえ。最初は三つ折りのザラ紙のやつでした。そこに細かい活字がギッシリ詰っている、ほとんどタダ同然でくれたようなところもありますし——。

——向こうの俳優なんかに手紙を出されるなんていうことはなさらなかったんですか。

友達に何人かいましたけど——、ジョン・フォードに手紙書いたら、ジョン・ウェインから返事がきたとかね(笑)。しかしぼくは書かなかった。

——中学校のときはほとんど毎週みたいに映画をご覧になってたんですか。

ええ、なんのかんの言いながら——、今日は陸上競技の練習だなんて言いながらね、実は映画を……(笑)、そういうことはありましたねえ。

——陸上競技はどんな種目をなさってたんですか。

ぼくは、円盤と砲丸とハイジャンプです。

——本当ですか、信じられない。

円盤投げは新宿区の記録を持ってるはずです。もう破られたでしょうが……。

——そのままずっと学校と映画館というのは両立して、上へ進まれたわけですか。

両立させちゃったんですけどね（笑）。

――だけど大変なことでしょう（笑）。ご両親は映画を見ることに対しては寛容だったんですか。

両方とも嫌いじゃなかったと思いますね。親父のほうがドイツ表現主義時代の映画をずっと見てたんで、そんな話はしてくれたし、母親のほうはフランス映画でしたねえ。

――羨ましい環境ですね。

でもこんな気狂いになるとは思ってなかったでしょう（笑）。終戦後のドイツ映画ってのは、唯一入ってきたのが、ロベルト・アドルフ・シュテムレって人の『ベルリン物語』とか、『犯罪国境線』かな。それから「少年探偵団」ものがありましたね。そんなものを、親父が見に行こうって連れて行ってくれたんです。母親はフランス映画で、アメリカ映画は一人で、あるいは友達と、ということです（笑）。

――アメリカ映画は、いわばたんなる娯楽っていうニュアンスが強かったですからね。ぼくの父は『月世界征服』を見てて、生涯にただ一本だけ『地球最後の日』は見ていいと、許可されたけど、あとは全部親に内緒で見てたんです。

アメリカ映画は――、一九四一年から一九四五年くらいまでの戦時中の映画が一挙に出たわけですよね。ですからほとんど信じられないことですが、マイケル・カーティスなんてのは一年に四本から五本ぐらい入ってきたんですね（笑）。そんなことでぼくはワーナー活劇に一番惹かれましたね。ワーナーの伝記ものね。

――どういう作品ですか。

例のあのローリング・トウェンティですね。『彼奴は顔役だ！』にはやっぱり感動したし、メロドラマでは『大雷雨』の悲劇に胸を痛めた。あと西部劇ではやはりカーティスの『カンサス騎兵隊』とかね、ロナルド・リーガンが出てくる（笑）。ウォルシュの『戦場を駆ける男』もエロール・フリンとリーガンのコンビでそこらへんのものが好きでした。マイケル・カーティス全盛時って感じがするんじゃないかなぁ。伝記ものではクラウレンス・ブラウンの『愛の調べ』。ロバート・ウォーカーのブラームスが舞台のそでで最初の自分の曲を聴いているとき、唇をわずかに広げると粘っこい唾液がネチャっと糸を引いたりして。

――だけどリーガンが好きで見てたってのはちょっと特別ですね（笑）。当時はむしろランドルフ・スコットなどのほうがカッコよかったのに――。そのころ一番感動した映画というのは――。

封切り当時『荒野の決闘』が見られなかったという記憶があるのと、名画座で上映されるルネ・クレールの「パリ」とほとんど同時に、戦中戦後のフランス映画のパリがぼくの中では同居してるわけです。非常に生なましいパリで感動した記憶があるのは、ジャック・ベッケルの……『偽れる装い』もそうなんだけど、そうじゃなくて若夫婦が富クジに当たっちゃう……ちょっと失礼（本を探す）……『幸福の設計』ですね。これが非常に生なましくてね、確か最初のところで音楽が聞こえてくるんだけどなんの音だかわかんないんですよ。それがピアノの調律師が調律してる音なんですね。それが確か導入部だったような記憶があるんだけれども、その音が妙に生なましくて、デュヴィヴィエとかああいういわゆる懐しのパリとはまったく違うのが、いきなり飛び込んできちゃった感じでね。ルノワールの弟子なんてことは全然知らないで、当時は、これはルネ・クレールのパリの現代版だなんてふうにして確か封切られたんじゃなかったかっていう記憶がありますけれどね。一九四七年の作品ですね。フランス映画の中では非常に印象に残ってます。ぼくはジャック・ベッケルの世代なんです。『肉体の冠』など、二十回は見てます。

もう一つは、これはぼくの通俗志向みたいなものだと思うんですけれども、『荒野の抱擁』っていう、これはイタリアのジュゼッペ・デ・サンティスって人の作品で、これがまたなんかドロドロとしていて。状況もよくわからないうちに不意にある男が殺されちゃったり、女のカツラがとれると丸坊主だったり、それが非常にエロティックな記憶として残ってます。中学一年だったと思いますけれども。アメリカ映画では、なんでしょうね、一つ突出したものってのがないんですね。むしろ名前によって……、とにかく。ジョン・フォードもハワード・ホークスも新作が必ず上映されるっていう時期ですからね。あっそうだ、ジョン・フォードには二つ欠如があって、占領下では『アパッチ砦』は上映されなかったんです。ほとんど公開寸前までいって確かアメリカ軍全滅ということでね、映画雑誌にストーリーの紹介まで出ながら、ダメで帰っちゃったんです。日本の独立後にはじめて見られたんですね。『アパッチ砦』って思ってた記憶がありますね（笑）。（五三年日本公開）これは正月封切りなんだけど、暮の二六日に一日だけ特別公開した。早朝に駆けつけて一日じゅう映画館にいました。

―― 占領下だと弱いアメリカを見せちゃいけないわけですね（笑）。やっぱり監督を目がけて見られてたんですか？

必ずしも監督だけでなくて、およそなんでも見てたんですけれど、フォードだけは例外でした。

――ぼくなんか映画館を見てたってことなのかな。その映画館に一年間かかるのを全部見ちゃったから（笑）。映画館はあっちこっち……。

ええ、そのころからはあっちこっち行きましたね。ただし封切館ていうんじゃなくてだいたい……三番館までありましたよね、あのころ。ロードショーがあって一般封切りがあって、その三番館ですね。ですから、もういまはない新宿の地球座とか恵比寿本庄とか、帝都名画座ですね、それからいまの渋谷の西武のところにあった渋谷松竹の地下の名映座……。

――そのころの名画座はいつも満員でしょう。

ええ、もう満員ですね、だから跳び上がりつつ見たり、前のほうへ行ってほとんど画面が歪んだようなかたちで見てましたね。

――スクリーンの穴が見えちゃう（笑）。

そうですね。クレールの『沈黙は金』を最前列の右端で見て帰ってきたら顔の右半分が神経麻痺になっちゃった。ひと月東大病院に通って治しました。

――しかし蓮實さんは背が高いから……。

それでも、やっぱり座りたいっていう欲望は非常に強くてね。座りたいっていうよりもあの人ゴミをかき分けてこっちが勝利しなければいけないっていう（笑）。ダメなときはもうダメだってわかりますし、この程度だったら混んでるけど座れるってのは、本能的にわかるわけですよね。席をとるときは前からうしろを見るっていうのが原則なので、かなりそれはしましたね。だからロードショーで見たのは、ジョン・フォードの新作とか、そういうものに限られてたのかなあ。

――かなりお小遣いをはたいて――。

そうそう、それはもう初日の、確か土曜とか日曜とかにかかれば、必ず一回めに見に行った。

――ぼくはロードショーってのはあんまり見た記憶はありませんねえ。高かったから……。

やっぱりそれは高校くらいになって、アルバイトとかなんかして……。

――どんなアルバイトですか。

えーと、高校時代は何をしたんでしょうねえ……。夏休みにどっかの留守番電話みたいなとこへ行ったとか、そんな記憶がありますねえ。そのころからなんとかしてタダで見るということもあって、学校の新聞部とか、そういうところにはくるんですよね、招待状が。そういうのを活用した記憶はありますね。

――ぼくはポスターのビラ下というのをあっちこっちからもらって、ずいぶん見に行ったんですけど（笑）。フランスへ行かれたのは――。

これはだいぶあとですねえ。大学院の二年のときですから、かなり映画史的な視点もはっきりして――。

――フランスではやっぱり映画を浴びるほどご覧になった？

実はそれほどでもないんです。第一、留学時代は一番お金が苦しかったんですから。最初に行ったとき給費としてもらったのが三百五十フランだから、まだ安かった円に換算すると三万五千円ぐらいでひと月暮らすというようなね。で、給費もらうとひと月分の大学食堂の切符を買っちゃって、残った分で、安いところを見て回ったけど、これは非常にきびしかったですねえ。

――シネマテーク・フランセーズなんかへはよく行かれたんですか。

ええ、でもね、人が思ってるほどぼくはシネマテークってとこは好きじゃないんです。シマネテークってのは二つあったんですけど両方ともなんとなく映画の人っていう感じの顔が沢山あってね。もちろんそこでなきゃ上映されないものは、無理して見ましたけれども。シネマテークの鼠というほど入りびたってたわけじゃないんですよ。日本でもフィルムセンターで見るよりは、ちょっとお金を払ってでもふつうの映画館で見るほうが好きなんでね(笑)。アクション・ラファイエットとか当時のマクマオン*1というところがアメリカ映画ばっかりやってて、そこで見落したものなんかずいぶん見ましたね。場末の小屋ではモギリのお兄さんと仲よくなって、ときどきタダで入れてくれたりなんかね(笑)。マクマオンなんてところは、ちょっと遅れて行くとね、もう切符売るのがめんどくさいって感じでね「入れ入れ」って(笑)。

――いまはそういう人もいなくなりましたけど、昔はモギリをやってる人なんかは映画が好きで勤めているんだって感じでしたね。

感動したのは去年フランスで、まだ見てなかったルノワールの『人生はわれらのもの』っていうのを見に行ったら、これが一日五回上映するうちの一回だけなんです、確か四時からでね。ところが打ち合わせがあってどうしても行けなくて、四時一〇分ぐらいに着いた。そうしたら本篇はまだ始まってないけれども、モギリのお兄さんが切符売りから案内係まで一人でやってて窓口がもう閉まってるんです。どうしようかなあ、とブラブラしてたら、お兄さんが「入れ入れ」って、それでタダで見たんですけど、こういう伝統はフランスではまだ残ってるんだと思いますね。

――フランスは何年ぐらいいらっしゃったんですか。

最初のときは一九六二年から一九六五年までの三年半くらいですね。最後の一年間ってのは、ぼくは論文書いててほとんど映画を見ないという原則を自分で立てて――、だから見たのは最初の二年ですね。

――禁断症状は起きなかったですか(笑)。

ですから、ジョン・フォードとゴダールの新作だけは見た、ということですね(笑)。

――映画について文章を書かれたっていうのは、ずいぶん遅いほうですよね。

そうですね。「シネマ69」ですから、一九六八年の暮です。その前に一度、大学院のころ、「東大新聞」に渡辺武信と天沢退二郎と三人で、匿名の記事は書いてたことがありますけれども。それと、いまはなくなっちゃったんですけれども「シャンソン」っていう妙な雑誌があったんです、大学一年のときですけれど。そこでシャンソン歌手の出ているフランス映画というのを何度か書いたことがあります。

――イヴ・モンタンとか……。

そうそう。これもジュゼッペ・デ・サンティスの『人間と狼』など絶賛してヒンシュクを買いました。それからときには理由もなくブレッソンの『抵抗』なんてのを、シャンソン歌手なんて誰も出ていないのに書いたり、ルノワール書いたりなんかした記憶がありますね。

それから、これも大学一年くらいのときですけれども、東和の何周年記念とかいうのがありましてね、論文募集で一等はフランスに行けるという話なんです。それで、当時ドラノワの『ノートルダムのせむし男』の上映を記念してということなので、まずその感想文を書き、それからフランス映画が日本文化に及ぼした影響っていう論文を、嘘出鱈目をデッチあげて（笑）、審査員が筈見恒夫さん、鈴木力衛さん——お二人とも亡くなっちゃいましたけれども——それから川喜多かしこさん、その三人。で、まあ彼らの喜びそうなことをね（笑）、書いて出したんだけれども、四人か、五人、最終選考に選ばれました。何日にご出頭くださいって手紙が真夜中に速達できたんです。それで真夏だったのにダブルの背広着込んで早朝から、デュヴィヴィエの、原題は『レインコートを着た男』（邦題『殺人狂想曲』）っていうフェルナンデルの実につまらない喜劇を見せられて、お昼にうなぎかなんかを食べさせられたうえで、「これはいかがでしょう？」って訊かれたんで、妙に腹が立って「最低です」って答えちゃった（笑）。デュヴィヴィエは日本では過大評価されていて、こんなものはたいした映画ではない、むしろオータン＝ララのほうが優れてる、と言ったら落ちちゃいました（笑）。鈴木力衛さんが、「どうせ君はまた政府留学生で行くんだから、いま行くことはないよな」なんて言って……、筈見恒夫さんが「筈見と蓮實は似てますねえ」なんて言ったりね（笑）、そんな記憶がありますね。

——配給会社の募集でほんとのこと言っちゃうなんて！（笑）。蓮實さんは試写はほとんどご覧にならないですね。

ぼくは試写会ってのもシネマテークと同じで、あんまり好きじゃなくって、まず画面が小さいってのが気に入らないんですね。よっぽどのことがないかぎり行かない——、お金を払って見れば悪口も言えるだろうっていう（笑）。

――この前、一本の映画を三回に分けてご覧になるって話を聞いて驚いちゃったんですけれど（笑）。馬鹿なことをやってますけれども。

――学校で授業のあいてる時間に見られるわけですか？

いや、必ずしもそうではなくて……、なかば神話的にそんなことを言われてますけれどね（笑）、夕方ってのはだいたいポッと時間があくことが多くて、時間が限られてるんで、二本立ての後半と前半とだけでもそのとき見てしまう。

――途中で出て、次を途中から別の小屋で……。

ええ、何回かありましたね。そしたらゴダールがやっぱりそんなことをやってるんですね。ゴダールは十分ぐらいで出て、また次のはしごをするんだそうです。

――人より早く見たいっていうのはないんですか。

若いころはありましたね。ちょうど、ぼくたちのころからラジオで試写会の切符を配り始めて、その当時出したら何度か当たった記憶がありますね。三島の『夏子の冒険』を中村登がカラーで撮ったのを共立講堂へ行って見るとか……。試写室じゃなくてホール試写なんですけど。どうもこれは映画館ではないという感じがしましたね。官製ハガキで出すと当たんないんですよ、ところが自分で画用紙を切って少し形を変えて出すと必ず当たるんですね（笑）。そうやって何度か当てた記憶があります。

――なるほど（笑）そういうコツがあるんですか。

手にさわる確率が高くなってくるんじゃないんですかね（笑）。

――ところで最近の劇場は場内がやけに明るくて映画館って感じじゃなくなってしまいましたね。以前に照明の具合とか、調査したことがあるんですが。

ぼくはだいたい時間どおりに行くんですけど、あるとき、従姉の一人と『レベッカ』を見に行って、少し遅れて入ったことがあるんです。ロードショーで日比谷映画の二階なんですけれど、入ると真っ暗なんです。手探りしてると手摺があったので、よじ昇ったんですよ。だんだん目が慣れてきて見たらば、手摺からよじ昇るとそこは下に落ちちゃいそうな危険なところでね。横の階段を昇ればよかったんだけど、とにかく中へ入れば真っ暗で、目が慣れるまではなんにも見えなかった。そのときは日比谷映画の壁をよじ昇ったわけですけど、従姉なんかは考えられないような格好をして一緒によじ昇ってた（笑）。

――エッ！？（笑）。そうですね、確かに映画館へ入って目が慣れるまで時間がかかりましたよね。

とにかく十分くらい経たないと人の頭も見えないってくらい……、いまじゃそんな、映画館の壁をよじ昇ろうってことは、まずないですね（笑）。いまの劇場で腹が立つのは明るさと、画面のフレームですよね。

ぼくは、高校のころから二流作家に弱いってところがあって、なかでもデルマー・デイヴィスって人がかなり好きだったんです。グレン・フォードの出てる『決断の3時10分』っていう、『真昼の決闘』とほとんど同じ話なんですけど、見に行ったら黒白シネマスコープなんですね。それをのちにフランスのシネマテークでもう一度見直したら、黒白の一対一・三三なんですよ（笑）。（シネスコは一対二・三五、一対一・三三はスタンダード）フランスのシネマテークってのは、まったく画面の区切りがなくて真っ白な壁で映るときにはそのフレームどおりに映っちゃう。ところが、シネマスコープが盛んになったころ、日本ではあらゆる映画館でそうやって上下を切って上映しちゃったんだと思いますね。

シネマスコープを最初に見てね——、ヴィスタヴィジョンの黒白に比べてみるとあまりにピントが悪いのでね。それからそれぞれワーナーカラー、メトロカラーのカラーが悪くてね。これちょっとこんなことでいいのかなって、当時感じたんですね。特に『スタア誕生』を見て、ちょっとこれはピントと白の出方が悪すぎるんじゃないかっていう気がして、もう一方ではリパブリックでトゥルーカラーってのがありましたね。『大砂塵』ももちろんそうですけれど、それからあれはなんていう映画でしたっけねえ。これはもう世の中にこんなひどい色彩映画は存在しないって思うようなのがあったんですけどもね。そのようなトゥルーカラー的なダメさ加減は映画の愉しみになったんですよね。なんて映画だったかなあ、ガイ・マジスンが北軍の将校になって、ジェームズ・クレイグの親友が南軍の将校で、コップを伏せたような山の上に南軍が閉じこもって、そこに大砲があるんだけど、壊れそうなんで大砲のまわりに南部の令嬢が持ってるピアノを壊してピアノ線をギリギリ巻いて(笑)。北軍のほうは、やはり大砲が届かないんで汽車の上に軍艦載っけてね。撃ち合うっていう映画でしたね。これはもうひどいトゥルーカラーでね、ところがなんかピアノ線を巻くとか、列車の上に軍艦を載っけるところとか、そんなアイディアがもう嬉しくてね、女優がバーバラ・ペイトン。そのトゥルーカラーの発色のひどさってのは、アメリカ映画ももうおしまいじゃないかと思うぐらいひどかったんだけれども、それは一種人工着色的な色で、愉しみがありましたね。(ウィリアム・キャメロン・メンジース監督『南部に轟く大鼓』。独立プロのキング・ブラザース製作、東宝配給。トゥルーカラーかどうかは疑わしい。）ワーナーカラーのベタッとした感じね。つやつやとしたところがなくて、なんか泥絵の具的で、あれにはちょっとぼくは辟易したことがありましたね。色彩映画っていうと、占領下では日本人にカラーを見せるというのはまだ早いし贅沢だというので、三本に一本くらいは黒白で出たんですね。ジョン・フォードの『モホークの太鼓』ってのは黒白なんですよ。日本で上映されたのは。

――あれはカラーなんですか。

ぼくはフランスで見直してはじめてカラーだってことがわかったんです。これは確かナタリー・カルマスやなんかが絡んでて、フォックスのあの綺麗なテクニカラーなんです。最後にヘンリー・フォンダがトマホークを持ったインディアンに追いかけられて盛んに逃げるところがあるでしょう。あそこは何故あんなに長いかって言うと、カラーでいろんな土地を見せるためだったんですって。（ジョン・フォード初のテクニカラー映画。日本では黒白版が四九年に公開）それから『地獄への道』や『西部魂』も日本では黒白で出たんですね。（いずれもリヴァイヴァル上映ではカラー版）

――確かに『モホークの太鼓』の追われてるところは、もの凄くかったるい感じなんですよね、なんでなんだろうと思ったんだけど。やっぱり猿に見せるにはカラーは早すぎるっていう発想でしょうかねえ（笑）。ところで蓮實さんの映画に関する記憶力はなんとも凄まじいですね（笑）。

いやいや、ぼくの記憶の中に、この画面だけって感じで残っているのはそう沢山はないんですよ。誰の映画だかわからなくなってるような記憶の渦の中から、ポッポッと出てくるのがあって、それをまとめ合わせてみると、フォードだ、ルノワールだってことになる。そういうの書いているだけでね、まだ書かなければならない人は何人かいて、さっき挙げたジャック・ベッケルなんてのもそうですし……、しかし、まあそう沢山あるわけじゃない。覚えてるものは覚えてるけど忘れたものはみんな忘れちゃった(笑)。みなさんそうじゃないかと思います。

——だけど、蓮實さんの記憶は、たとえば『シネマの記憶装置』(フィルムアート社刊)を読むと、上から下の構図という画面がズラリと出てきますよね。これは出てこないんじゃなかろうかと読み進むと、必ず出てくる。ぼくが記憶してる「上から下」であそこに書かれていないものはないというぐらい凄まじいんです。これはケタが違うなって感じました。

ともかく物語の筋を辿るってのが非常に下手でね、筋はほとんど忘れちゃってるんだけど局部だけが突出してるって感じのものについて書いてますね。だからときどき、自分の記憶を確かめようと思って、いろんな資料を読んでみたら、えーっこれはこんな物語だったのかなあ！　と思うことはずいぶんありますね。ぼくの頭は非論理的でいまでも物語の脈絡がつかめないことがある。ただ、野蛮人みたいに、ヴィジュアルな細部だけが見えるんです。たとえばラオール・ウォルシュの作品は非常に数が多いんで、このあいだ追悼は書きましたけれど、ラオール・ウォルシュ論を書こうと思うと、これが書けないんですね。

——そうですか？……。ところで、最近はふらっと映画館へ入って、つい引き込まれて見ちゃって拾い物をしたってことがなくなりましたねえ。

そうですね。一九八一年になって唯一なんにも知らないで入った映画ってのは、J・リー・トンプソンの『太陽のエトランゼ』って映画なんですけど、まったく穴埋めに上映したって感じなんで、ふっと入って面白くなりそうかなと思ったら、これはまったくつまらない映画でしたけれどね。主演がチャールズ・ブロンソンで、ちょっと悪い女だけれどもなんとなく魅力的だという女としてドミニク・サンダが出てる。ポスターにはギルバート・ローランド主演なんてあるんでふと入ったら、ドミニク・サンダがベッドの上にだらしなく横たわってね、なんか手に持ってるんです。こっちにブロンソンがいて「エースの錠」よろしく女に向かってカードを投げるんですよ。ポンポンポンポン。そうするとそれをピンポンの格好で、ベッドに横たわってるドミニク・サンダが確実に打ち返すんですよ(笑)。何故そんなことしてるんだかわかんないんだけど、その場面が少なくとも二、三分は続くんです。そこ見ただけで、なんか幸福だなぁって気持になってね——。ポンと投げると彼女がポンと打ち返す。これが無限に続く。映画もこんなこと見て喜ぶようになっちゃおしまいだなぁ、と思いましたけれどね(笑)。

——二本立てってこともありましたね。二本立てだから一本を目がけて行って、もう一本のほうに奇妙に惹かれてっていう——。

ありますね。鮮明に覚えてるのは、新宿の紀伊國屋の横のちょっと引っ込んだ所に映画館があったんですよ。見に行ったのは『男の争い』なんですが、同時上映が『熱情のしぶき』っていうメキシコ映画でね、見てるとこっちのほうがいいんですよ。ロッサナ・ポデスタが出てて、なんということはないんだけど、とにかく画面のつやがまるで違うわけですよ。あとで、エミリオ・フェルナンデス監督ってことがわかったんですけれど、これなんかほんとにアッと驚きましたね。『男の争い』はうまい映画というふうに言われていて、――確かにうまいんだけれども――、やはりジュールズ・ダッシンってダメなんじゃないか、っていう気がそのとき強くしましたね。

――エミリオ・フェルナンデスってあの『ワイルド・バンチ』のアパッチ将軍役の監督ですね。あの顔つきならきっとツヤのある映画でしょう(笑)。蓮實さんは学校でゼミを持ってらっしゃるんですけれども、どういうような授業をなさってるんですか。

これは東大と立教ではやり方が違うんですが――東大の少人数ゼミでは、ビデオが出来る前はときどき十六ミリを映写してたんですけれども、いまでは便利なんでついビデオで映画を見て、止めたり見直したりしながら問題点なんかを指摘する(笑)というかたちになってしまった。立教では大教室の講義だから映画館で見てきてもらって、気がついたことを指摘したり言ってもらったり、というかたちなんですが、両方の大学での共通の目的は、なるべく画面というものを画面として見てもらおうじゃないか、ということです。何故画面というものをみんなが見ないかという話を――、たとえば『炎のごとく』の場合だったらば、冒頭のところで、手前に菅原文太と倍賞美津子がいて遠くのほうを行列が歩いていく場面で、両方にピントが合ってるところがあるんだけれども、こんなことはトリックじゃなきゃありえないということを見ないと、あの映画のほかに出てくるトリック性とか見世物性が消えちゃうんじゃないか。ところがあの画面が合成画面だっていうことがわかってる人がまずいないわけですよね。このあいだは小津の『麦秋』を見たんですけれども、最後のところで稲の穂の一つ一つにピントが合ってて向こうにもピントが合ってる。あれはたんなる戸外の風景だから、ある程度できるけれども『炎のごとく』のような、あれだけ大きい顔のクロース・アップと遠くの人間とにピントが均等に合ってるってのは、合成画面でないかぎり、映画ではおかしいはずだ、ということをまず目で見て感じとらないといけないし、そこでほかに合成画面のようなものがいくつか出てくるはずだし、だから実際に見ることがどれほどむずかしいか、というようなことをぼくは授業でやってるわけですね。

もう一つはごく単純な教育的配慮から、日本映画を学生たちがあまり見ないので、自分の国の映画ぐらいは見なきゃいけない、ということと、もう一つは、十八歳になっていままでサイレント映画を一本も見たことがない、という人たちがいるわけですよね。まあ育った地方の文化的状況によってわからないわけじゃないけれども、そういう奇妙な映画状況を自然だと思ってる人たちがいる、それこそ不自然なことだということを理解してもらうために、この一学期に少なくとも三本無声映画を見てそのレポートを書け（笑）、そういうことをやってるわけです。

―― 生徒たちに見る本数を課してるそうですね。

これはだいたい百本、一週間に二本は見てもらいたいということですね。

―― それはきちんとみんな見てますか。

いやぁ、どうでしょうか（笑）。いろんな興味から映画に近づく人もいますからね。

―― 確かに若い人ってのは画面を見るっていうことよりも、概念でスクリーンを見るっていう感じがあって――。

若者は感覚的にイメージを見るなんて大嘘なのです。画面に映っていながら見落してるものがずいぶんありますよねえ。『炎のごとく』で言えば、あの中に出てくるスイカってのをほとんど誰も見てないんです。暗さの中に緑が浮き上がってくるといった場合、そこに照明が当たってなくてもその緑には注目しなきゃいけない。それが仮に画面の隅であっても九十度も方向の違うキャメラで同じスイカが二度捉えられたら、それは見えなきゃいけないんだけれども、やっぱりこれも見てる人が少ない。概念とか主題とか物語などで映画を見てる人が多いんで、画面を画面としてもっと感覚的に見なければいけないんじゃないか、ということだけを話してるわけで、それ以上の理論的なむずかしいことはしてない。ただし、画面を画面として見なきゃいけないんじゃないかという話をしていると、では、何故、そこに映し出されているものを見落してしまうかという問題になって、どうしても理論的で難解な話に聞こえちゃうってところが映画の不幸でね。むしろ動物的に目だけで見ればいいのに、いわば知的な操作によって見えるものを自分から排除していくところがあるわけでしょう。ところがそれをいけませんと言うことが、非常に理論的な、知的な高度な話に聞こえちゃうってところが、視覚芸術の映画の最大の不幸だなあって感じがしますね。

――『炎のごとく』は物語というよりも、画面を画面として作ってますものね。

これは物語とはまったく関係ないんですけれども、縦の構図で町を示すでしょう、手前の左手に扇があって中景に扇が干されていて、右手のほうで子供たちが鞠《まり》ついてて、その奥から人間たちが出てくる、ただ人が通るだけの場面なんですけどね、そこの扇が前景と中景に白く浮き上がってることによって、最近の日本映画には出ない黒さが、つまり手前の部分の影ってのが黒く見えるわけですよね。あの黒さにやはり感動してもらわないと困ると思うんですね。

最近は日本映画にかぎらず、世界的にいって映画から黒って色がなくなっちゃって、これも観客の側がある程度怠慢だから、映画に黒さはなくてもいいというふうに思っちゃってるわけです。

――『地獄の黙示録』のあの闇なんてのは、つまらないと言われちゃうし――。

あれはカラー映画で黒さがうまく出ないということを自覚した作家の闇の映画だと思うんです。だからあの虎が飛び出す夜の密林の場面なんか、緑の上に、モーヴ色のような霧をサァーッとかけて夜にしたんですね。最後の、闇の帝王として君臨しているマーロン・ブランドが殺されるところなど、ほとんど黒白映画に近いようなかたちで水の中から顔を出してね、あの光と影を導入部にして使ってるってこととね、そういう点を見ていくと、ここには明らかに、夜、闇、黒さってものに対する作家の戦略があるってことですね。

夜の出し方ってのは、映画は制度的に二つ持ってると思うんです。一つは「アメリカの夜」ですね。これは特にアメリカのカラー映画以後「アメリカの夜」というのがあって、もう一つ、黒白映画では必ず道に水を撒いたんですね。この二つの技法にしても、闇そのものというんじゃなくて、映画的な一つの約束事として夜らしく納得させるものとしてあったということでしょう。見てるほうは完全に納得させられるわけじゃないけれども、一応これは受け入れましょうというかたちでね。それにふさわしいことをいまの映画作家たちの誰もやっていないわけです、誰もとは言わないまでにしてもね。

そういうことにせめて気づいてもらいたいって言ってるんですけれども、昔の映画の影の部分ってのは、たとえば道路に水を打つことによって、そこに街燈の光が映えるってなことで描かれた、って話を学生はノートしちゃって、それを事実として記憶するんですけれども、いまの映画における闇の不在さを、なんかこう、もう少し本気で憤ってもらいたいという気がありますね（笑）。

── まったく同感です。最後に若い人たちに期待することってありますか。

期待っていうよりも、われわれの世代が妙な教育者的な立場をちょっと演じ始めちゃってるわけでしょ。もちろんまともな映画史的資料もない日本では教育ってのもある程度まで必要だと思う。でも教育する側とされる側の間に生産的な葛藤が生まれれば、われわれとしても嬉しいんです。けれども、ちょっとそれとは違った雰囲気が出始めてるような気がするんです。権威というわけじゃないけれども、われわれが書いたものを読んで、彼らが面白いと持ち上げてるから見に行くとか、そういう見方が部分的ながらできそうなんで気がかりなんです。われわれの見方もかなり固定してるかもしれないし、ある一つの世代的な表現でしかないかもしれないんで、なるべく若い世代とは、喧嘩とは言わないまでも創造的な葛藤といった関係がたえずダイナミックでなきゃいけないと思うんですね。一方でいわゆるふつうの映画の見方ってのがいまなくなっちゃってるんで、そういう状況の中で演ずるべきわれわれの立場ってのが非常にむずかしいと思うんです。だから逆に、数少ない映画好きのためにわれわれがごくふつうの映画の見方を講義してるんじゃないか、という危惧がたえずぼくにはあって、もう少し自分自身でもそれを崩していかなければと思っています。

── どうも本当に長い時間ありがとうございました。

＊1　マクマオンは、アメリカ映画を専門に上映した名画座。アメリカ映画ならなんでも礼讃する「マクマオニスム」という言葉まで生まれた。アクション・ラファイエットは、ハリウッドの西部劇や暗黒映画などを主に上映している。

蓮實重彦ベスト10＆ワースト5　十年史

■1974■

日本映画ベスト10——1、2、3なし／ジーンズブルース　明日なき無頼派（中島貞夫）／0《ゼロ》課の女　赤い手錠（野田幸男）／四畳半襖の裏張り　しのび肌（神代辰巳）／濡れた欲情　特出し21人（神代辰巳）／唐獅子警察（中島貞夫）／赤ちょうちん（藤田敏八）　**日本映画ワースト5**——サンダカン八番娼館望郷（熊井啓）／無宿《やどなし》（斎藤耕一）／あさき夢みし（実相寺昭雄）／実録・飛車角　狼どもの仁義（村山新治）／ノストラダムスの大予言（舛田利雄）／忘八武士道さ無頼（原田隆司）

外国映画ベスト10——1、2、3なし／突破口（ドン・シーゲル）／続・激突！カージャック（スティーヴン・スピルバーグ）／最後の晩餐（マルコ・フェレーリ）／私のように美しい娘（フランソワ・トリュフォー）／デリンジャー（ジョン・ミリアス）／燃えよドラゴン（ロバート・クローズ）　**外国映画ワースト5**——叫びとささやき（イングマール・ベルイマン）／ミュリエル（アラン・レネ）／アラビアンナイト（ピエル・パオロ・パゾリーニ）／追憶（シドニー・ポラック）／スティング（ジョージ・ロイ・ヒル）

夏に三月ほど日本を離れておりましたので邦画に関してはことのほか貧しい結果となって悔いておりますが、まあ、順不同とほぼ同じような選択で、空欄の一、二、三位は、マキノと加藤と鈴木にとっておきましょう。神代と藤田の後半期に関しては、むしろ見なかったほうが賢明だと言ってくださる方が多いので、安心してみたり、ことによると大傑作かもしれぬと悔やんでみたりもいたします。

貧しさという点に関してなら、洋画とてさして変わりはなく、何も好んでジョン・ミリアスなど入れたくはないのだ。その責任はフライシャーの『ザ・ファミリー』をにぎりつぶし、なお『スパイクス・ギャング』の封切りを遅らせている配給会社にあるとご承知ください。これがワースト10というのであれば、『ペーパー・ムーン』、『エクソシスト』、『華麗なるギャツビー』等々、候補はひしめき合っています。なお、再上映のキートンはベスト10から、チャップリンはワースト5から除外してあります。これを入れてしまうと、パリで見てきた十何回目のフォードやウォルシュやホークスを入れねばならないからです。なお、『少女ムシェット』を輸入したコルネット商会とやらには「映画芸術」新社より賞を与え、多額の賞金を贈呈すべく強く主張したい気持で、あえてブレッソンを一位にしなかったのは、フランス文学者蓮實重彦という悪しきイメージを払拭したいためであり、本当は間違いなくこれが一位なのだが、その事実は、誰にも洩らさぬ秘密として胸の奥にそっとしまっておきたいと思います。たぶん間違いなくワースト5を独占するであろう「東宝」と呼ばれる独立プロに関しても、やはり、なんらかの物理的制裁が加えられてしかるべきと確信いたしておりますが、反対が多ければ、これを孤独に実行に移すにとどめます。

■1975■

外国映画ベスト10——スパイクス・ギャング(リチャード・フライシャー)／ドラブル(ドン・シーゲル)／ロンゲスト・ヤード(ロバート・オルドリッチ)／暗黒街の顔役(メナヘム・ゴーラン)／私のように美しい娘(フランソワ・トリュフォー)／マンディンゴ(リチャード・フライシャー)／ザ・ファミリー(リチャード・フライシャー)／ガルシアの首(サム・ペキンパー)／ザ・ヤクザ(シドニー・ポラック)／人形の家(ジョゼフ・ロージー)　**外国映画ワースト5**——薔薇のスタビスキー(アラン・レネ)／ローラーボール(ノーマン・ジュイソン)／ヤング・フランケンシュタイン(メル・ブルックス)／砂のミラージュ(アルマンド・ロブロス・ゴドイ)／アメリカン・グラフィティ(ジョージ・ルーカス)／愛の嵐(リリアナ・カヴァーニ)

一九七五年はリチャード・フライシャーの愛好者——はたしてそんな者がいるかどうか——にとってはこたえられない年で、まさかと思っていた『ザ・ファミリー』までが公開されてしまった。なかで『スパイクス・ギャング』を一位に推したのは、かつて、映画がこれほど透明で、稀薄で、「意味」から遠かったためしはなかったからである——もちろん、あらゆる「個人映画」、「前衛映画」を含めての話だ。たまたま連続公開されたベルイマンの旧作三本は、そこにはフライシャーの場合とは対蹠的な世界が展開されていて、それを信ずるには一九三〇年代の観客以上の無邪気さが必要であることを証明している。こんにち、映画であることは、より苛酷な、より絶望的なシニスムと戯れる姿勢なしには不可能である事実を、ベルイマンの三作はいかにも通俗的に証明しているのだ。ベルイマンの全作品など、ドライヤーの遺作『ゲアトルード』一本の前にあっさり瓦解するほかはないという現実を、人はもっと深刻に受け止める必要がある。『ロンゲスト・ヤード』、『ドラブル』の素晴しさについては、すでに書いた。『私のように美しい娘』は、トリュフォーがヒッチコックへの熱狂を公言すればするほど――植草甚一さんなどは、その公言にあっさりだまされる――、実はジャン・ルノワールへの回帰を体現しつつある事実を証明している意味で興味深い。これはいささかシニックな、『恋多き女』ではないか。『暗黒街の顔役』は、ハリウッドがまったく不可能であった真の懐古趣味映画が、一人のイスラエル人によって達成されてしまったことできわめて重要である。『ガルシアの首』や『人形の家』は、この作家たちにしてはいかにも悪い出来だが、と言うよりほとんどだらしがない作品と言うほかないが、いまやこのだらしのなさすらが貴重である。現代は、あるシニスムとの戯れなしに映画はない。カンヌ映画祭におけるゴダールの発言も、そうした文脈で捉えうるべき内容を含んでいるのであり、無知と無感覚――もちろん「映画史」への――から出た南部圭之助の山田宏一への攻撃は、レネの『薔薇のスタビスキー』以上に醜悪なものだった。『ザ・ヤクザ』がここに顔を出している理由は自分にもよくわからない。それは、シドニー・ポラックのあの愚かな犬のような律儀さが、『ヤング・フランケンシュタイン』のメル・ブルックスのしたり顔の卑猥さよりも実は現代的だと思われたからかもしれない。いやそうではなかった、あのロバート・ミッチャムという素晴しい役者の、百年に一度か二度ぐらいしか体験できそうにない素晴しい演戯へのオマージュのためであった。

ベスト10を選出できぬほどに日本映画を見ていないわけではないにもかかわらず、ここに十本の邦画を提供しなかったのは、マキノも清順も加藤泰も映画を撮らなくなってしまったいま、三隅研次の死が、いかなる作品にもまして大きな映画的事件と思われたからだ。

■1976■

日本映画ベスト10――大地の子守歌（増村保造）／わたしのSEX白書 絶頂度（曽根中生）／花芯の刺青 熟れた壺（小沼勝）／玉割り人ゆき 西の廓夕月楼（牧口雄二）／暴走パニック大激突（深作欣二）／やさぐれ刑事《デカ》（渡辺祐介）／喜劇大誘拐（前田陽一）／狂った野獣（中島貞夫）／瀬戸はよいとこ花嫁観光船（瀬川昌治）／トラック野郎 爆走一番星（鈴木則文） **日本映画ワースト5**――北の岬（熊井啓）／不毛地帯（山本薩夫）／妖婆（今井正）／金閣寺（高林陽一）／青春の殺人者（長谷川和彦）

外国映画ベスト10――素晴しき放浪者（ジャン・ルノワール）／新学期・操行ゼロ（ジャン・ヴィゴ）／バルカン超特急（アルフレッド・ヒッチコック）／オール・ザ・キングスメン（ロバート・ロッセン）／青い鳥（ジョージ・キューカー）／アデルの恋の物語（フランソワ・トリュフォー）／バリー・リンドン（スタンリー・キュ

ーブリック）／ビッグ・バッド・ママ（スティーヴ・カーバー）／さすらいの二人（ミケランジェロ・アントニオーニ）／アウトロー（クリント・イーストウッド）**外国映画ワースト5——**大いなる幻影（ジャン・ルノワール）／カッコーの巣の上で（ミロス・フォアマン）／ブレージング・サドル（メル・ブルックス）／ソドムの市（ピエル・パオロ・パゾリーニ）／タクシー・ドライバー（マーティン・スコセッシ）

『大地の子守歌』の素晴しさは、ひたすら海を貧しいものに描き上げたことに尽きている。貧しい海、キャメラによって蔑視され、たえず画面の片隅に追いやられ、ついに水平線を視界に浮上させることのない海によって、原作の持つ救いがたいメロドラマが抹殺され、感傷を排した「増村映画」がわれわれの前に立ちはだかる。いま、日本映画はマスムラの世紀に突入する。『絶頂度』の曽根中生は、たぶん、向こう十年はこれ以上の映画を作れなくなるだろう。ここでは、誰の顔も素晴しい。四〇年代のワーナー活劇のように素晴しい。三位以後は、これらの作家にしたらけっしてよい出来ではないが、前田陽一と瀬川昌治の仕事には感動した。深作はけっしてよくない。中島貞夫もよくない。鈴木則文の十位は、いわばオマケである。彼はもう、『エロ将軍と二十一人の愛妾』のごとき傑作を撮らないのだろうか。牧口雄二には期待し続けたい。彼は、室内の凡庸さに比較して、戸外シーンが圧倒的に美しいと思う。渡辺祐介も、夜の港の対決シーンに感動した。こんにちでは、丁寧に撮るということが、職業的美徳以上のものになっていることに注目したい。ワースト5に名をつらねた作品は、いずれも丁寧に撮られていないがゆえに、いずれも才能を欠いているのだ。

ルノワールがベスト10とワースト5の双方で一位になった理由は、誰の目にも明らかだから説明は要さない。ヒッチコックは、新作と『海外特派員』と計三作あるが、『オリエント急行殺人事件』のあまりのつまらなさゆえに、これが選ばれた。ロバート・ロッセンはけっしてよい出来ではないが、これまであまりに無視され続けてきたので、やはり選んでおく。ジョージ・キューカーはただもう泣きに泣いた。トリュフォーの位置はやや曖昧である。『バリー・リンドン』は『嗚呼！花の応援団』に比較さるべき荒唐無稽な笑劇として、ウェルズの『上海から来た女』を想起させ楽しめた。正確に三十七回笑った。『ビッグ・バッド・ママ』はルノワールの『ピクニック』に比較すべき佳作であり、正確に十七分間、泣き続けて見た。近来まれにみる催涙映画として、どうしても落しえない。アントニオーニは悪くない。『アウトロー』と『ハッスル』、『キラー・エリート』、『王になろうとした男』の五作の間で迷いに迷ったあげく、九位と十位が選ばれた。その結果、『フェリーニの道化師』は姿を消した。ワースト5は、文字どおり悪い映画を客観的に選んだ結果である。

■1977■

日本映画ベスト10——悲愁物語（鈴木清順）／江戸川乱歩の陰獣（加藤泰）／悶絶!!どんでん返し（神代辰巳）／北陸代理戦争（深作欣二）／突然、嵐のように（山根成之）／レイプ25時暴姦（長谷部安春）／黒木太郎の愛と冒険（森崎東）／らしゃめん（牧口雄二）／八つ墓村（野村芳太郎）／日本の仁義（中島貞夫）

日本映画ワースト5——八甲田山（森谷司郎）／日本の首領《ドン》野望篇（中島貞夫）／人間の証明（佐藤純弥）／幸福の黄

色いハンカチ（山田洋次）／不連続殺人事件（曽根中生）

外国映画ベスト10――小さな赤いビー玉（ジャック・ドワイヨン）／素晴しき放浪者（ジャン・ルノワール）／ギデオン（ジョン・フォード）／アウトローブルース（リチャード・T・ヘフロン）／王子と乞食（リチャード・フライシャー）／合衆国最後の日（ロバート・オルドリッチ）／ドラム（スティーヴ・カーバー）／戦争のはらわた（サム・ペキンパー）／アンディ・ウォーホルのBAD（ジェッド・ジョンソン）／自由の幻想（ルイス・ブニュエル）　**外国映画ワースト5**――サルトル・自身を語る（A・アストリュク＋M・コンタ）／マラソンマン（ジョン・シュレシンジャー）／ネットワーク（シドニー・ルメット）／鬼火（ルイ・マル）／ロッキー（ジョン・G・アビルドセン）

ここ数年来、映画を見る機会は年々減少していたが、今年は久しぶりでそれが飛躍的に増大し、何年ぶりかで百本を超えたという輝かしい年なのだが、その半数以上は夏から秋へかけての異国滞在中に見たもので、だから日本映画を丁寧に拾って歩くことができず悔いが残る。一位の二本だけは不動だが、あとはまったく流動的で、実は『らしゃめん』などはまったくひどい出来だと思うが、才能ある作者へのヒイキの声援として一票投じた次第。

外国映画、最大の発見はジャック・ドワイヨンだろう。理由は誰の目にも当然であろうから書かない。アメリカの若い世代があまりに貧弱すぎる。本当は『王子と乞食』など入れたくないのだが、それでも第九世代とやらとはまるで違う。B級がA級と手をたずさえて崩壊してしまった。ドイツ映画祭には、まさにA級とB級とがともに輝いていたではないか。ルノワールは、確か去年も入れたような気がするし、そして本当はこれがベスト1なのだが、今年も入れておく。ワースト5を選ぶなど、気が滅入らぬでもないが、本当につまらなかったものを客観的に記した。

なお、海外で見たもののうちでの真の驚きは、テオ・アンゲロプロスの『狩人』である。二時間半で短かすぎるのが欠点といえば言えるが、心の底から映画を疑いえた唯一の作品である。アストリュクの『サルトル』など、映画を信じることの退屈さゆえに、正視することができなかった。まさに無修正ポルノ映画の露呈された性器におとらぬ退屈さである。

■1978■

日本映画ベスト10――最も危険な遊戯（村川透）／俺は田舎のプレスリー（満友敬司）／曽根崎心中（増村保造）／人妻集団暴行致死事件（田中登）／博多っ子純情（曽根中生）／帰らざる日々（藤田敏八）／柳生一族の陰謀（深作欣二）／日本の首領《ドン》・完結篇（中島貞夫）／ダルブ・クラッチ（山根成之）／オレンジロード急行《エクスプレス》（大森一樹）　**日本映画ワースト5**――殺人遊戯（村川透）／皇帝のいない八月（山本薩夫）／九月の空（山根成之）／皮ジャン反抗族（長谷部安春）／男はつらいよ 寅次郎わが道をゆく（山田洋次）

外国映画ベスト10――ワン・プラス・ワン（ジャン＝リュック・ゴダール）／白夜（ロベール・ブレッソン）／オーソン・ウェルズのフェイク（オーソン・ウェルズ）／ヒア&ゼア・こことよそ（ジャン＝リュック・ゴ

ダール）／恋愛日記（フランソワ・トリュフォー）／未知との遭遇（スティーヴン・スピルバーグ）／テレフォン（ドン・シーゲル）／クワイヤボーイズ（ロバート・オルドリッチ）／チェイサー（ジョルジュ・ロートネル）／家族の肖像（ルキノ・ヴィスコンティ）

外国映画ワースト5――プリティ・ベイビー（ルイ・マル）／ミッドナイト・エクスプレス（アラン・パーカー）／ブラック・アンド・ホワイト・イン・カラー（ジャン＝ジャック・アノー）／ミスター・グッドバーを探して（リチャード・ブルックス）／新サイコ（メル・ブルックス）

村川透で始まり村川透で暮れたこの一年は結局、その二作がベスト1とワースト1とを独占することになった。理由は、あまりに明瞭だからあえて示さない。『俺は田舎のプレスリー』は、この数年間で最も映画であることの希薄な表層性を耐えぬいてみせた、このうえなく感動的な作品だ。あとは、ほとんど順不同というところで、増村保造を、もっといい条件で撮らせたいという思いのみが残った。しかし、しばしば比較される篠田正浩の『心中天網島』の醜悪な時代錯誤ぶりとは、いかなる比較項も存在しがたい映画であることは確かであろう。これ以上金銭的に豊かだと、増村はもっともっとジャンセニストになってしまうかもしれない。『ダブル・クラッチ』が入ったのは、もっぱら郷ひろみの演技力のせいで、山根成之の演出力ゆえではない。『オレンジロード急行』はなんともひどい出来だと思うが、ここには部分的ながらある確実なフィルムの肌ざわりのようなものが感じられた。視覚的才能はゼロに等しいが、触覚的才能はかなりのものだ。映画は触覚芸術だと信じている者には、これは貴重であった。触覚性という点に関して言えば、西河克巳の『お嫁にゆきます』の、雨中の島内一周マラソンの場面で、森昌子がいきなり逆方向に走りだす瞬間は感動的でもあった。澤田幸弘の『高校大パニック』でも、事件が終るといきなり雨があがって、あたりの湿った光景が太陽を受けて輝き始める瞬間の描写もやはり感動的だったと言える。テレヴィジョンがたんなる視覚的媒体にすぎぬことに対して映画が示しうる唯一の優位は、こうしたフィルムの触覚的な肌ざわりである。映画が視覚芸術だとする官僚的な信仰はここらで捨てねばなるまい。

近作アメリカ映画惨敗の年ということになろうか。『結婚しない女』とか『アニー・ホール』とか『可愛い女』とか『ザ・ドライバー』とか、本当に才能のない凡庸な作品ばかりが並んだ。『帰郷』にしても『愛と喝采の日々』にしても最近なら素人だってこれほどひどいものは撮れまいと思うほどの信じがたい出来だ。ハリウッドはどうかしてしまったのではないだろうか。記憶に残ったものは、『邪淫の館・獣人』とか『真夜中の刑事』とかいずれもたいしたものではないが、ヨーロッパものばかりである。『フューリー』や『コーマ』のヘタクソさ加減は、歴史に残るものではなかろうか。なかで、ルーカスの『スター・ウォーズ』はけっして悪くはなかったが、演出がいかにも官僚的すぎる。かといって『コンボイ』のペキンパーのように自堕落な演出放棄をされても閉口するわけで、こうしてみると、やはりゴダールの天才ぶりがずばぬけたものだということばかりが再確認できた一年である。『家族の肖像』はすんでのところでワースト1になりかけた映画だ。この醜く不快で下品で頭が悪く、しかもその頭の悪さを堂々と誇示しうる破廉恥さ加減と時代錯誤ぶりにころりと人がだまされてしまうのも日本が徹底して平和な証拠だろう。これがベスト10に顔を出したのは、ひとえに、演出家ヴィスコンティ追悼の意味からにすぎない。なお、『ピロスマニ』と『ローリング・サンダー』は見落した。

■1979■

日本映画ベスト10——天使のはらわた赤い教室（曽根中生）／赫い髪の女（神代辰巳）／その後の仁義なき戦い（工藤栄一）／天使を誘惑（藤田敏八）／十九歳の地図（柳町光男）／愛欲の標的《ターゲット》（田中登）／俺たちに墓はない（沢田幸弘）／処刑遊戯（村川透）／復讐するは我にあり（今村昌平）／神様のくれた赤ん坊（前田陽一）　**日本映画ワースト10**——あゝ野麦峠（山本薩夫）／絞殺（新藤兼人）／Ｋｅｉｋｏ（クロード・ガニオン）／月山（村野鐵太郎）／もう頬づえはつかない（東陽一）／黄金の犬（山根成之）／金田一耕助の冒険（大林宣彦）／夜叉ヶ池（篠田正浩）／俺たちの交響楽（朝間義隆）／男はつらいよ翔んでる寅次郎（山田洋次）／男はつらいよ　噂の寅次郎（山田洋次）

外国映画ベスト10——奇跡（カール・テホ・ドライヤー）／旅芸人の記録（テオ・アンゲロプロス）／暗殺のオペラ（ベルナルド・ベルトルッチ）／木靴の樹（エルマンノ・オルミ）／ウエディング（ロバート・アルトマン）／郵便配達は二度ベルを鳴らす（ルキノ・ヴィスコンティ）／イノセント（ルキノ・ヴィスコンティ）／アルカトラズからの脱出（ドン・シーゲル）／今のままでいて（アルベルト・ラットワーダ）／超高層プロフェッショナル（スティーヴ・カーバー）　**外国映画ワースト5**——女の叫び（ジュールス・ダッシン）／プロビデンス（アラン・レネ）／インテリア（ウッディ・アレン）／さよならミス・ワイコフ（マーヴィン・チョムスキー）／ロッキー2（シルベスター・スタローン）

『月山』がくだらないのは、それが岩波ホールで公開されたことと何の関係もない。ごく端的に言って、村野鐵太郎に映画的才能が欠落しているからだ。これは、久しぶりに、紙芝居だの絵葉書だのといった比喩を思い出させてくれた貴重な愚作だ。だが、同じ愚作といっても、ウッディ・アレンの『インテリア』ほどに徹底した反動性を生きえない点に、ものたりなさを覚えるのも事実である。それが『あゝ野麦峠』となると、この徹底した愚かさは、ほとんど感動的なものが含まれているとさえ言えると思う。たいまつをともした黒い人影のつらなりがゆっくりと画面を横切るとき、その構図のいっさいに加担したもの、つまりエキストラも、撮影者も、作曲者も、聖戦の遂行を信じたある時期の日本国民のような従順さに自分をなぞらえているかのようだ。それとも彼らは、天皇の敗戦宣言をひそかに待ち望みつつ困難を耐えているのだろうか。もしそうであるならまだしも希望が持てようが、山本薩夫の力量は、そうした非国民を徹底して洗脳した点に発揮されている。それはそれで、凄いことだと思う。

ベスト10は、出来のよい映画をいくつかのグループに分けて提出した。最も充実した瞬間を味わいえたのは、工藤栄一の『その後の仁義なき戦い』の博多駅での総長襲撃場面の数分間である。それは、こんにちの日本映画がこれほど郷愁に湿った懐しさの対象たりうるものかと改めて驚かざるをえないほどの、みごとなイメージの分節化を実現していたことで記憶さるべき数分間である。ここでは撮影者も、作曲者も、そしてもちろん演技者もが勝手気ままにフィルムと戯れながら、匿名の映画的運動を生きている。それは、理想のフィルム的共和国の束《つか》の間《ま》の出現を思わせる瞬間だ。そしてその瞬間に映画的感性をふるわせるものに、おのれの快楽を革命の達成のために犠牲にしうる贅沢品だと納得させてくれるという意味で、この画面はどこまでも貴重なものなのである。

『十九歳の地図』に関しては、いつか柳町光男の映画的資質を正当に評価する機会を持ちたいと思わせてくれた。生きた映画だとのみいまは記しておこう。

ここ数年来のアメリカ映画の退潮ぶりは驚くべきものがある。アメリカ映画がこれほど刺激を欠いた時期というのは、世界映画史の上にもそう簡単に見出しえないのではないか。もっともそれは、日本で公開されるアメリカ映画、ということになるが、したがってその責任はもっぱら輸入業者というよりアメリカ系映画会社の日本支社の臆病さに由来している。いくらなんでもアメリカという国は、こんな馬鹿げた映画ばかり作っているわけはなかろう。事実、ニューヨークでは、もっと変化に富んだアメリカ的映画が封切られている。いったい、ロバート・ベントンの映画は、日本でいつ見られるのだろう。

輸入業者としてのフランス映画社の優位は決定的であるかにみえる。だがそれは一方で、まともなアメリカ映画が日本で公開されないという事実に基づく相対的な優位でしかない。たとえばフリッツ・ラングのハリウッド時代の傑作とか、ヒューストンの『勇者の赤いバッジ』の完全版とか、バッド・ベティカーの未知の西部劇とか、ニコラス・レイの『湿った夢』を公開しうる映画的環境が熟したときに、はじめてフランス映画社の優位が確定する。なお、一位に挙げたドライヤーの『奇跡』は実は比較を超えた位置に収まるべきもので、それをこうした十本の中に数えようとすることは、映画への侮蔑でしかあるまい。だからその一位は、もとよりとりあえずの処置にすぎない。なお、ワーストに関しては、毎度のことながら、ごく客観的にみて悪い映画を、ごく客観的に選択したまでのことで、それについて言葉をつらねる必要はなかろうと思う。

■1980■

日本映画ベスト10——ツィゴイネルワイゼン（鈴木清順）／2、3なし／妻たちの性体験 夫の眼の前で、今……（小沼勝）／翔んだカップル（相米慎二）／ヒポクラテスたち（大森一樹）／野獣死すべし（村川透）／少女娼婦けものみち（神代辰巳）／影の軍団 服部半蔵（工藤栄一）／戦争の犬たち（土方鉄人） **日本映画ワースト10**——遙かなる山の呼び声（山田洋次）／夕暮まで（黒木和雄）／四季・奈津子（東陽一）／動乱（森谷司郎）／太陽の子 てだのふあ（浦山桐郎）／虹をかける子どもたち（宮城まり子）／男はつらいよ 寅次郎ハイビスカスの花（山田洋次）／思えば遠くへ来たもんだ（朝間義隆）／天平の甍（熊井啓）／影武者（黒澤明）

外国映画ベスト10——カサノバ（フェデリコ・フェリーニ）／ジャグラー ニューヨーク25時（ロバート・バトラー）／アメリカン・ジゴロ（ポール・シュレイダー）／ブロンコ・ビリー（クリント・イーストウッド）／ルナ（ベルナルド・ベルトルッチ）／緑色の部屋（フランソワ・トリュフォー）／テス（ロマン・ポランスキー）／ウォーター・パワー アブノーマル・スペシャル（ジェラルド・ダミアーノ）／掘った奪った逃げた（ジョゼ・ジョバンニ）／地獄の黙示録（フランシス・コッポラ） **外国映画ワースト5**——クレイマー、クレイマー

（ロバート・ベントン）／マンハッタン（ウッディ・アレン）／大理石の男（アンジェイ・ワイダ）／オール・ザット・ジャズ（ボブ・フォッシー）／ルードウィヒ 神々の黄昏（ルキノ・ヴィスコンティ）

今年見ることのできなかった映画の総量からすれば昨年のそれを遥かに凌駕し、十年前のペースに戻りつつあるのだが、最近封切られたものよりは過去の作品群に視線が向かいがちとなり、とりわけ一一月に日本を留守にしたこともあって、ベスト10の行事に参加すべきか否か、大いに迷った。だが、結局、『ツィゴイネルワイゼン』以上の作品を見逃しているとも思えないので、あえて参加してみた次第。したがって、日本映画は、鈴木清順以下はきわめて流動的で最終的なものとは言いがたい。神代辰巳の新作二本はまだ見ていない。ただし、ワースト10の順序はまったく厳密なものである。

輸入される外国映画、とりわけアメリカ映画の停滞ぶりは、数年前からの日常化した事態とはいえ嘆かわしいと言うほかはない。実際、ジーン・ワイルダー主演のオルドリッチの新作西部劇は何故公開されないのか。またアメリカのロバート・クレイマーの新作フランス映画『ガンズ』は同じクレイマーでも『クレイマー、クレイマー』の予想されもした惨憺たる出来を忘れさせてくれるものであるはずだ。

結局、真のベスト1は、海外で見ることのできたゴダールの、ひたすら悲しい『勝手に逃げろ／人生』。なお、これまで見る機会を逸していたルノワールの『人生はわれらのもの』と小津の『非常線の女』に深く感動した。新作拡大チェーン・ロードショーという形態が続くかぎり、映画は衰退するほかはないだろう。『非常線の女』をひと月ぐらい続ける小屋があってもいいではないか。

■1981■

日本映画ベスト10——陽炎座（鈴木清順）／炎のごとく（加藤泰）／野菊の墓（澤井信一郎）／嗚呼！おんなたち猥歌（神代辰巳）／土佐の一本釣り（前田陽一）／太陽のきずあと（曽根中生）／とりたての輝き（浅尾政行）／あそばれる女（小沼勝）／ガキ帝国（井筒和幸）／スローなブギにしてくれ（藤田敏八）　**日本映画ワースト10**——日本の熱い日々　謀殺・下山事件（熊井啓）／北斎漫画（新藤兼人）／悪霊島（篠田正浩）／連合艦隊（松林宗恵）／マノン（東陽一）／遠雷（根岸吉太郎）／なんとなく、クリスタル（松原信吾）／無力の王（石黒健治）／アッシイたちの街（山本薩夫）／泥の河（小栗康平）

外国映画ベスト10——最前線物語（サミュエル・フラー）／ポパイ（ロバート・アルトマン）／ジャズ・シンガー（リチャード・フライシャー）／ラフ・カット（ドン・シーゲル）／グロリア（ジョン・カサヴェテス）／ホテル（カルロ・リッツァーニ）／シャイニング（スタンリー・キューブリック）／恐るべき訪問者（ピアーズ・ハガード）／ダーティファイター・燃えよ鉄拳（バディ・バン・ホーン）／天国の門（マイケル・チミノ）　**外国映画ワースト5**——スターダスト・メモリー（ウッディ・アレン）／秋のソナタ（イングマール・ベルイマン）／約束の土地（アンジェイ・ワイダ）／チェスをする人（サタジット・レイ）／レイダース　失われた〈聖櫃《アーク》〉（スティーヴン・スピルバーグ）

『陽炎座』の美しさは、それがあえて失敗作すれすれのところで撮られたことにある。あと一歩で、これは映画ではなくなってしまうだろう。『炎のごとく』は、日本の五〇年代映画の最後の輝きとも言うべきものだ。文太が下手くそで、血が流れすぎると？　そんなことは、この映画のとるにたらない細部にすぎない。いかだで海を下る瞬間の美しさが、あらゆる不満を帳消しにしてくれはしまいか。扇子を手前に配した町の構図の素晴しさが、すべてを忘れさせてくれないか。

『風の歌を聴け』、『セーラー服と機関銃』はまだ見てはいない。にっかつロマンポルノのヴォルテージの低さがいささか気にかかる。なかで神代辰巳の『嗚呼！おんなたち・猥歌』は、ある諦念が相応の不快さにまで達した驚くべき作品である。今後、おそらくはけっして撮られることのなかろう不快さの記念碑として、そのフィルムの感触の不気味さを、永遠に記憶し続けることにしよう。

『謀殺・下山事件』を撮った監督が映画作家であることがいまだに信じられない。これは絶対に何かの間違いなのだ。『北斎漫画』についても同様である。もはや問題は、昔よかった作家が堕落したといったことではすまされない。熊井啓は、これまで一本も映画など撮ったことはなかったし、今後も一本も撮ることはなかろうと確信すべきなのだ。人は、『遠雷』や『泥の河』を悪い映画だと言うことができるが、『謀殺・下山事件』については、そうした批判すら口にすることができない。

何人かの新人たちが出現したが、彼らよりも鈴木清順や加藤泰のほうがはるかに時代的な若々しさをそなえているのは何故か。若々しさを欠いたものは、ただ醜いのみである。醜さとは刺激の不在にほかならぬ。われわれは、彼らに、適度によくできた映画など、期待していないのだ。失敗作の美しさをこそ、より激しく嫉妬しようではないか。

『最前線物語』を見ることのできた興奮が持続しえたこの幸福な一年間は、五〇年代ハリウッド映画への屈折した思いを絶ち切る願ってもない契機を与えてくれた。あとは、ベティカーの『今は死ぬときだ』を十年遅れで輸入してくれる会社があれば、それでもう言うことはなかろう。だがそれにしても、サミュエル・フラーは、最後でありえたものの特権として、傑作という範疇をはるかに超えてしまった。二位以下は、あまりに遅く到着した『ベリッシマ』と『皆殺しの天使』を除外して、好きな映画を並べたのみである。その他『ザナドゥ』、『コンペティション』、『針の眼』、『ウルフェン』等が記憶に残った。『ジェラシー』は、駄目である。『殺しのドレス』もやはり駄目である。ジャン・ユスターシュの記憶を永遠なものにすべき一年でもあった。その映画がついに一本も公開されることもないまま、彼の死の報に接しなければならなかった者の無力感を、あらゆる映画愛好家は深く、恥じねばならない。外国映画の新人監督の優れた作品のために、ジャン・ユスターシュ賞の設定を提案する。賛同者がなければ、来年度は、孤独に選定し、孤独に授与してしまう。配給会社諸氏は覚悟されたい。これは、こちらが暴力的に与えてしまう賞で拒否権はないものと心得ていただきたい。

悪い映画が充実してきたことは、映画の現在にとってよいことであろうか。『ブリキの太鼓』、『リリー・マルレーン』、『イレイザーヘッド』、等々がワーストの選からもれてしまったのは真剣に後悔されるべきことがらである。『ある結婚の風景』が映画として公開されてしまったのは、今年最大のスキャンダルだ。われわれは、最高裁判事に対してのように、配給業者に対しても罷免権を保持するべきである。

■1982■

日本映画ベスト10――ニッポン国・古屋敷村（小川紳介）／怪異談・生きてゐる小平次（中川信夫）／セーラー服と機関銃・完璧版（相米慎二）／さらば愛しき大地（柳町光男）／恥辱の部屋（武田一成）／水のないプール（若松孝二）／悪魔の部屋（曽根中生）／TATOO〈刺青〉あり（高橋伴明）／コールガール（小谷承靖）　**日本映画ワースト10**――蒲田行進曲（深作欣二）／道頓堀川（深作欣二）／幻の湖（橋本忍）／ひめゆりの塔（今井正）／転校生（大林宣彦）／大日本帝国（舛田利雄）／海峡（森谷司郎）／雪華葬刺し（高林陽一）／凶弾（村川透）／キッドナップ・ブルース（浅井慎平）

外国映画ベスト10――ゲームの規則（ジャン・ルノワール）／アレクサンダー大王（テオ・アンゲロプロス）／ベストフレンズ（ジョージ・キューカー）／ラ・パロマ（ダニエル・シュミット）／カリフォルニア・ドールス（ロバート・オルドリッチ）／1900年（ベルナルド・ベルトルッチ）／父パードレ・パドローネ（パオロ&ヴィットリオ・タヴィアーニ）／ファイヤーフォックス（クリント・イーストウッド）／底抜け再就職も楽じゃない（ジェリー・ルイス）／シャーキーズ・マシーン（バート・レイノルズ）　**外国映画ワースト5**――サマー・ナイト（ウッディ・アレン）／ミッシング（コスタ＝ガヴラス）／愛と青春の旅だち（テイラー・ハックフォード）／レイダース失われた〈聖櫃《アーク》〉（スティーヴン・スピルバーグ）／遊星からの物体X（ジョン・カ

ーペンター）

見る前からこちらの映画的欲望を刺激するような作品が三村晴彦の『天城越え』、相米慎二の『ションベン・ライダー』等々と来年公開になってしまったので、結果はひどく貧しいものになった。なかで、小川プロ『ニッポン国・古屋敷村』は突出している。これについては、もはや何も言うべき言葉を持たないが、未見の向きには、再上映にあたって下北沢に駆けつけることを強く要請する。『E．T．』よりも、あらゆる意味で絶対に面白いのだ。これを見て自殺せずにはいられない劇映画の作家たちが確実に三人はいるはずだと恐れたが、そんなニュースをいまだ聞かないところをみると、彼らはまだ見ていないのだろう。

『生きてゐる小平次』は、あとこの倍額の製作費があればと惜しまれたが、中川信夫の活動屋魂には感動あるのみである。三位以下はどれもそれぞれの作家の最良の作品とは言いがたく、いずれも高い評価は与えられない。

ワーストについて一言。深作欣二はこれまでになんのために映画を撮ってきたのか。両作品とも原作者が愚鈍なのだ。その愚鈍さを、現代日本の数少ない才能ある映画作家が無理して救ってやることはないではないか。

『大日本帝国』の犯罪性は、その曖昧さにある。徹底的な好戦映画となっていないがゆえに許しがたいのだ。次回は、ブラジルの勝ち組を喜ばせられるような景気のよい作品を撮るのが、この監督の義務である。何も舛田利雄ほどの才能の持ち主がうじうじと今井正を模倣して厭戦映画を撮ることはないではないか。彼は、ことによると『最前線物語』を見ていないのかもしれない。

大ヴェテランのジョージ・キューカーと中ヴェテランのロバート・オルドリッチ、それに小ヴェテランのクリント・イーストウッドしかめぼしい作家が見当たらないというアメリカ映画とは、いったい何か？　ついに『ゲームの規則』が公開された喜び以上に、この悲しみは大きい。まともな映画を撮る創意も想像力も失ってしまったハリウッドは、もはやハリウッドではあるまい。けっしてたんなる馬鹿ではないコッポラやスピルバーグがこうまで低迷しているのは、ひとえに彼らがアメリカに住んでいるからだ。彼らは、スイスか世田谷区にでも移住すべきである。世田谷区といっても、それは黒澤明邸の近辺ではなく、私の家の近くということだ。頭を下げて教えを乞いにくるというのであれば、シノプシスの書き方からじっくり教えてやる用意がないわけでもない。フランス映画の崩壊など映画史的にみてたいした事件ではないが、ことアメリカ映画となると、こちらもいささかの責任を果たさねばなるまいという気になってくる。彼らもまったく運のよい奴らだと言うほかはあるまい。

次に今年の映画的環境について箇条書きする。

一、『1900年』と『レッズ』の区別もつかない連中は地獄に堕ちるほかはない。

一、たいした数の洋画を輸入しているわけではない東映ユニバースが、その何本かを誰にことわりもなく短縮してしまう暴挙を、トリュフォーを入れたという理由で許さないこと。

一、たとえばパルコ・パートⅢのような、まともな上映施設のないホールでのまともな作品の上映に反対し、同時に、それがたとえみゆき座であろうと、スクリーン・サイズの合わない作品の金をとっての公開に強く抗議すること。
一、ゴダールの『勝手に逃げろ／人生』と『パッション』が公開されうるにふさわしい雰囲気を、潜在的かつ顕在的に高めてまわること。
一、フィルムセンターとアテネ・フランセ文化センターの聡明なる作品選定を前に、そのロードショー封切り館は深くおのれを恥じること。
なお、ワースト作品群については、何も言う気がない。

■1983■

日本映画ベスト10——ションベン・ライダー（相米慎二）／無垢なる海——1982・水俣——（香取直孝）／魚影の群れ（相米慎二）／神田川淫乱戦争（黒沢清）／家族ゲーム（森田芳光）／天城越え（三村晴彦）／もどり川（神代辰巳）／逃がれの街（工藤栄一）／ダブルベッド（藤田敏八）／BLOW THE NIGHT！ 夜をぶっとばせ（曽根中生） **日本映画ワースト10**——楢山節考（今村昌平）／暗室（浦山桐郎）／遠野物語（村野鐵太郎）／OKINAWAN BOYSオキナワの少年（新城卓）／曽根崎心中（栗崎碧）

外国映画ベスト10——パッション（ジャン＝リュック・ゴダール）／ポケットの中の握り拳（マルコ・ベロッキオ）／ことの次第（ヴィム・ヴェンダース）／隣の女（フランソワ・トリュフォー）／ヘカテ（ダニエル・シュミット）／アニー（ジョン・ヒューストン）／熊座の淡き星影（ルキノ・ヴィスコンティ）／センチメンタル・ア

ドベンチャー（クリント・イーストウッド）／サーカス（アラヴィンダン）／ラブINニューヨーク（ロン・ハワード）

外国映画ワースト5――フイッツカラルド（ヴェルナー・ヘルツォーク）／アギーレ・神の怒り（ヴェルナー・ヘルツォーク）／ミラレパ（リリアナ・カヴァーニ）

フィルムセンターでのジョン・フォード特集のあまりの面白さに、劇場公開作品に順位をつけたりするのが馬鹿馬鹿しくなる。ましてやワースト10、ワースト5にも興味を失ってしまうが、まあ、年末の儀式と思ってつき合うことにする。春と夏の二度にわたって日本を留守にしたので見落したものも多いが、来年は公開されるであろうブレッソンの『ラルジャン』を見てしまったので惜しいとも思わない。印象として、愚にもつかぬ西ドイツ映画が公開されすぎたような気がする。ヴェルナー・ヘルツォークその他の有象無象はイタリアのベロッキオの旧作一本の前にあえなく消滅する。アメリカ映画はといえば、オルドリッチが死に、アルトマンの新作が封切られず、クリント・イーストウッドが東京に出ないとなると、ただため息を洩らすしかあるまい。われわれとしては、アメリカ系の会社の日本支社長を誘拐し、彼らがごめんなさい、心を入れ替えますと謝るまであらゆるアメリカ映画をボイコットすべきではなかろうか。なお、日本映画は、小沼勝をことごとく見落していてひたすら赤面するばかり。

あとがき

旧版あとがき

啓蒙的な話し言葉で映画について語った文章を、活字にして読み返してみるのは奇妙な体験である。まず、執筆の孤独さが失われ、伝達への楽天的な意志があからさまにすべてを蔽いつくしているのはなんとも薄気味悪い。この薄気味悪さを映画の楽天性だとむりにも錯覚することで編まれたのが本書である。「死ぬということ」が語られていながらもなお楽天的であることをやめない映画の薄気味悪さには、改めて驚くほかはない。だが、この薄気味悪い楽天性を慎しく肯定することから、映画は始まる。読者も、この楽天性を共有してほしい、というのが著者の願いである。

「横断的映画史」と呼ばれながら、ここで語られているのは映画史というほど大袈裟なものではない。映画の無方向な運動性に、ふと惹きつけられたものの挫折と執着の告白が、たまたま、映画史的な素描とかさなりあったまでである。こうした告白を語り始める直接の契機として、偶然、東京で出会ったアレクサンドル・トローネの存在が重要であることは文面からも察せられよう。あの小柄なハンガリー系フランス人との遭遇がなかったら、この書物は存在しなかっただろう。トローネ氏ほか、多くの既知＝未知の方々に感謝しながら、新たな運動へと向けて映画的感性を組織してゆくことにする。

一九八五年七月　蓮實重彦

『映画はいかにして死ぬか　横断的映画史の試み』新装版あとがき

旧著の「あとがき」に書き加えるべきことは、何もありません。生誕の瞬間からみずからの死への契機をはらんでいた映画が、ときに、あるいはつねに、「楽天的」な表情におさまりがちなのはなぜか。この書物は、映画にとっての永遠の課題ともいうべきこの疑問についてきわめて教育的に語ってみせたものであり、つけ加えるべきことは何もありません。故に、加筆訂正もきわめて限定的なものにとどまっております。そのようにして、この旧著が、二十一世紀の新たな読者に触れるのかもしれぬ緊張感を、「楽天的」に期待してみたいと思っております。

二〇一八年十月三日　著者

緑色の部屋 *La Chambre Verte*（F・トリュフォー, 78）187, 191
みどりの学園 *L'Ecole buissoniere*（J=P・ル・シャノワ, 48）236
緑の小筐（島耕二, 47）234
皆殺しの天使 *El Angel Exterminador*（L・ブニュエル, 62）278
ミモザ館 *Pension Mimosas*（J・フェデール, 35）83
無辜なる海―L982・水俣一（香取直孝, 83）179–180
黙示録の四騎士 *The Four Horsemen of the Apocalypse*（R・イングラム, 21）74
モダン・タイムス *Modern Times*（C・チャップリン, 36）82, 236
モホークの太鼓 *Drums along the Mohawk*（J・フォード, 39）251
桃太郎の海鷲（瀬尾光世, 43）233

ヤ

野性の少年 *L'Enfant sauvage*（F・トリュフォー, 69）194
野郎どもと女たち *Guys and Dolls*（J・マンキヴィッツ, 55）64–65
柔らかい肌 *La Peau douce*（F・トリュフォー, 64）187, 197, 207
ヤング・フランケンシュタイン Young *Frankenstein*（M・ブルックス, 74）263
勇者の赤いバッジ *The Red Badge of Courage*（J・ヒューストン, 51）24, 273
愉快な家族 *Sitting Pretty*（W・ラング, 48）235
欲望という名の電車 *A Streetcar Named Desire*（E・カザン, 51）62–63
夜と霧 *Nuit et Brouillard*（A・レネ, 55）60
夜の人々 *They Live by Night*（N・レイ, 54）24

ラ

らしゃめん（牧口雄二, 77）267
羅生門（黒澤明, 50）166, 169
ラ・パロマ *La Paloma*（D・シュミット, 74）39, 128, 130, 132–133
ラルジャン *L'Argent*（R・ブレッソン, 83）283
乱（黒澤明, 85）102, 189
旅愁 *September Affair*（W・ディターレ, 50）118–119
リリー・マルレーン *Lili Marleen*（R・W・ファスビンダー, 81）278
レッズ *Reds*（W・ビーティ, 81）281
レベッカ *Rebecca*（A・ヒッチコック, 40）249
ロイター特派員 *A Dispatch From Reuters*（W・ディターレ, 40）115
ロッキー *Rocky*（J・アビルドセン, 76）46
ロビンフッドの冒険 *The Adventures of Robin Hood*（M・カーティス＋W・キーリー, 38）123, 131
ローマ帝国の滅亡 *The Fall of the Roman Empire*（A・マン, 64）29
ローリング・サンダー *Rolling Thunder*（J・フリン, 77）270
ロンゲスト・ヤード *The Longest Yard*（R・オルドリッチ, 74）263

ワ

ワイルド・バンチ *The Wild Bunch*（S・ペキンパー, 69）254
わたしのSEX白書・絶頂度（曾根中生, 76）265
私のように美しい娘 *Une Belle Fille Comme Moi*（F・トリュフォー, 72）187–188, 191, 263
ワンス・アポン・ア・タイム・イン・アメリカ *Once Upon a Time in America*（S・レオーネ, 84）46

ノートルダムのせむし男 *Notre－Dame de Paris*（J・ドラノワ，56）247

ハ

麦秋（小津安二郎，51）143, 146, 149－150, 155, 161, 163, 175, 184, 255
パジャマ・ゲーム *The Pajama Game*（S・ドーネン，57）64
パッション *Passion*（J＝L・ゴダール，82）179, 282
ハッスル *Hustle*（R・オルドリッチ，75）266
波止場 *On the Waterfront*（E・カザン，54）91－92
ハメット *Hammet*（W・ヴェンダース，82）47
薔薇のスタビスキー *Stavisky*（A・レネ，74）263
巴里祭 *Quatorze Juillet*（R・クレール，33）68, 80－81
パリ、テキサス *Paris, Texas*（W・ヴェンダース，84）32, 37, 196
針の眼 *Eye of the Needle*（R・マーカンド，81）278
巴里の屋根の下 *Sous les Toits de Paris*（R・クレール，30）80－82
バリー・リンドン *Barry Lyndon*（S・キューブリック，75）266
ハワイ・マレー沖海戦（山本嘉次郎，42）232－233
犯罪国境線 Die *Sundige Grenze*（R・A・シュテレム，51）240
晩春（小津安二郎，49）150, 175－176, 182
ピアニストを撃て *Tirez sur le Pianiste*（F・トリュフォー，60）188, 191, 205
ピクニック *Une Partie de Campagne*（J・ルノワール，36）266
美女ありき *Lady Hamilton*（A・コルダ，40）85
非常線の女（小津安二郎，33）275
美人哀愁（小津安二郎，31）162
ビッグ・バッド・ママ *Big Bad Mama*（S・カーバー，74）266
火まつり（柳町光男，85）206
ピラミッド *Land of the Pharaohs*（H・ホークス，55）75－78
ピロスマニ *Pirosmani*（G・シェンゲラーヤ，69）270
拾った女 *Pickpocket*（F・フラー，53）24
フェリーニの道化師 *I Clowns*（F・フェリーニ，70）266
フューリー *The Fury*（B・デ・パルマ，78）270
不良少女モニカ *Sommaren med Monika*（I・ベルイマン，53）105
ブリキの太鼓 *Die Blechtrommel*（F・シュレンドルフ，79）278
プレイス・イン・ザ・ハート *Place in the Heart*（R・ベントン，84）35
封鎖線《ブロケード》 *Blockade*（W・ディターレ，38）115
噴火山の女 *Vulcano*（W・ディターレ，50）118
ヘカテ *Hecate*（D・シュミット，82）39－40
北京超特急 *Peking Express*（W・ディターレ，51）117
北京の 55日 *55 Days at Peking*（N・レイ，63）27－28
ベスト・キッド *The Moment of Truth*（J・G・アビルドセン，84）46
ペーパー・ムーン *Paper Moon*（P・ボグダノヴィッチ，73）261
ベビイドール *Baby Doll*（E・カザン，56）91－92
ベリッシマ *Bellissima*（L・ヴィスコンティ，51）278
ベルリン物語 *Berliner Ballade*（R・A・シュテムレ，48）240
北斎漫画（新藤兼人，81）277
炎のごとく（加藤泰，81）254－256, 277

マ

マイ・フェア・レディ *My Fair Lady*（G・キューカー，64）65
マジック・ファイヤー *Magic Fire*（W・ディターレ，56）126
真昼の決闘 *High Noon*（F・ジンネマン，52）238
真夏の夜の夢 *A Midsummer Night's Dream*（W・ディターレ，35）101, 106－108, 110－111, 113, 116, 120－121, 126－127
真夜中の刑事 *Police Python 357*（A・コルノー，76）270
ミツバチのささやき *El Espiritu de la Colmena*（V・エリセ，73）37, 43－44, 196, 206
緑色の髪の少年 *The Boy with Green Hair*（J・ロージー，49）24－25

スパイクス・ギャング *Spikes Gang*（R・フライシャー，74）261－262
スリ *Pickpocket*（R・ブレッソン，60）172
聖衣 *The Robe*（H・コスター，53）26
西部魂 *Western Union*（F・ラング，41）251
セーラー服と機関銃（相米慎二，81）277
1900年 *Nevecento*（B・ベルトルッチ，76）281
戦場を駆ける男 *Desperate Journey*（R・ウォルシュ，42）241
センチメンタル・アドベンチャー *Honkytonk Man*（C・イーストウッド，82）46
その後の仁義なき戦い（工藤栄一，79）272
ゾラの生涯 *The Life of Emile Zola*（W・ディターレ，37）115

タ

大砂塵 *Johnny Guitar*（N・レイ，54）63－64, 250
大地の子守歌（増村保造，76）265
大日本帝国（舛田利雄，82）280
太陽のエトランゼ *Caboblanco*（J・リー・トンプソン，80）253
大雷雨 *Manpower*（R・ウォルシュ，41）241
ターザンの猛襲 *Tarzan Finds a Son*（R・ソープ，39）231
ダブル・クラッチ（山根成之，78）269
断崖 *Suspicion*（A・ヒッチコック，41）61－62
男性と女性 *Male and Female*（C・B・デミル，19）131
地球最後の日 *When World Collide*（R・マテ，51）240
父ありき（小津安二郎，42）175
散り行く花 *Broken Blossoms*（D・W・グリフィス，19）131
沈黙は金 *Le Silence est d' Or*（R・クレール，47）243
ツィゴイネルワイゼン（鈴木清順，80）211－213, 215, 275
抵抗—死刑囚の手記より— *Un condamné à mort s'est échappé ou Le vent souffle où il veut*（R・ブレッソン，57）246
手をつなぐ子等（稲垣浩，48）234－235
天国の日々 *Days of Heaven*（T・マリック，76）35
天井桟敷の人々 *Les Enfants du Paradis*（M・カルネ，44）71－73, 82
東京流れ者（鈴木清順，66）214, 217
東京の合唱（小津安二郎，31）183
東京暮色（小津安二郎，57）161
東京物語（小津安二郎，53）143－149, 166, 169, 171－181, 183
都会のアリス *Alice in den Stadten*（W・ヴェンダース，74）37
戸田家の兄妹（小津安二郎，41）151, 155, 173－175
突然炎のごとく *Jules et Jim*（F・トリュフォー，61）190－193, 197, 199－200, 205
ドラブル *The Black Windmill*（D・シーゲル，74）263
トリュフォーの思春期 *L'argent de Poche*（F・トリュフォー，76）190, 192
泥の河（小栗康平，81）277

ナ

夏子の冒険（中村登，53）248
夏の夜は三たび微笑む *Sommarnattens Leende*（I・ベルイマン，55）104, 114
楢山節考（今村昌平，84）32
南部に轟く太鼓 *Drums in the Deep South*（W・キャメロン・メンジース，51）251
苦い報酬 *Force of Evil*（A・ポロンスキー，48）24
肉体の冠 *Casque d' Or*（J・ベッケル，51）242
日曜日が待ち遠しい！ *Vivement Dimanche*（F・トリュフォー，83）189－190, 198
ニックス・ムーヴィー／水上の稲妻 *Lightning over water — Nick's Movie*（W・ヴェンダース，80）38
ニッポン国・古屋敷村（小川紳介，82）280
日本の熱い日々 謀殺・下山事件（熊井啓，81）277
人形の家 *A Doll's House*（J・ロージー，74）263
人間と狼 *Uomini e Lupi*（J・デ・サンティス，56）246
熱情のしぶき *Rosanna*（E・フェルナンデス，53）253
野いちご *Smultronstallet*（I・ベルイマン，57）104, 214
ノスタルジア *Nostalghia*（A・タルコフスキー，83）34

格子なき牢獄 *Prison sans Barreaux*（L・モギー，38）234
河内山宗俊（山中貞雄，36）34
轟沈（渡辺義美，44）232
幸福の設計 *Antoine et Antoinette*（J・ベッケル，47）241
荒野の抱擁 *Caccia Tragica*（J・デ・サンティス，47）242
荒野の決闘 *My Darling Clementine*（J・フォード，46）238, 241
仔鹿物語 *The Yearling*（C・ブラウン，46）237
コットンクラブ *The Cotton Club*（F・コッポラ，84）33, 46
ことの次第 *Der Stand der Dinge*（W・ヴェンダース，81）47
小早川家の秋（小津安二郎，61）167
コーマ *Coma*（M・クライトン，78）270
今宵かぎりは… *Heute Nacht Oder Nie*（D・シュミット，72）130
殺しのダンディー *A Dandy in Aspic*（A・マン，68）29
殺しのドレス *Dressed to Kill*（B・デ・パルマ，80）278
コンペティション *Competition*（J・オリアンスキー，80）278
コンボイ *Convoy*（S・ペキンパー，78）270

サ

西鶴一代女（溝口健二，52）166
最前線物語 *The Big Red One*（S・フラー，80）278, 280
さすらい *Im Lauf der Zeit*（W・ヴェンダース，76）196
殺人狂想曲 *L'Homme à l'imperméable*（J・デュヴィヴィエ，57）247
ザ・ドライバー *The Driver*（W・ヒル，78）270
ザナドゥ *Xanadu*（R・グリーンウォルド，80）278
ザ・ファミリー *The Don is Dead*（R・フライシャー，73）261–262
サマー・ナイト *A Midsummer Night's Sex Comedy*（W・アレン，82）100, 103–105, 122, 127
ザ・ヤクザ *The Yakuza*（S・ポラック，74）263
サルトル・自身を語る *Sartre par Lui-Même*（A・アストリュク＋M・コンタ，76）268
山椒太夫（溝口健二，54）166
秋刀魚の味（小津安二郎，62）151, 184
三文オペラ *Die Dreigroschenoper*（B・ブレヒト，31）119
ジェラシー *Bad Timing*（N・ローグ，79）278
シェーン *Shane*（G・スティーヴンス，53）238
地獄の黙示録 *Apocalypse Now*（F・コッポラ，79）99, 212, 215, 220, 223, 226, 257
地獄への道 *Jesse James*（H・キング，39）251
ジブラルタルの鮫 *Les Requins de Gibraltar*（E・E・ライナート，47）236
シー・ホーク *The Sea Hawk*（M・カーティス，40）133–134
湿った夢 *Wet Dreams*（N・レイ，73）273
邪淫の館・獣人 *La Bête*（W・ボロフチク，75）270
上海から来た女 *The Lady from Shanghai*（O・ウェルズ，47）266
十九歳の地図（柳町光男，79）273
終電車 *Le Dernier Métro*（F・トリュフォー，80）186, 198
少女ムシェット *Mouchette*（R・ブレッソン，67）261
十二人の怒れる男 *12 Angry Men*（S・ルメット，57）92–93
自由を我等に *À Nous la Liberté*（R・クレール，31）82, 236
硝煙のカンサス *The Kansas*（G・アーチェインボード，43）238
ションベン・ライダー（相米慎二，83）280
新学期・操行ゼロ *Zéro de Conduite*（J・ヴィゴ，33）88–90
心中天網島（篠田正浩，69）269
人生はわれらのもの *La Vie Est à Nous*（J・ルノワール，36）245, 275
進め竜騎兵 *The Charge of the Light Brigade*（M・カーティス，36）237
スタア誕生 *A Star Is Born*（W・ウエルマン，55）250
スター・ウォーズ *Star Wars*（G・ルーカス，77）124, 134–135, 270
ストロンボリ *Stromboli, Terra di Dio*（R・ロッセリーニ，49）118

79) 64
オルフェ *Orphée*(J・コクトー, 49) 214
俺は田舎のプレスリー(満友敬司, 78) 269
オレンジロード急行(大森一樹, 78) 269
女だけの都 *La Kermesse Héroïque*(J・フェデール, 35) 59–61, 82–83

カ
海外特派員 *Foreig Correspondent*(A・ヒッチコック, 40) 266
海軍(田坂具隆, 43) 233
外人部隊 *Le Grand Jeu*(J・フェデール, 34) 58–59, 61, 65
陽炎座(鈴木清順, 81) 277
カサブランカ *Casablanca*(M・カーティス, 42) 133
華氏451 *Fahrenheit 451*(F・トリュフォー, 66) 198
風と共に去りぬ *Gone with the Wind*(V・フレミング, 39) 123–124
風の歌を聴け(大森一樹, 81) 277
家族の肖像 *Gruppo di Famiglia in un Intemo*(L・ヴィスコンティ, 74) 270
月山(村野鐵太郎, 79) 272
勝手にしやがれ *A Bout de souffle*(G=L・ゴダール, 59) 131
勝手に逃げろ/人生 *Sauve Qui Peut La Vie*(G=L・ゴダール, 80) 275, 282
悲しみは空の彼方に *Imitation of Life*(D・サーク, 59) 49–50
悲しみよこんにちは *Bonjour Tristesse*(O・プレミンジャー, 57) 211
鐘の鳴る丘(佐々木啓祐, 48) 234
蒲田行進曲(深作欣二, 82) 100, 103
カメラを持った男 *Chelovek S Kinoapparatom*(D・ヴェルトフ, 29) 91
狩人 *I Kynighi*(T・アンゲロプロス, 77) 268
ガルシアの首 *Bring Me the Head of Alfredo Garcia*(S・ペキンパー, 74) 263
華麗なるギャツビー *The Great Gatsby*(J・クレイトン, 74) 261
可愛い女 *I will, I will... for now*(N・パナマ, 76) 270
ガンズ *Guns*(R・クレイマー, 80) 275
カンサス騎兵隊 *Santa Fe Trail*(M・カーティス, 40) 241
帰郷 *Coming Home*(H・アシュビー, 78) 270
奇跡 *Ordet*(C・T・ドライヤー, 55) 273
北ホテル *Hôtel du Nord*(M・カルネ, 38) 68–69, 76, 81
彼奴は顔役だ! *The Roaring Twenties*(R・ウォルシュ, 39) 241
キャバレー *Cabaret*(B・フォッシー, 72) 64
恐怖時代(秘密指令) *Reign of Terror*(A・マン, 49) 24
恐怖の報酬 *Le Salaire de la Peur*(H=G・クルーゾ, 52) 237
恐怖のメロディ *Play Misty for Me*(C・イーストウッド, 71) 46–47
キラー・エリート *The Killer Elite*(S・ペキンパー, 76) 266
霧の波止場 *Le Quai des Brumes*(M・カルネ, 38) 69–70
キング・オブ・キングス *King of Kings*(N・レイ, 61) 28
クレイマー、クレイマー *Kramer vs. Kramer*(R・ベントン, 79) 35, 275
クレオパトラ *Cleopatra*(J・L・マンキーウィッツ, 63) 26
グレムリン *Gremlins*(J・ダンテ, 84) 33, 204
黒馬の団七(稲垣浩, 48) 234
ゲアトルード *Gertrud*(C・T・ドライヤー, 64) 263
結婚しない女 *An Unmarried Woman*(P・マザースキー, 77) 270
月世界征服 *Destination Moon*(G・パル, 50) 240
決断の3時10分 *3:10 to Yuma*(D・デイヴィズ, 57) 249
ゲームの規則 *La Regle du Jeu*(J・ルノワール, 39) 281
元禄忠臣蔵　前・後編(溝口健二, 41・42) 233
恋多き女 *Elena et les Hommes*(J・ルノワール, 56) 263
恋のエチュード *Les Deux Anglaises et le Continent*(F・トリュフォー, 71) 186, 188, 192–193, 197–198, 206, 209
高校大パニック(澤田幸弘+石井聰亙, 78) 269

映画題名索引

＊(　)内の数字は製作年もしくは公開年を表し，すべて1900年代の下二桁のみを記した。
＊ベスト10&ワースト5での表記箇所は含まない。

ア

嗚呼！おんなたち・猥歌(神代辰巳，81) 277
あゝ野麦峠(山本薩夫，79) 272
嗚呼！花の応援団(曾根中生，76) 266
愛と喝采の日々 *The Turning Point*(H・ロス，77) 270
愛の調べ *Song of Love*(C・ブラウン，47) 241
アウトロー *The Outlaw Josey Wales*(C・イーストウッド，76) 266
赤ちゃん *Le Mioche*(L・モギー，37) 234
秋日和(小津安二郎，60) 175
悪魔が夜来る *Les Visiteurs du Soir*(M・カルネ，42) 70
明日は来らず *Make Way for Tomorrow*(L・マッケリー，37) 173
アタラント号 *L'Atalante*(J・ヴィゴ，34) 88–91
あなただけ今晩は *Irma La Douce*(B・ワイルダー，63) 78
アニー・ホール *Annie Hall*(W・アレン，77) 103，270
アパッチ *Apache*(R・オルドリッチ，54) 24
アパッチ砦 *Fort Apache*(J・フォード，48) 242
アパートの鍵貸します *The Apartment*(B・ワイルダー，60) 77
天城越え(三村晴彦，83) 280
アメリカの友人 *Der amerikanische Freund*(W・ヴェンダース，77) 38，47
アメリカの夜 *La Nuit américaine*(F・トリュフォー，73) 67，74–75
ある結婚の風景 *Scener ur ett Aktenskap*(I・ベルイマン，74) 278
或る日の干潟(下村兼史，39) 233
暗黒街の顔役 *Lepke*(M・ゴーラン，74) 263
生きてゐる小平次(中川信夫，82) 280
偉人エーリッヒ博士 *Dr.Ehrlich's Magic Bullet*(W・ディターレ，40) 115
偽れる装い *Falbalas*(J・ベッケル，45) 241
E.T. *E.T.The Extra - Terrestrial*(S・スピルバーグ，82) 143，280
今は死ぬときだ *A Time For Dying*(B・ベティカー，71) 278
イレイザーヘッド *Eraserhead*(D・リンチ，77) 278
インテリア *Interiors*(W・アレン，78) 104，272
雨月物語(溝口健二，53) 166
うたかたの恋 *Mayerling*(A・リトヴァク，36) 234
ウルフェン *Wolfen*(M・ウォドレー，81) 278
描かれた人生 *Rembrandt*(A・コルダ，36) 85
駅馬車 *Stagecoach*(J・フォード，39) 63，183
エクソシスト *The Exorcist*(W・フリードキン，73) 261
エデンの東 *East of Eden*(E・カザン，55) 23
エル・スール *El Sur*(V・エリセ，83) 43
エロ将軍と二十一人の愛妾(鈴木則文，72) 265
遠雷(根岸吉太郎，81) 277
王子と乞食 *The Prince & The Pauper*(R・フライシャー，77) 267
王様 *Le Roi*(M=G・ソヴァジョン，49) 236
王になろうとした男 *The Man Who Would Be King*(J・ヒューストン，75) 266
オセロ *Othello*(O・ウェルズ，51) 75
お茶漬の味(小津安二郎，52) 154
男の争い *Du Rififi chez les Hommes*(J・ダッシン，55) 253–254
大人は判ってくれない *Les Quatre Cents Coups*(F・トリュフォー，59) 185
お嫁にゆきます(西河克己，78) 269
オリエント急行殺人事件 *Murder on the Orient Express*(S・ルメット，74) 266
オール・ザット・ジャズ *All That Jazz*(B・フォッシー，

初出誌(講演)一覧

映画はいかにして死ぬか
多摩美術大学主催「二〇世紀文化論講座Ⅱ」一九八五年四月二七日

異邦人の饗宴
日仏学院主催「フランス文化講座『フランス文化における外国人』」一九八一年一〇月一六日(初出誌=「ユリイカ」一九八一年二月号)

放浪の音楽家
多摩美術大学主催「二〇世紀文化論講座Ⅰ」一九八三年一一月二〇日

小津安二郎1・2
東駒形コミュニティ会館主催「小津安二郎の世界」一九八三年二月一二日(初出誌=「話の特集」一九八三年五月号、1のみ)/同年一一月一二日

フランソワ・トリュフォー
東北日仏学院主催「フランソワ・トリュフォーについて」一九八五年五月一日

鈴木清順
初出誌=「映画芸術」一九八〇年四月号(第三三三号)

ジブラルのタル鮫
初出誌=「月刊イメージフォーラム」一九八一年九月号

ベスト10&ワースト5　十年史
初出誌「映画芸術」第三〇三、三〇八、三一四、三二一、三二七、三三一、三三六、三四〇、三四四、三四七号